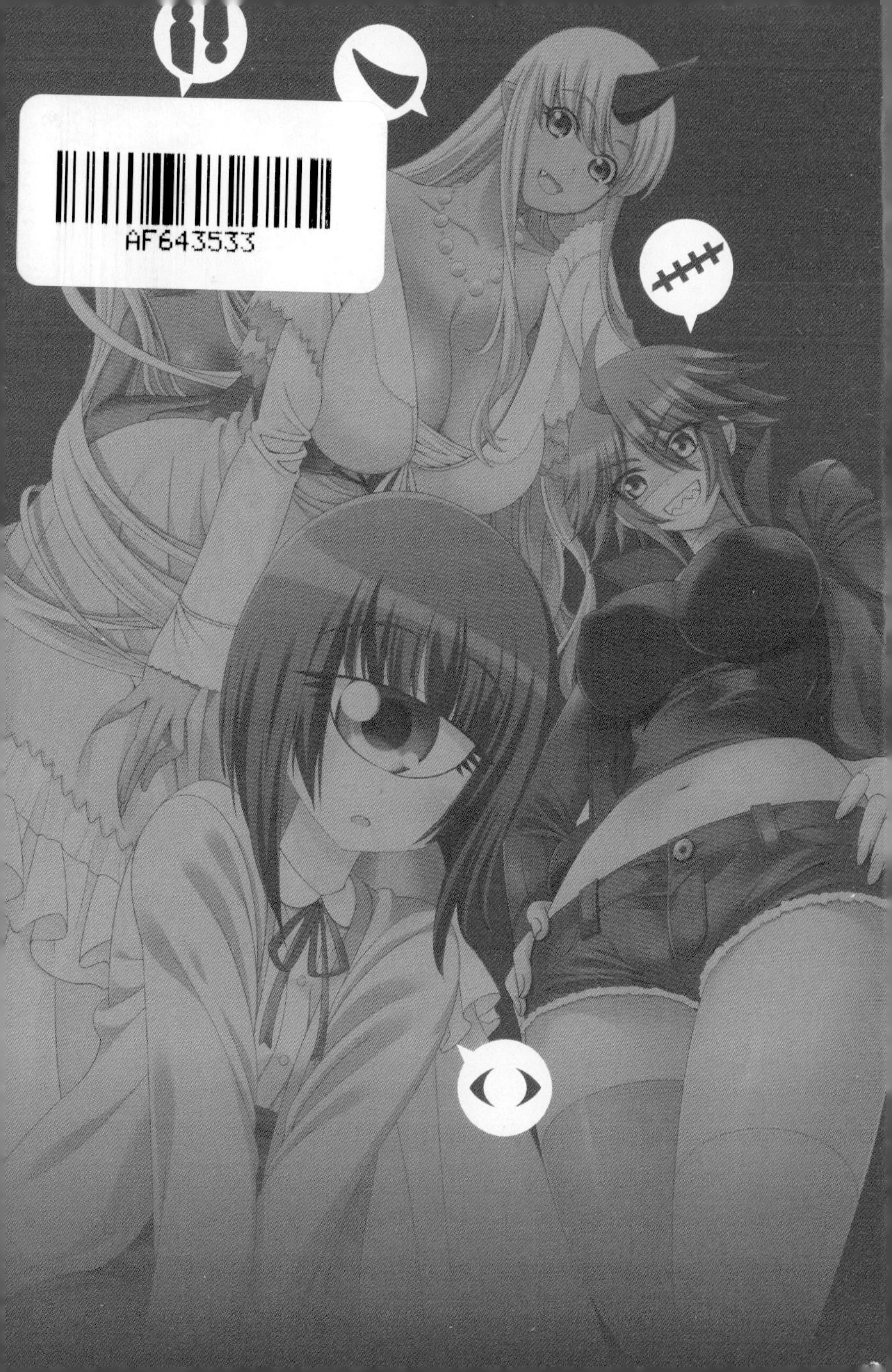

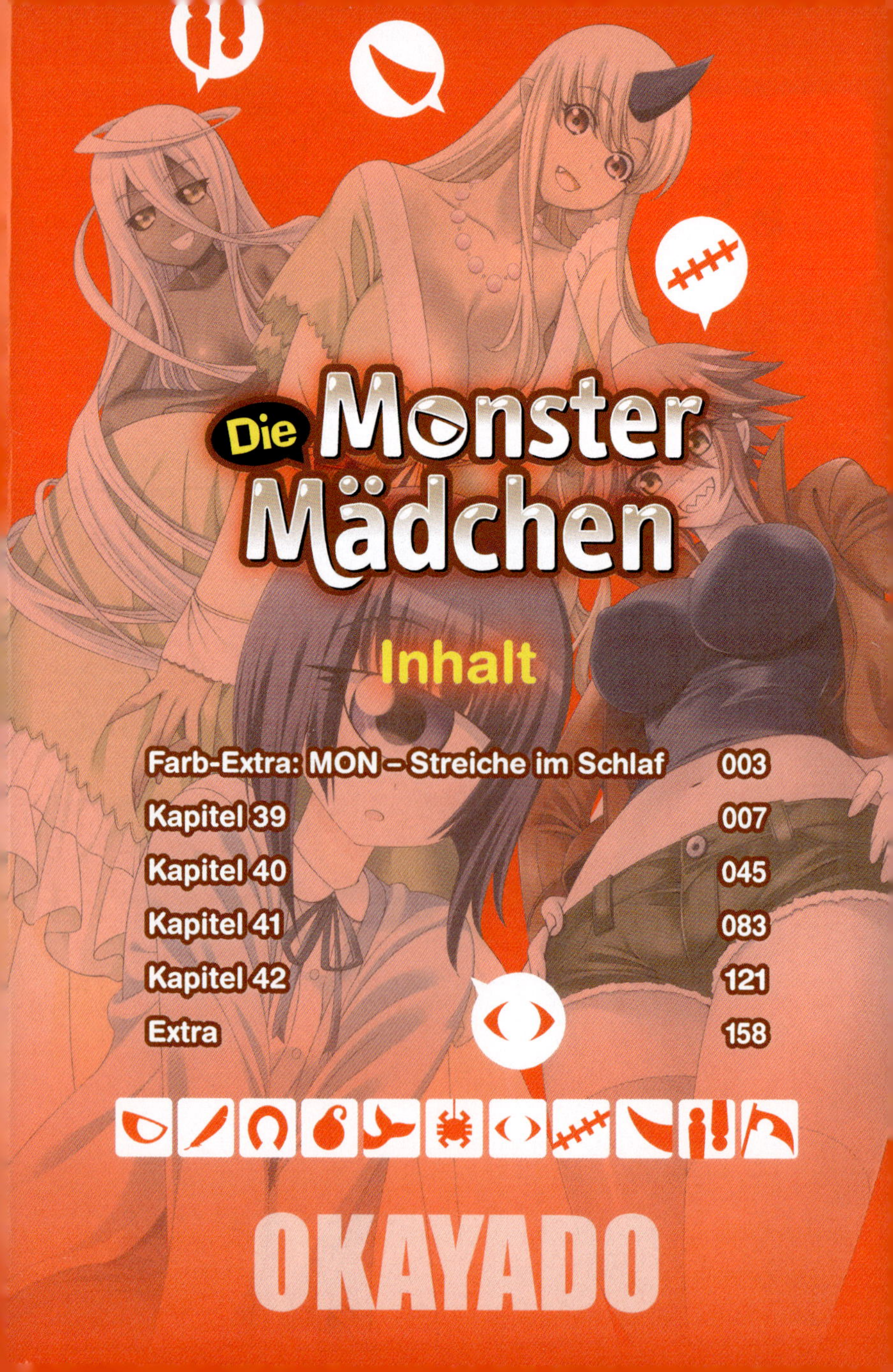

Die Monster Mädchen

Inhalt

OKAYADO

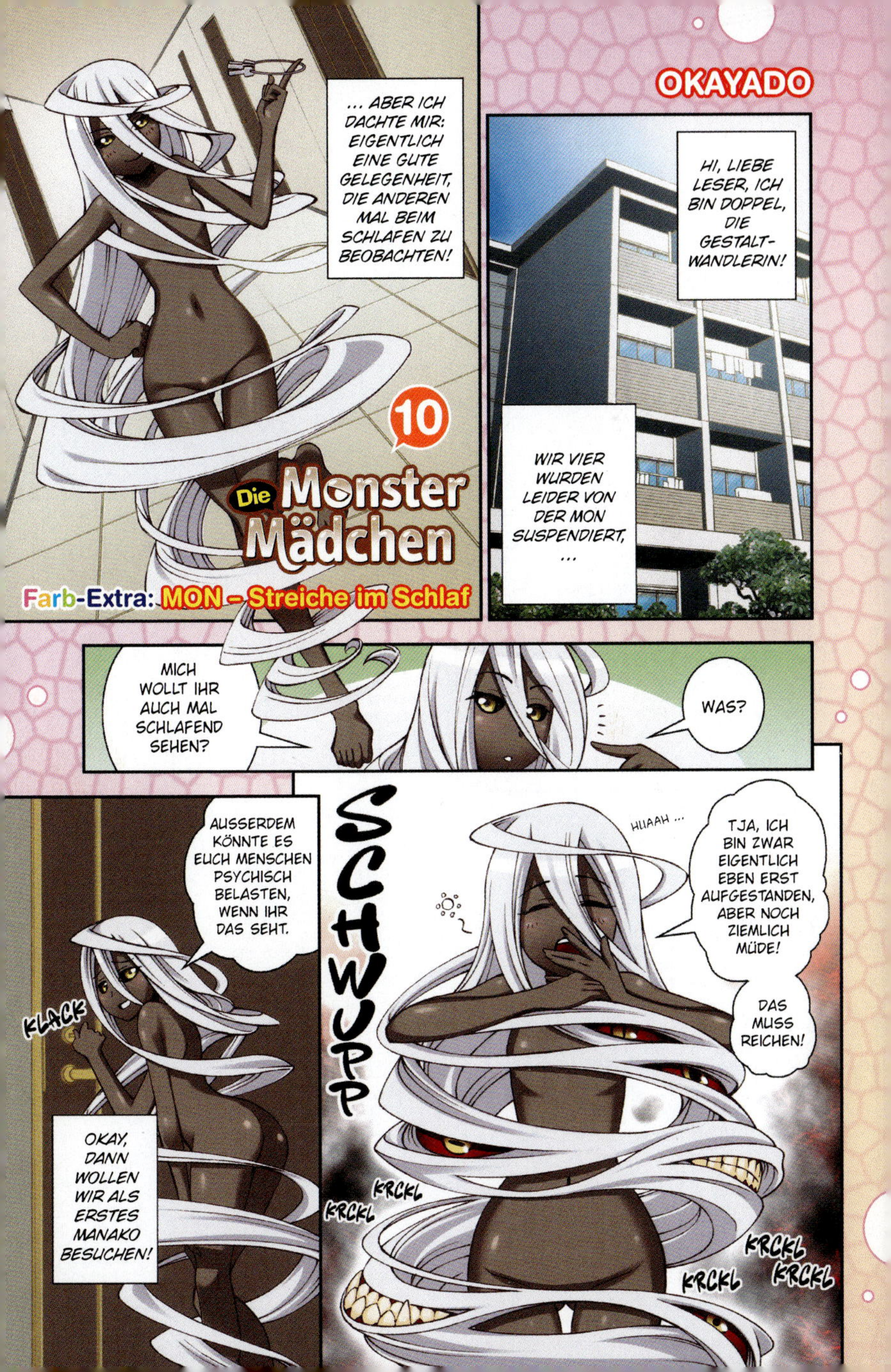
OKAYADO
HI, LIEBE LESER, ICH BIN DOPPEL, DIE GESTALT-WANDLERIN!
WIR VIER WURDEN LEIDER VON DER MON SUSPENDIERT, ...
... ABER ICH DACHTE MIR: EIGENTLICH EINE GUTE GELEGENHEIT, DIE ANDEREN MAL BEIM SCHLAFEN ZU BEOBACHTEN!
10
Die Monster Mädchen
Farb-Extra: MON – Streiche im Schlaf
WAS?
MICH WOLLT IHR AUCH MAL SCHLAFEND SEHEN?
HUAAH ...
TJA, ICH BIN ZWAR EIGENTLICH EBEN ERST AUFGESTANDEN, ABER NOCH ZIEMLICH MÜDE!
DAS MUSS REICHEN!
SCHWUPP
KRCKL KRCKL
KRCKL KRCKL KRCKL
AUSSERDEM KÖNNTE ES EUCH MENSCHEN PSYCHISCH BELASTEN, WENN IHR DAS SEHT.
KLACK
OKAY, DANN WOLLEN WIR ALS ERSTES MANAKO BESUCHEN!

OKAYADO

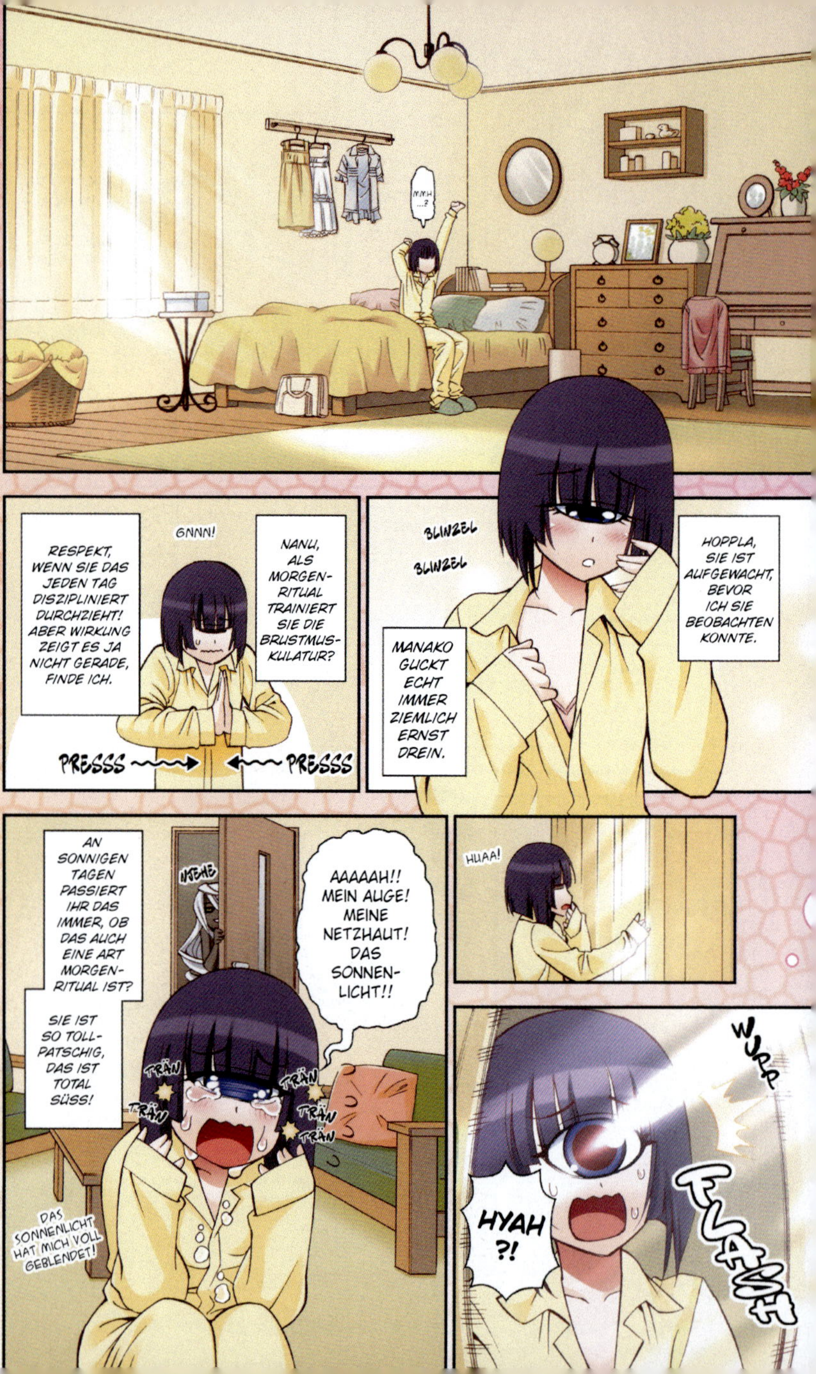

MMH ...?
BLINZEL
BLINZEL
HOPPLA, SIE IST AUFGEWACHT, BEVOR ICH SIE BEOBACHTEN KONNTE.
MANAKO GUCKT ECHT IMMER ZIEMLICH ERNST DREIN.
GNNN!
NANU, ALS MORGEN-RITUAL TRAINIERT SIE DIE BRUSTMUS-KULATUR?
RESPEKT, WENN SIE DAS JEDEN TAG DISZIPLINIERT DURCHZIEHT! ABER WIRKUNG ZEIGT ES JA NICHT GERADE, FINDE ICH.
PRESSS
PRESSS
HUAA!
WUPP
FLASH
HYAH ?!
AAAAAH!! MEIN AUGE! MEINE NETZHAUT! DAS SONNEN-LICHT!!
NJEHE
AN SONNIGEN TAGEN PASSIERT IHR DAS IMMER, OB DAS AUCH EINE ART MORGEN-RITUAL IST?
SIE IST SO TOLL-PATSCHIG, DAS IST TOTAL SÜSS!
TRÄN
TRÄN
TRÄN
TRÄN
TRÄN
DAS SONNENLICHT HAT MICH VOLL GEBLENDET!

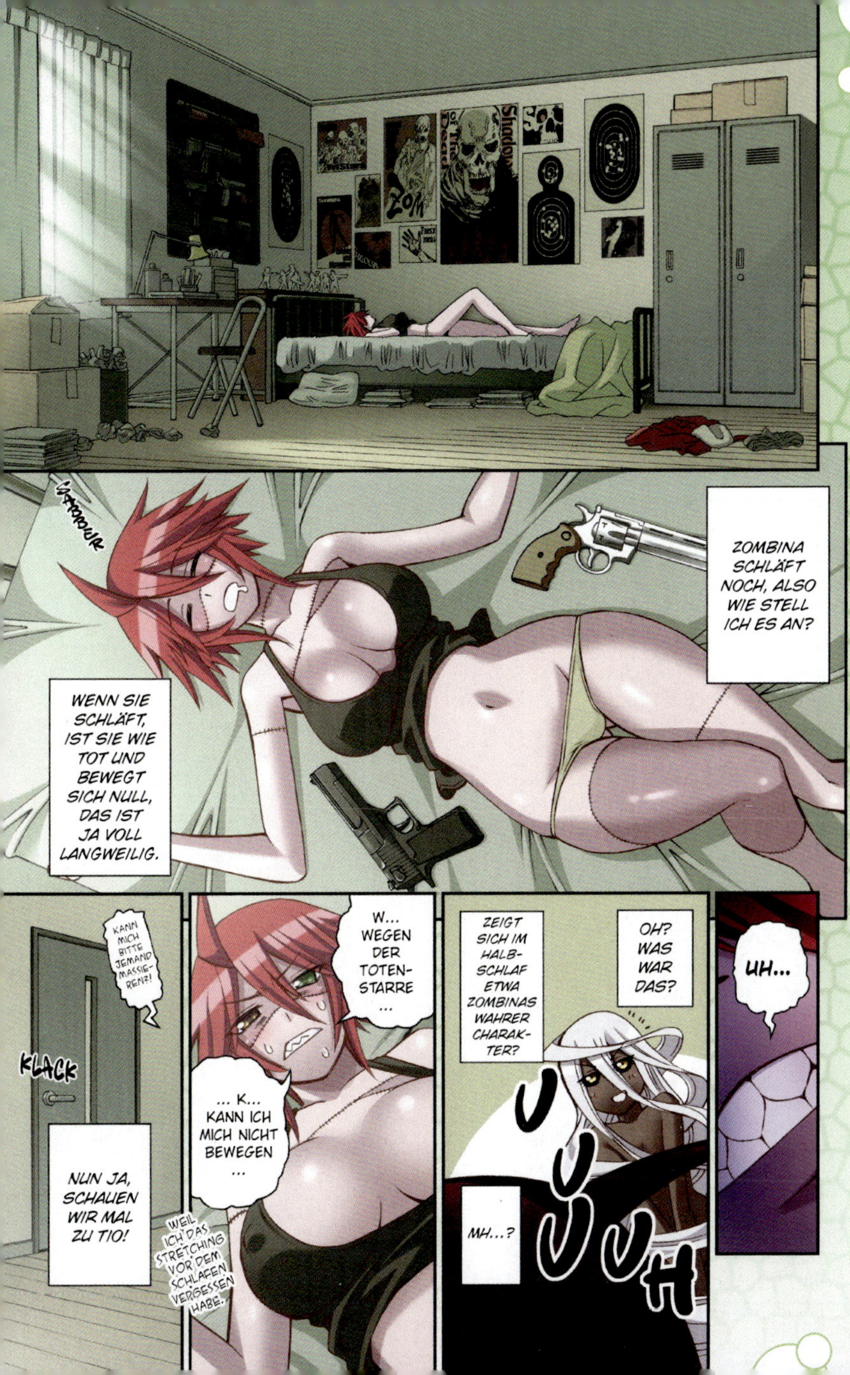
ZOMBINA SCHLÄFT NOCH, ALSO WIE STELL ICH ES AN?
WENN SIE SCHLÄFT, IST SIE WIE TOT UND BEWEGT SICH NULL, DAS IST JA VOLL LANGWEILIG.
SABBUR
UH...
OH? WAS WAR DAS?
ZEIGT SICH IM HALB-SCHLAF ETWA ZOMBINAS WAHRER CHARAK-TER?
MH...?
VVVVH
W... WEGEN DER TOTEN-STARRE ...
... K... KANN ICH MICH NICHT BEWEGEN ...
WEIL ICH DAS STRETCHING VOR DEM SCHLAFEN VERGESSEN HABE.
KANN MICH BITTE JEMAND MASSIE-REN?!
KLACK
NUN JA, SCHAUEN WIR MAL ZU TIO!

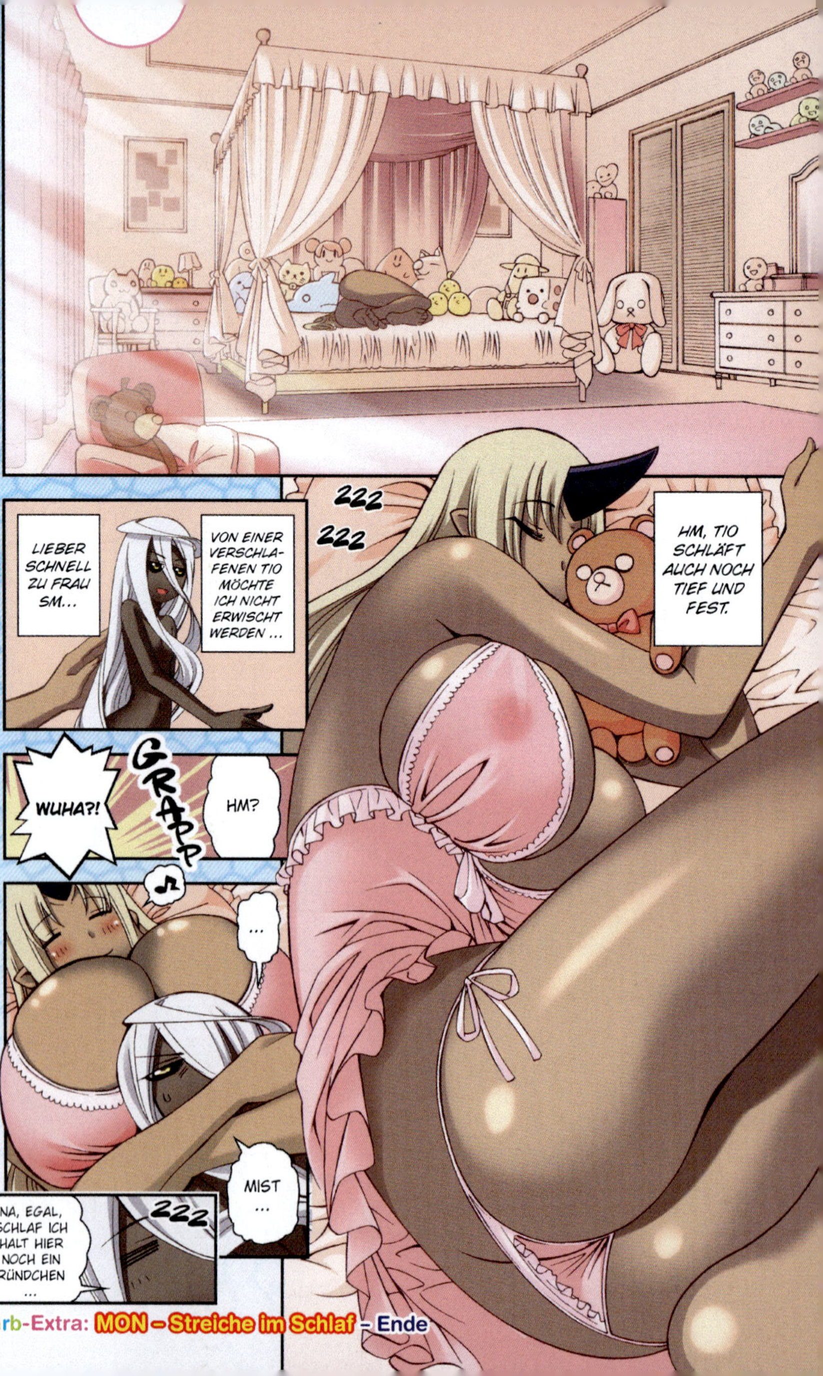

Farb-Extra: MON – Streiche im Schlaf – Ende

Kapitel 39

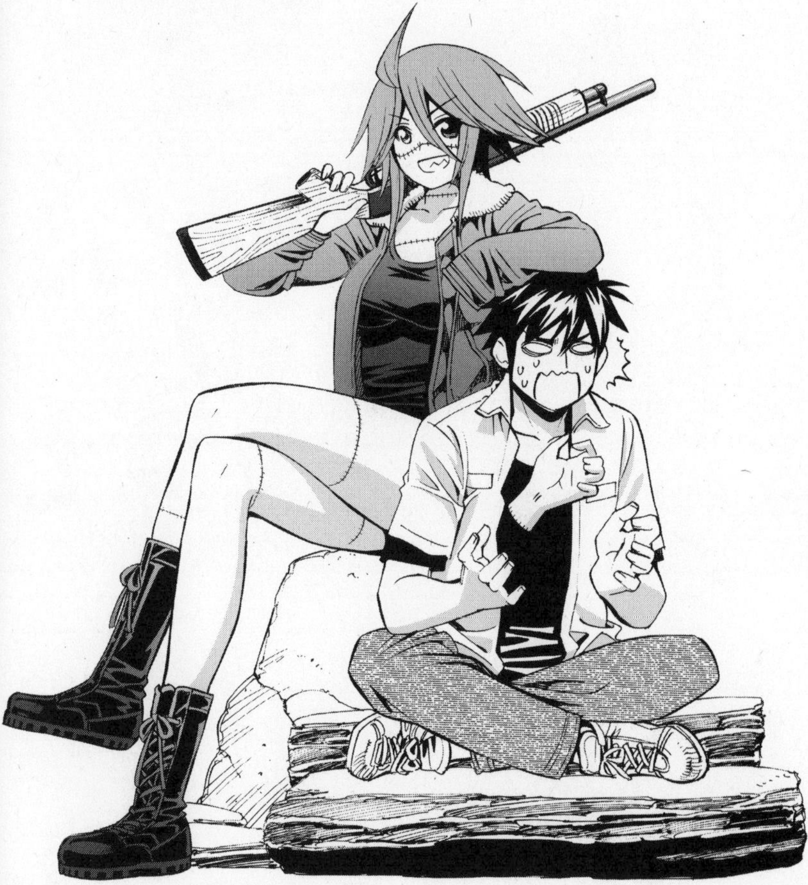

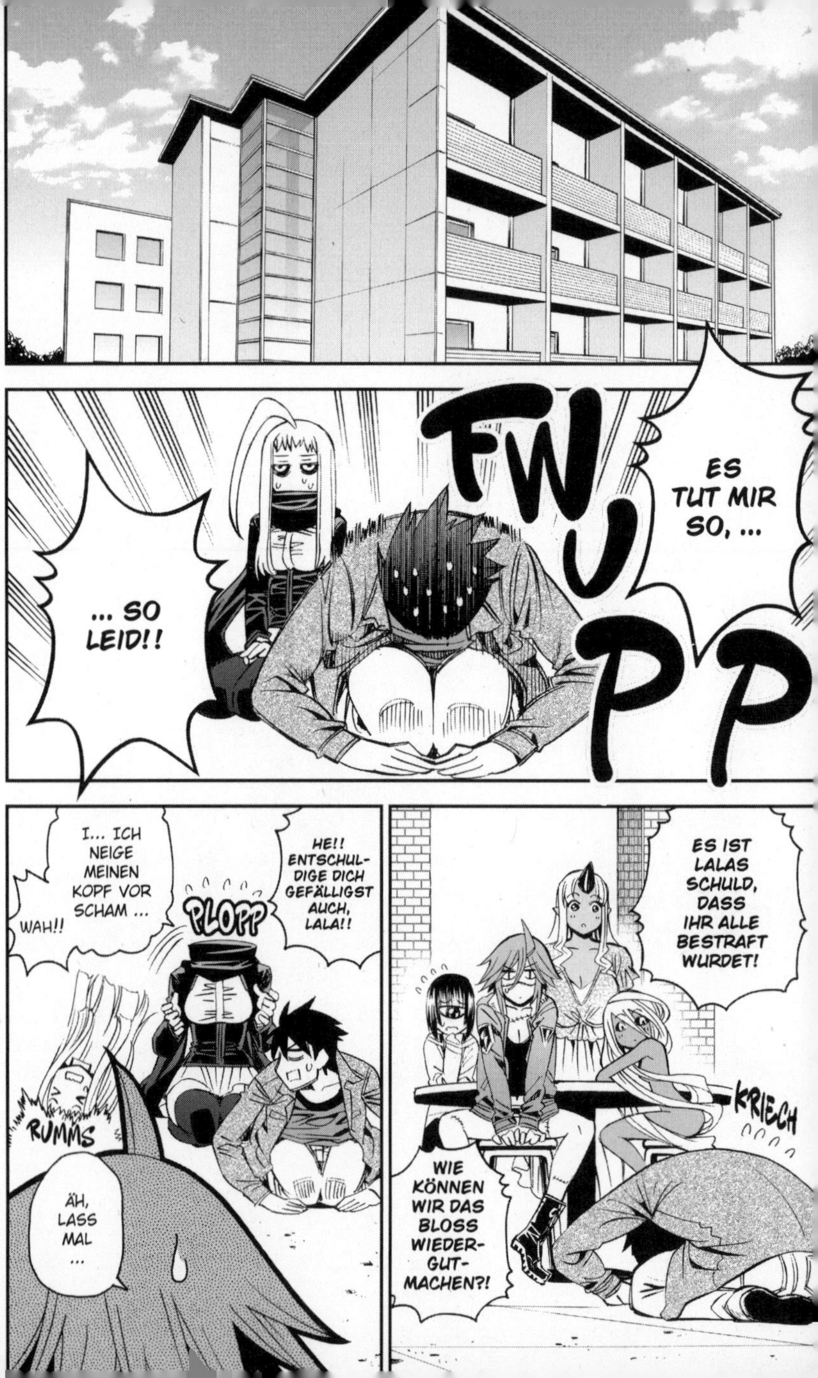
FWUPP
ES TUT MIR SO, ...
... SO LEID!!
ES IST LALAS SCHULD, DASS IHR ALLE BESTRAFT WURDET!
KRIECH
WIE KÖNNEN WIR DAS BLOSS WIEDER-GUT-MACHEN?!
HE!! ENTSCHULDIGE DICH GEFÄLLIGST AUCH, LALA!!
PLOPP
I... ICH NEIGE MEINEN KOPF VOR SCHAM ...
WAH!!
RUMMS
ÄH, LASS MAL ...

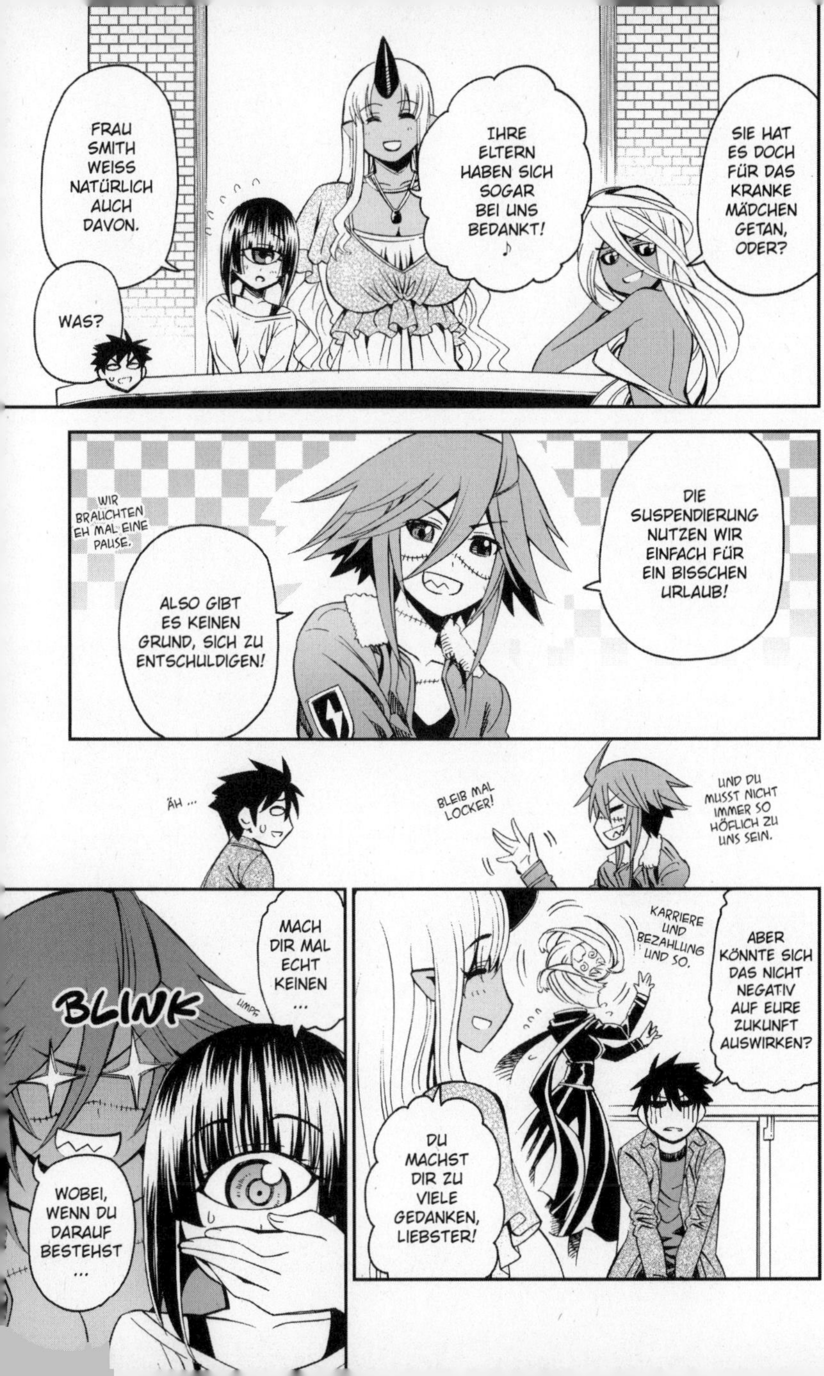
SIE HAT ES DOCH FÜR DAS KRANKE MÄDCHEN GETAN, ODER?
IHRE ELTERN HABEN SICH SOGAR BEI UNS BEDANKT! ♪
FRAU SMITH WEISS NATÜRLICH AUCH DAVON.
WAS?
DIE SUSPENDIERUNG NUTZEN WIR EINFACH FÜR EIN BISSCHEN URLAUB!
WIR BRAUCHTEN EH MAL EINE PAUSE.
ALSO GIBT ES KEINEN GRUND, SICH ZU ENTSCHULDIGEN!
UND DU MUSST NICHT IMMER SO HÖFLICH ZU UNS SEIN.
BLEIB MAL LOCKER!
ÄH ...
ABER KÖNNTE SICH DAS NICHT NEGATIV AUF EURE ZUKUNFT AUSWIRKEN?
KARRIERE UND BEZAHLUNG UND SO.
DU MACHST DIR ZU VIELE GEDANKEN, LIEBSTER!
MACH DIR MAL ECHT KEINEN ...
BLINK
WOBEI, WENN DU DARAUF BESTEHST ...

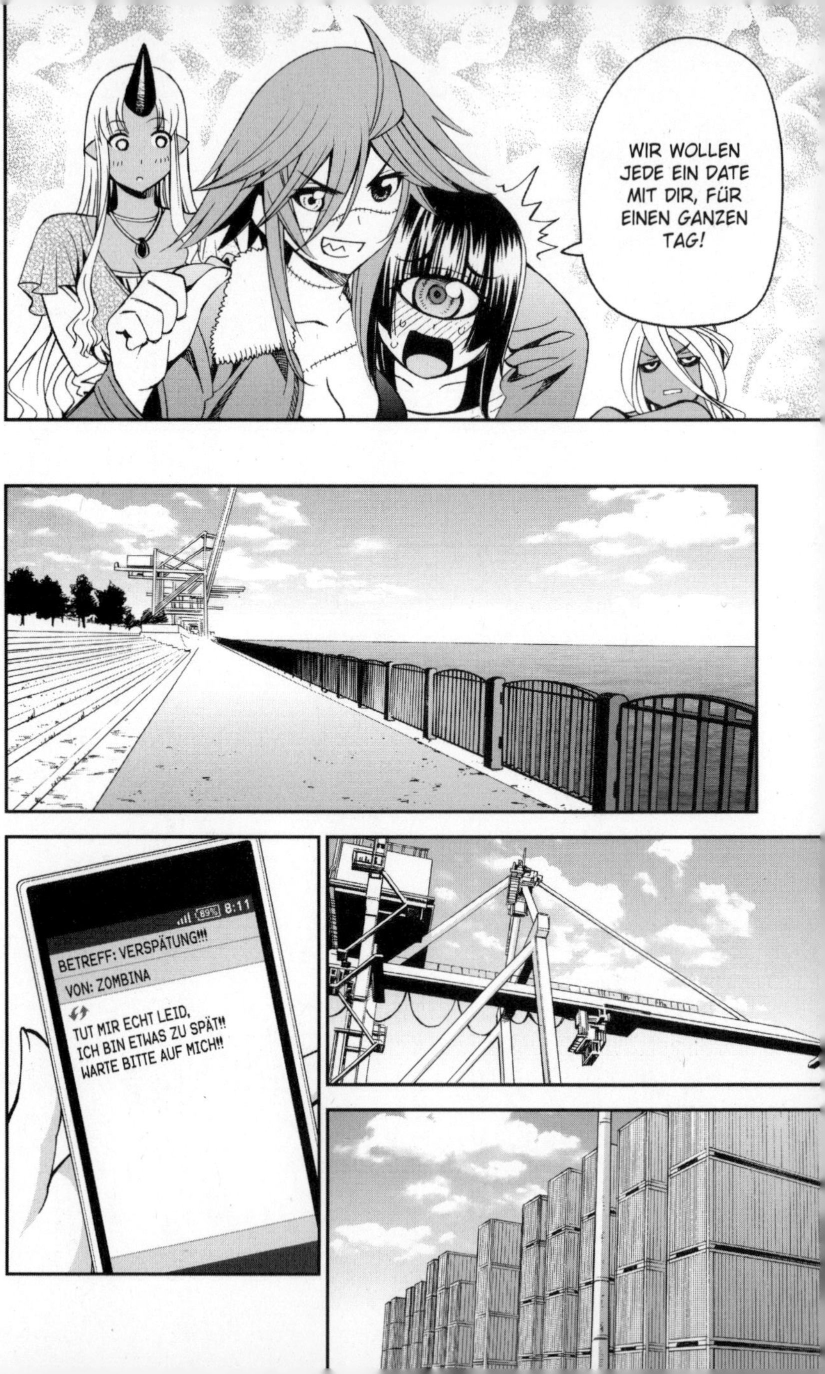
WIR WOLLEN JEDE EIN DATE MIT DIR, FÜR EINEN GANZEN TAG!
8:11
BETREFF: VERSPÄTUNG!!!
VON: ZOMBINA
TUT MIR ECHT LEID, ICH BIN ETWAS ZU SPÄT!! WARTE BITTE AUF MICH!!

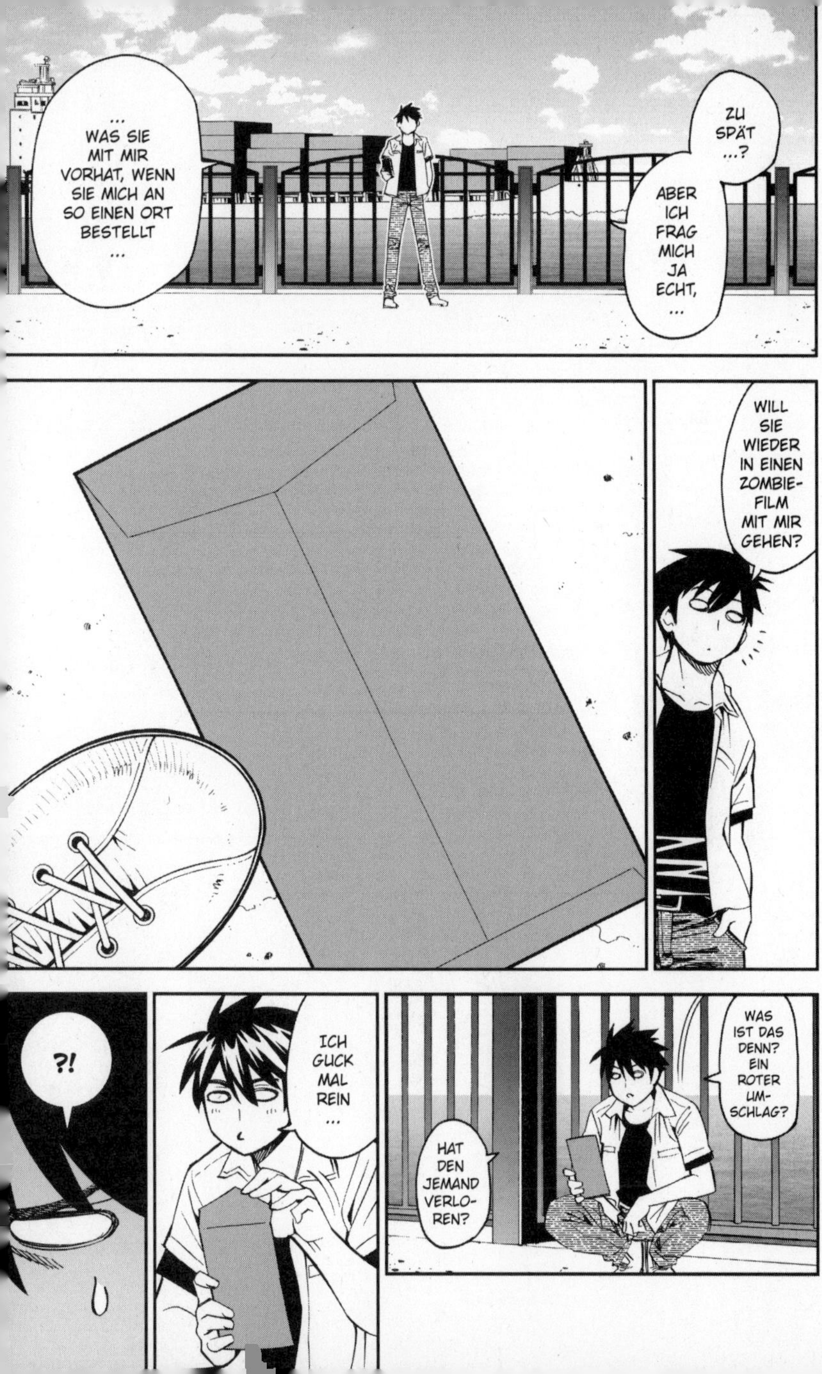
ZU SPÄT ...?
ABER ICH FRAG MICH JA ECHT, ...
... WAS SIE MIT MIR VORHAT, WENN SIE MICH AN SO EINEN ORT BESTELLT ...
WILL SIE WIEDER IN EINEN ZOMBIE-FILM MIT MIR GEHEN?
WAS IST DAS DENN? EIN ROTER UM-SCHLAG?
HAT DEN JEMAND VERLO-REN?
ICH GUCK MAL REIN ...
?!

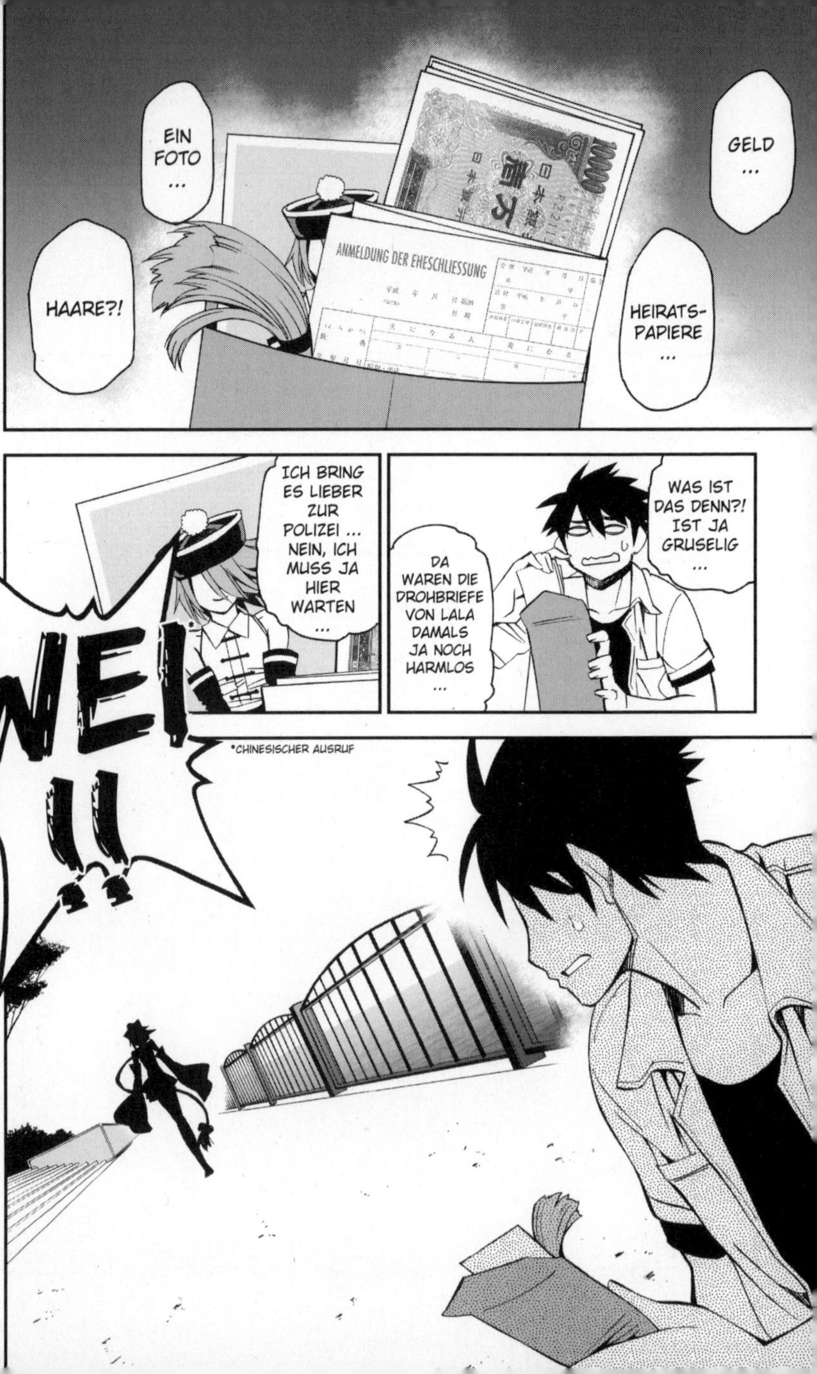
GELD ...
EIN FOTO ...
HEIRATS-PAPIERE ...
HAARE?!
ANMELDUNG DER EHESCHLIESSUNG
WAS IST DAS DENN?! IST JA GRUSELIG ...
DA WAREN DIE DROHBRIEFE VON LALA DAMALS JA NOCH HARMLOS ...
ICH BRING ES LIEBER ZUR POLIZEI ... NEIN, ICH MUSS JA HIER WARTEN ...
WEI* !!
*CHINESISCHER AUSRUF

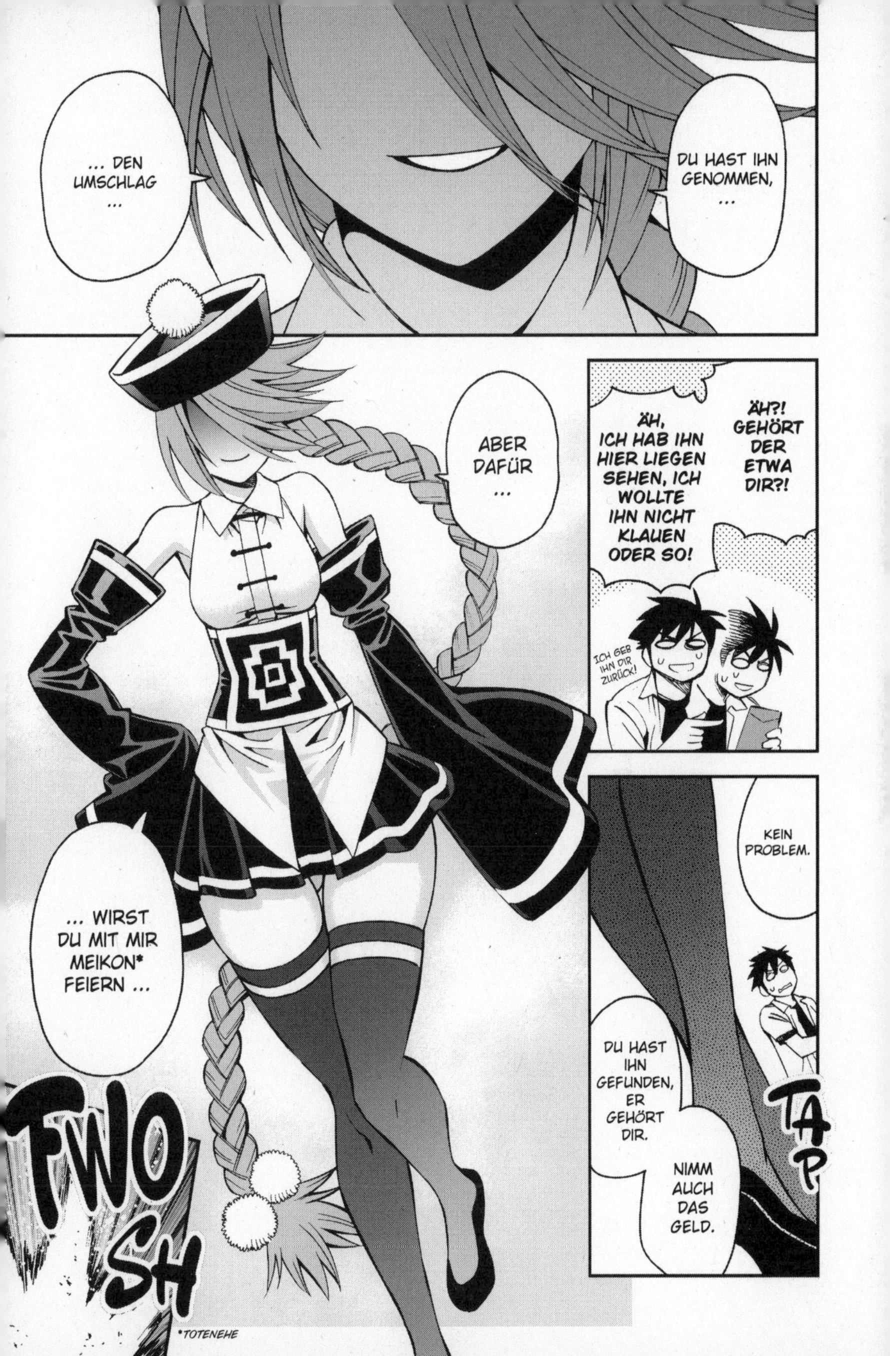
DU HAST IHN GENOMMEN, …
… DEN UMSCHLAG …
ÄH?! GEHÖRT DER ETWA DIR?!
ÄH, ICH HAB IHN HIER LIEGEN SEHEN, ICH WOLLTE IHN NICHT KLAUEN ODER SO!
ICH GEB IHN DIR ZURÜCK!
KEIN PROBLEM.
DU HAST IHN GEFUNDEN, ER GEHÖRT DIR.
NIMM AUCH DAS GELD.
TAP
ABER DAFÜR …
… WIRST DU MIT MIR MEIKON* FEIERN …
FWOSH

*TOTENEHE

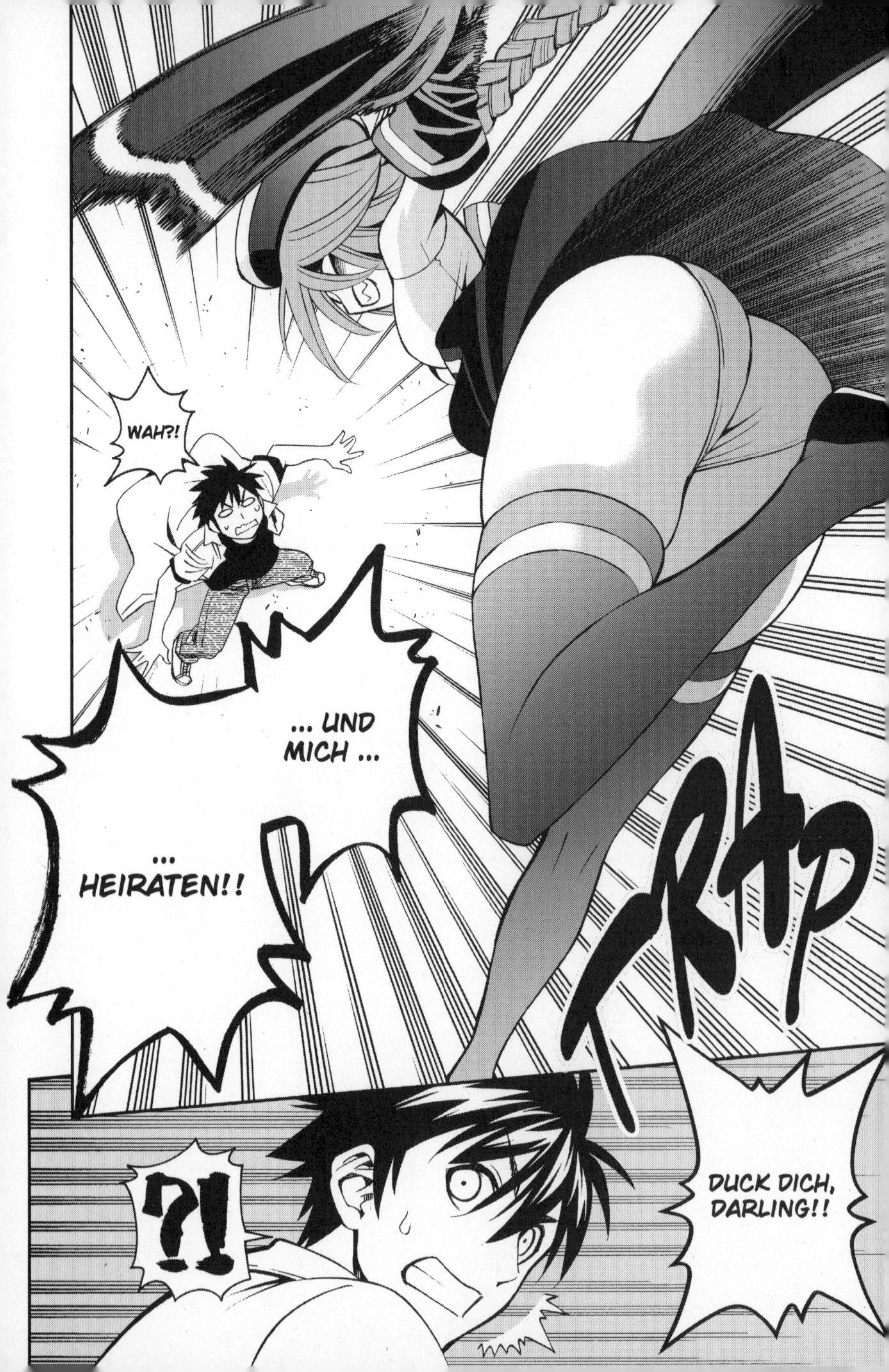
WAH?!
... UND MICH ...
... HEIRATEN!!
TRAP
DUCK DICH, DARLING!!
?!

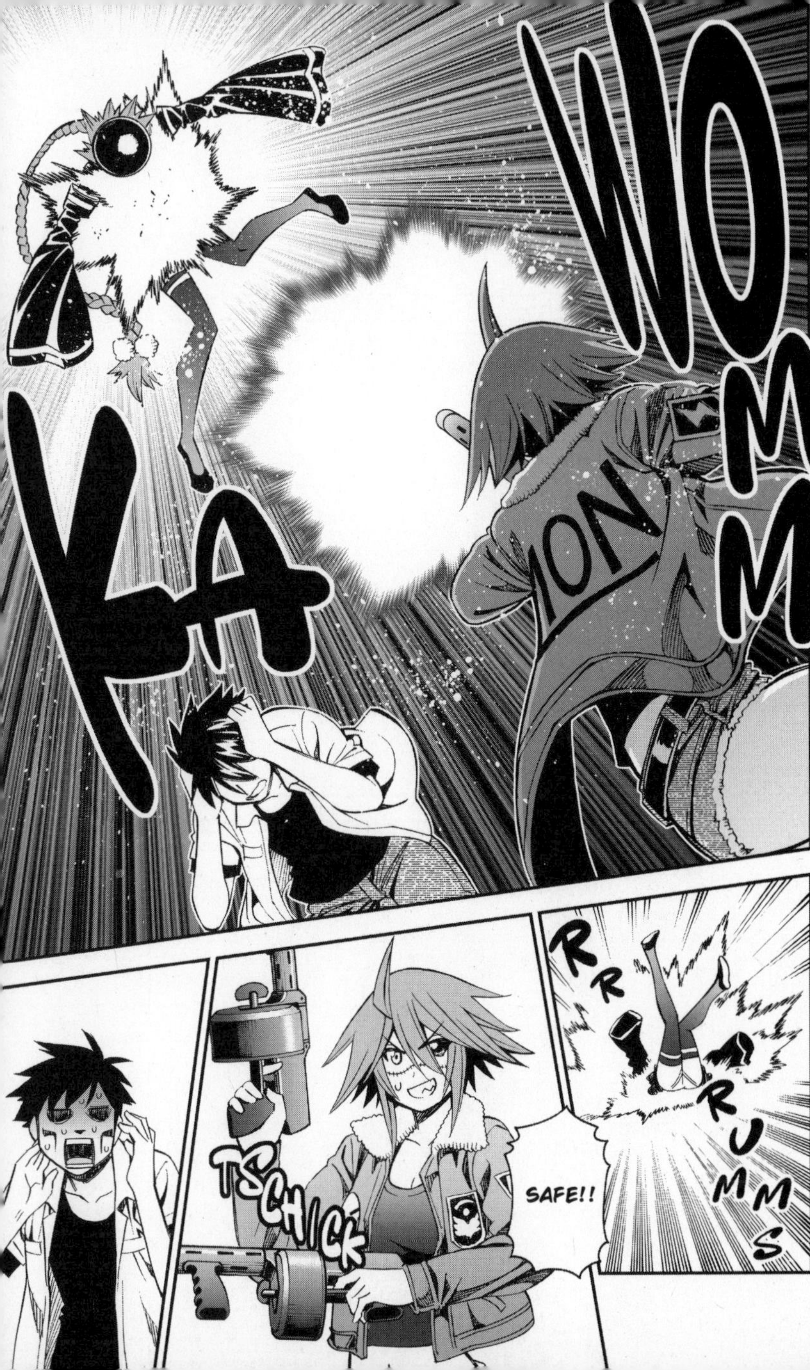
WOMMM
KA
RRRUMMS
SAFE!!
TSCHICK

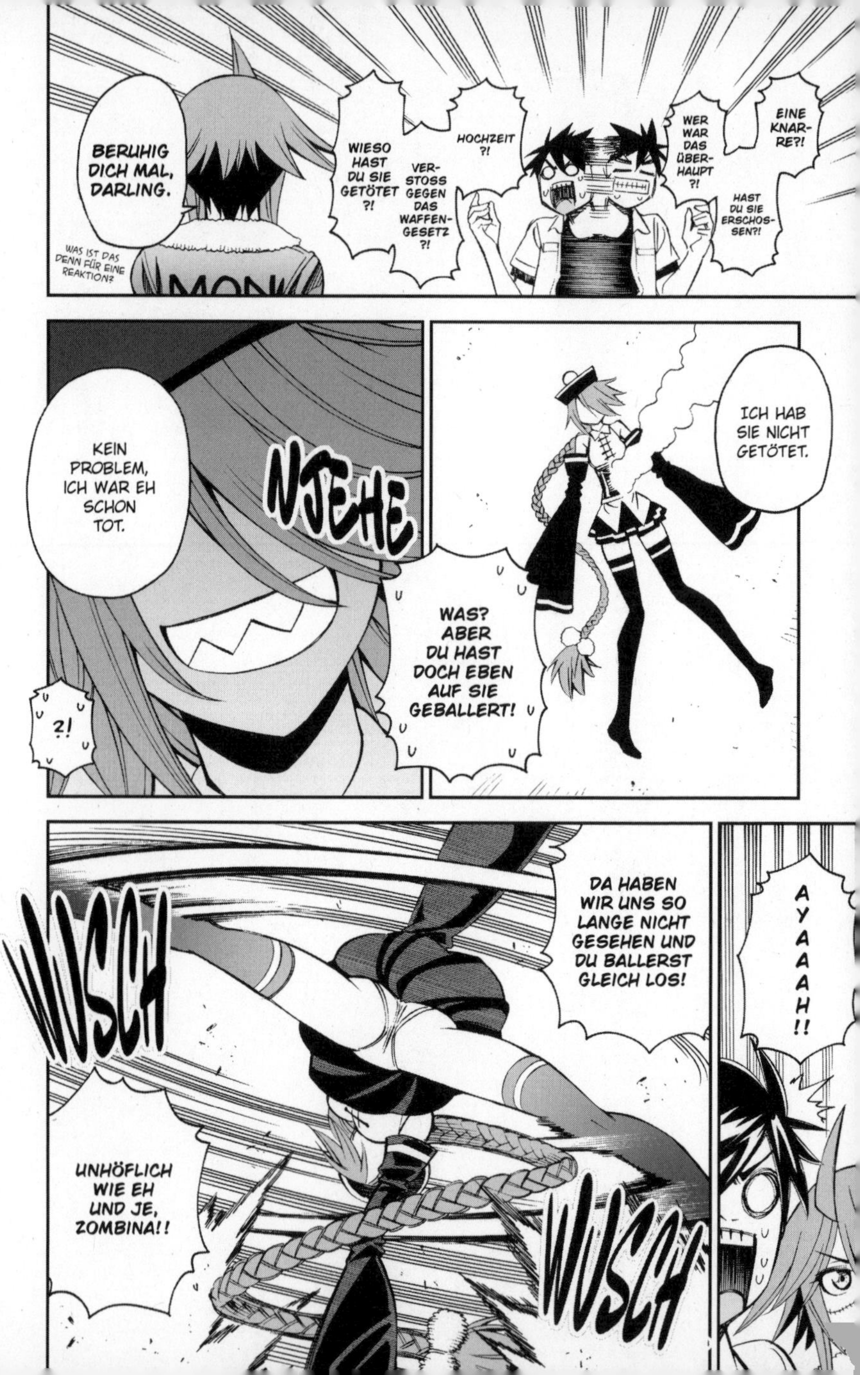

EINE KNAR-RE?!
HAST DU SIE ERSCHOS-SEN?!
WER WAR DAS ÜBER-HAUPT ?!
HOCHZEIT ?!
VER-STOSS GEGEN DAS WAFFEN-GESETZ ?!
WIESO HAST DU SIE GETÖTET ?!
BERUHIG DICH MAL, DARLING.
WAS IST DAS DENN FÜR EINE REAKTION?
ICH HAB SIE NICHT GETÖTET.
WAS? ABER DU HAST DOCH EBEN AUF SIE GEBALLERT!
NJEHE
KEIN PROBLEM, ICH WAR EH SCHON TOT.
?!
AYAAAAH!!
DA HABEN WIR UNS SO LANGE NICHT GESEHEN UND DU BALLERST GLEICH LOS!
WUSCH
WUSCH
UNHÖFLICH WIE EH UND JE, ZOMBINA!!

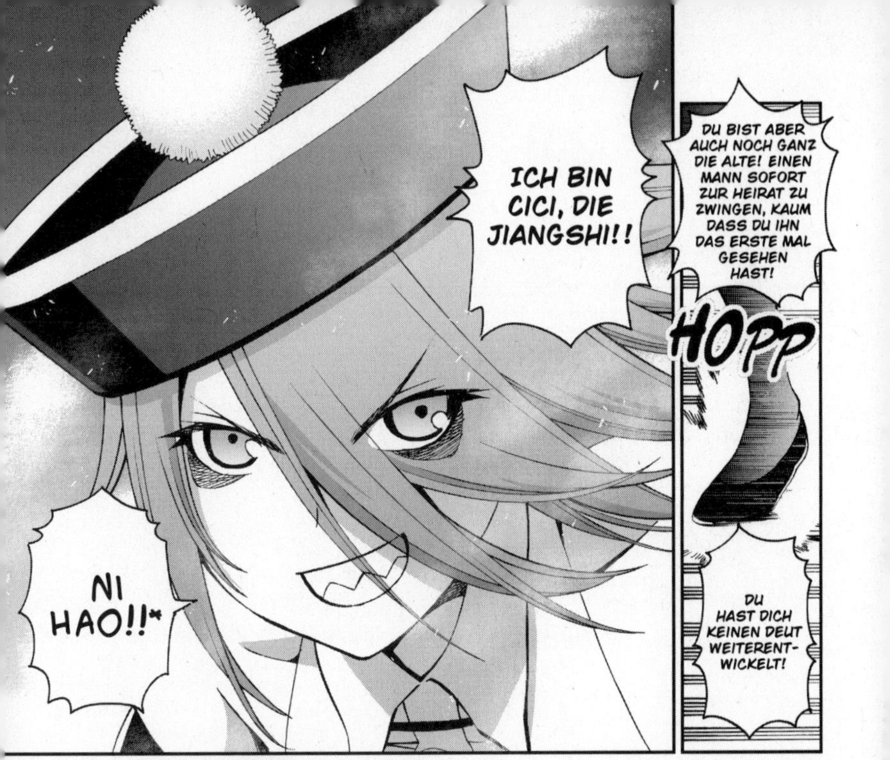

*CHINESISCH: GUTEN TAG!

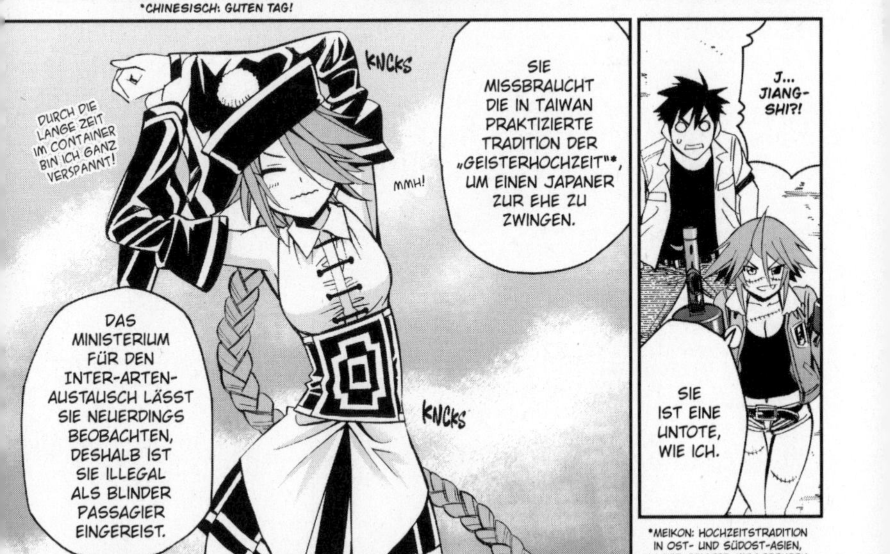

*MEIKON: HOCHZEITSTRADITION IN OST- UND SÜDOST-ASIEN, IN DER GEISTER MIT LEBENDEN VERHEIRATET WERDEN.

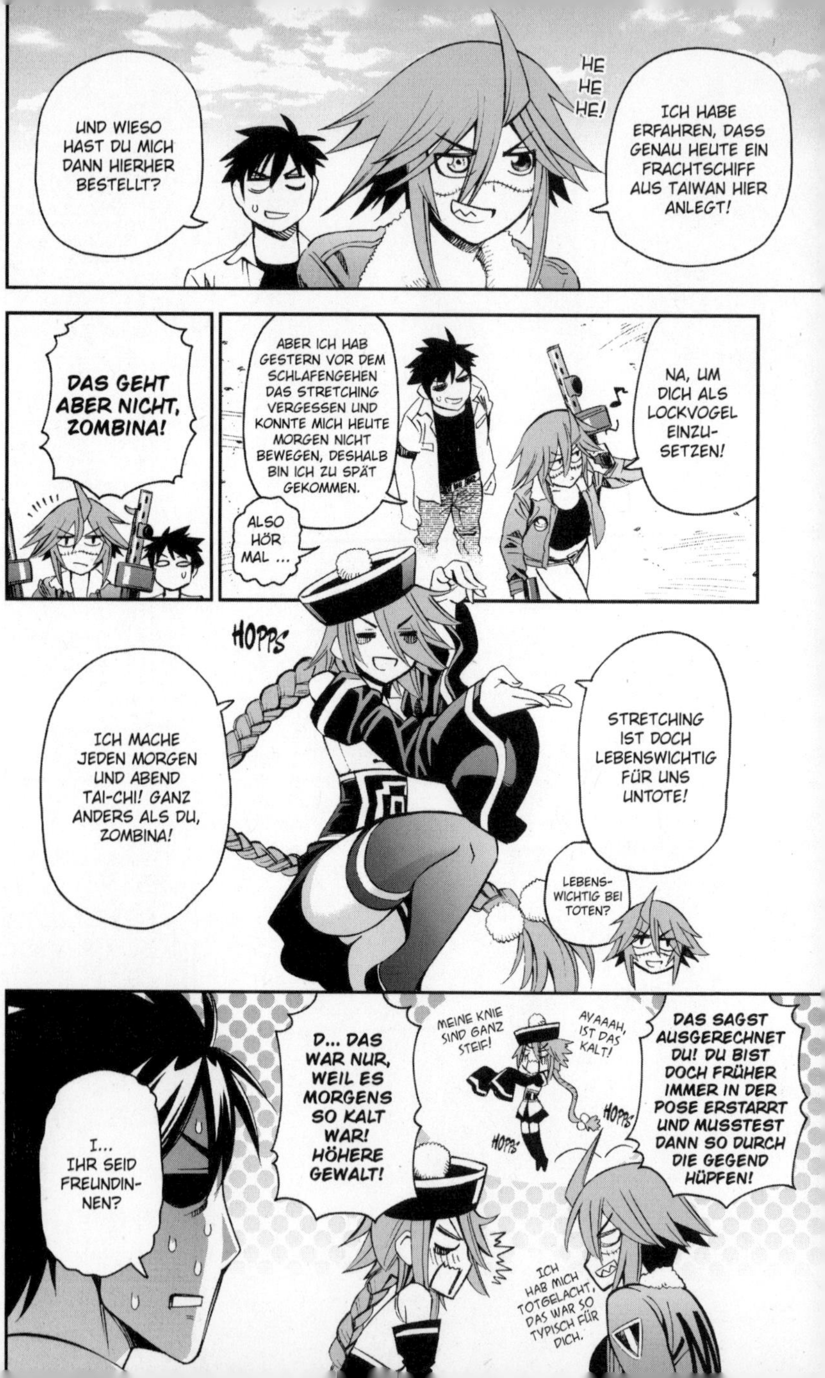
HE HE HE!
ICH HABE ERFAHREN, DASS GENAU HEUTE EIN FRACHTSCHIFF AUS TAIWAN HIER ANLEGT!
UND WIESO HAST DU MICH DANN HIERHER BESTELLT?
NA, UM DICH ALS LOCKVOGEL EINZU-SETZEN!
ABER ICH HAB GESTERN VOR DEM SCHLAFENGEHEN DAS STRETCHING VERGESSEN UND KONNTE MICH HEUTE MORGEN NICHT BEWEGEN, DESHALB BIN ICH ZU SPÄT GEKOMMEN.
ALSO HÖR MAL …
DAS GEHT ABER NICHT, ZOMBINA!
HOPPS
STRETCHING IST DOCH LEBENSWICHTIG FÜR UNS UNTOTE!
ICH MACHE JEDEN MORGEN UND ABEND TAI-CHI! GANZ ANDERS ALS DU, ZOMBINA!
LEBENS-WICHTIG BEI TOTEN?
DAS SAGST AUSGERECHNET DU! DU BIST DOCH FRÜHER IMMER IN DER POSE ERSTARRT UND MUSSTEST DANN SO DURCH DIE GEGEND HÜPFEN!
AYAAAH, IST DAS KALT!
MEINE KNIE SIND GANZ STEIF!
HOPPS
HOPPS
D… DAS WAR NUR, WEIL ES MORGENS SO KALT WAR! HÖHERE GEWALT!
I… IHR SEID FREUNDIN-NEN?
ICH HAB MICH TOTGELACHT, DAS WAR SO TYPISCH FÜR DICH.

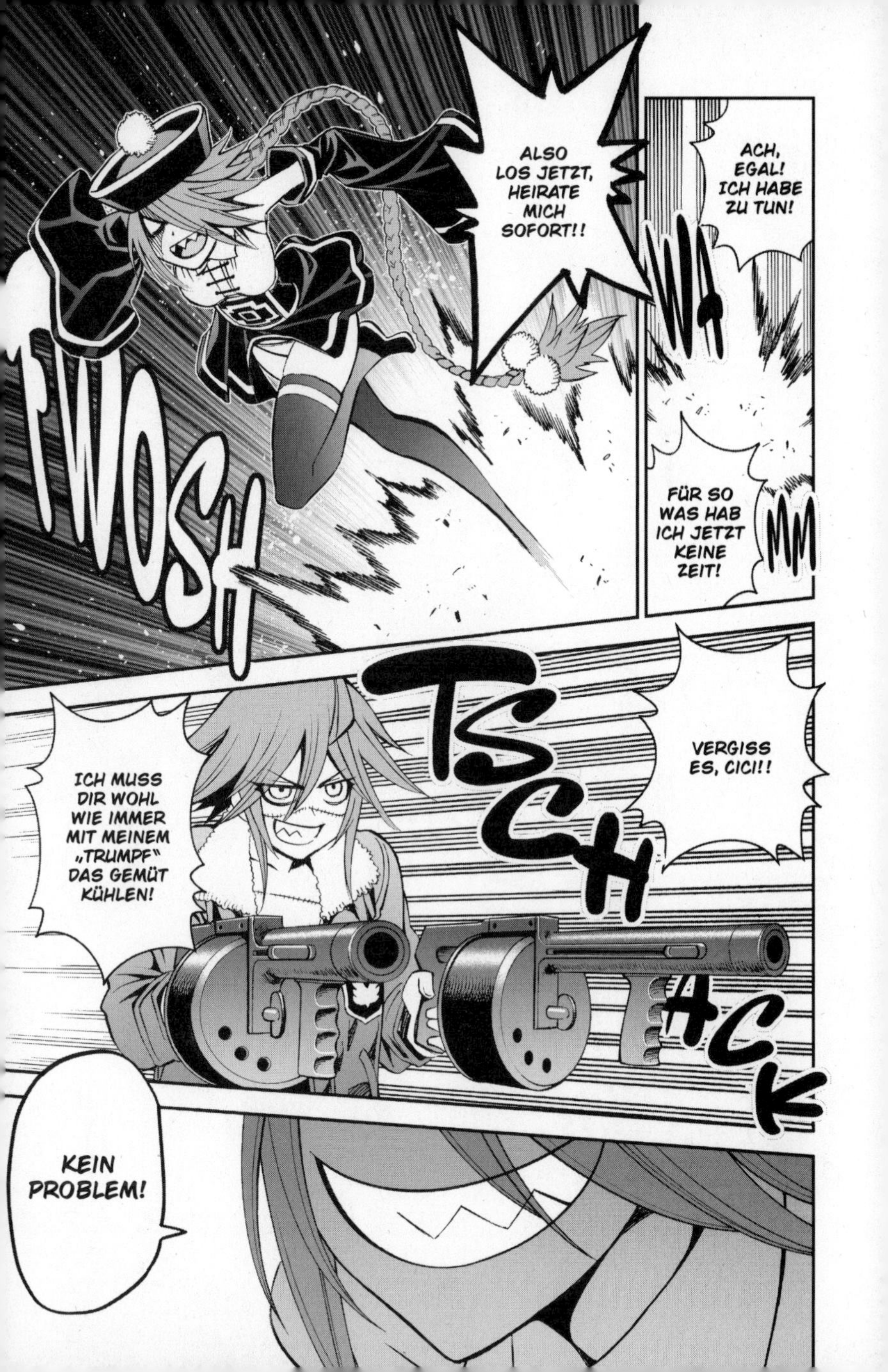
ACH, EGAL! ICH HABE ZU TUN!
WA
FÜR SO WAS HAB ICH JETZT KEINE ZEIT!
MM
ALSO LOS JETZT, HEIRATE MICH SOFORT!!
TWOSH
VERGISS ES, CICI!!
TSCHACK
ICH MUSS DIR WOHL WIE IMMER MIT MEINEM „TRUMPF“ DAS GEMÜT KÜHLEN!
KEIN PROBLEM!

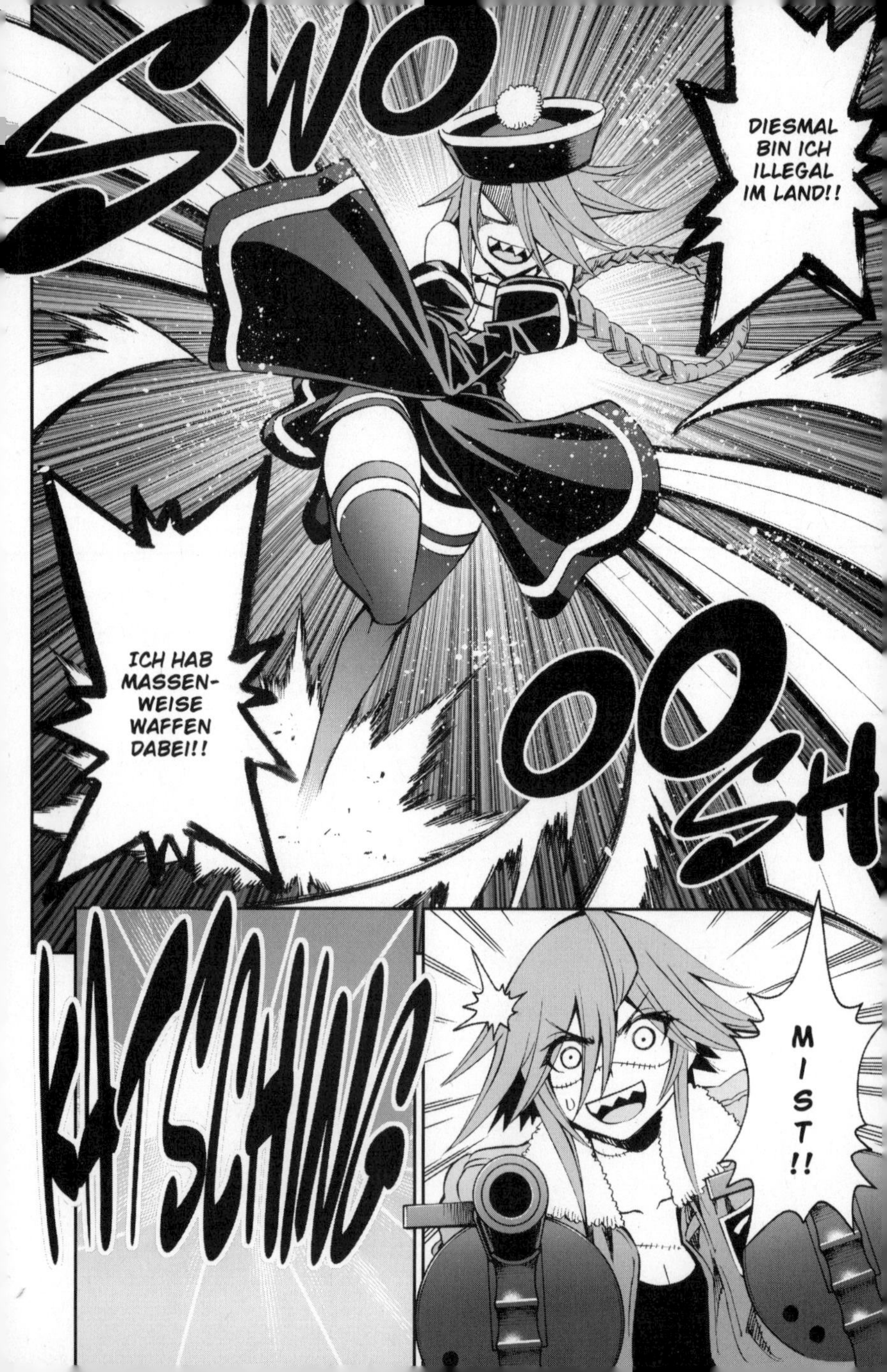
SWO
DIESMAL BIN ICH ILLEGAL IM LAND!!
ICH HAB MASSEN-WEISE WAFFEN DABEI!!
OOSH
MIST!!
KATSCHUNG

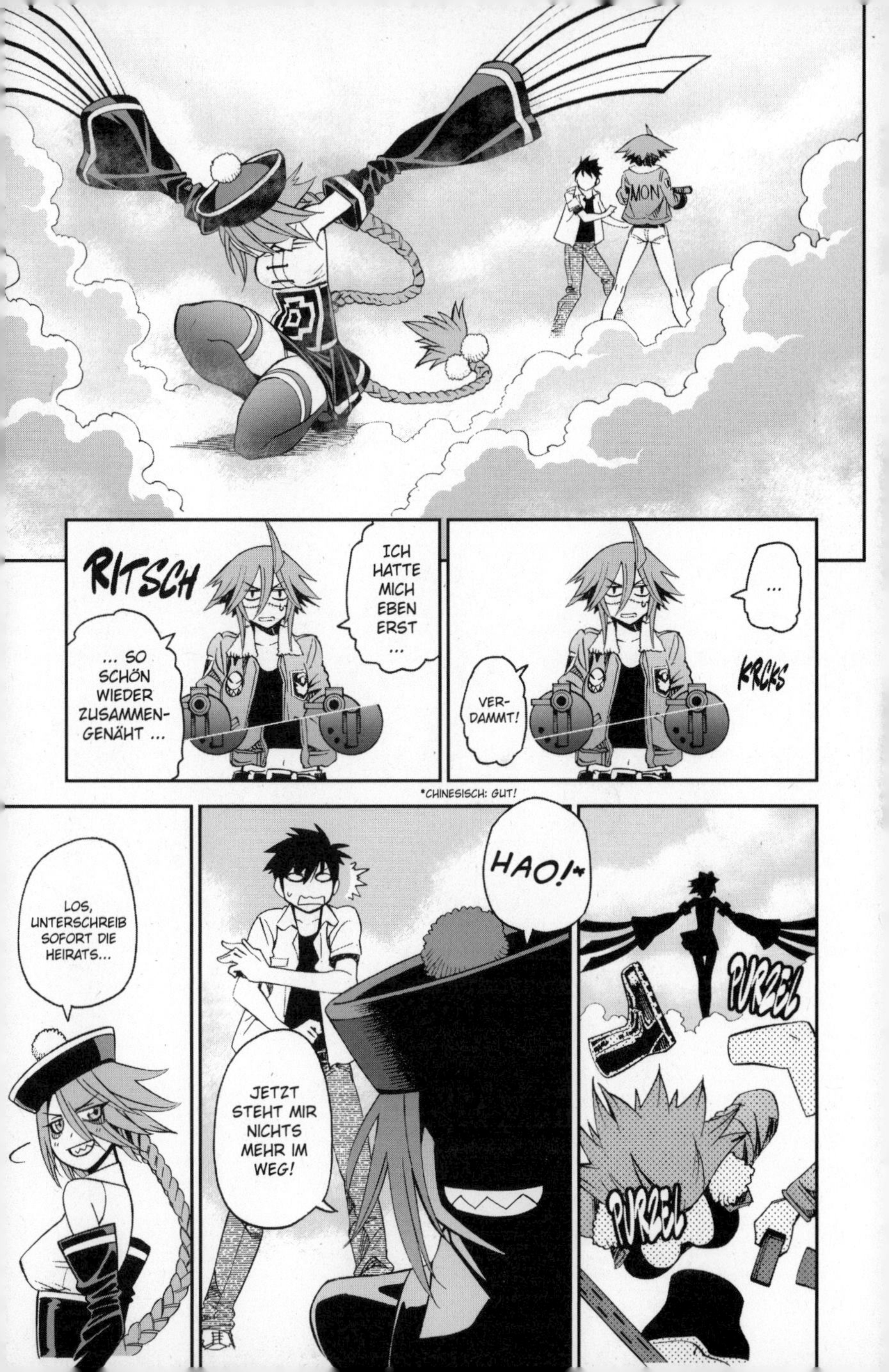
ICH HATTE MICH EBEN ERST ...
RITSCH
... SO SCHÖN WIEDER ZUSAMMEN-GENÄHT ...
...
KRCKS
VER-DAMMT!
*CHINESISCH: GUT!
PURZEL
PURZEL
HAO!*
JETZT STEHT MIR NICHTS MEHR IM WEG!
LOS, UNTERSCHREIB SOFORT DIE HEIRATS...

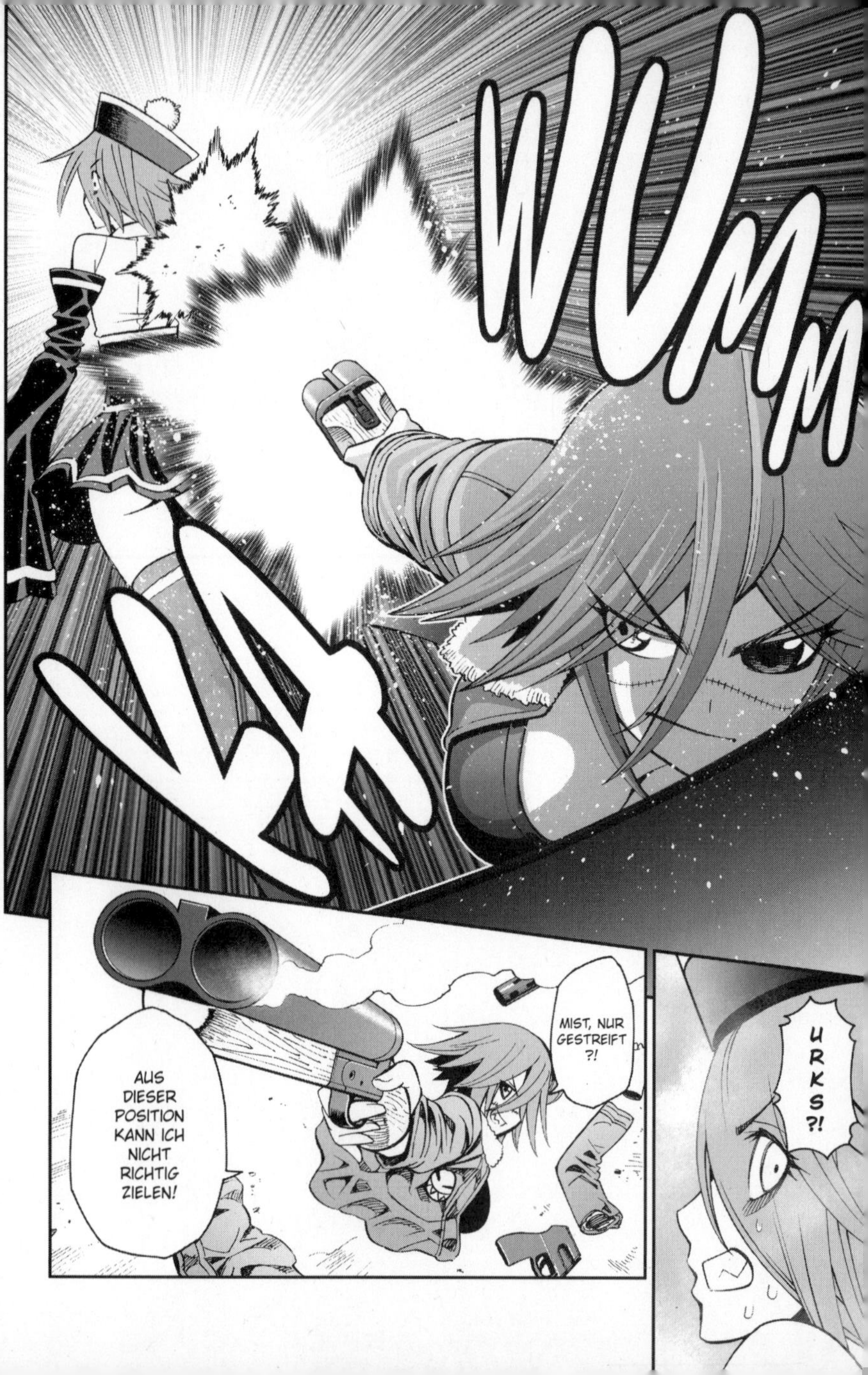
URKS?!
MIST, NUR GESTREIFT ?!
AUS DIESER POSITION KANN ICH NICHT RICHTIG ZIELEN!

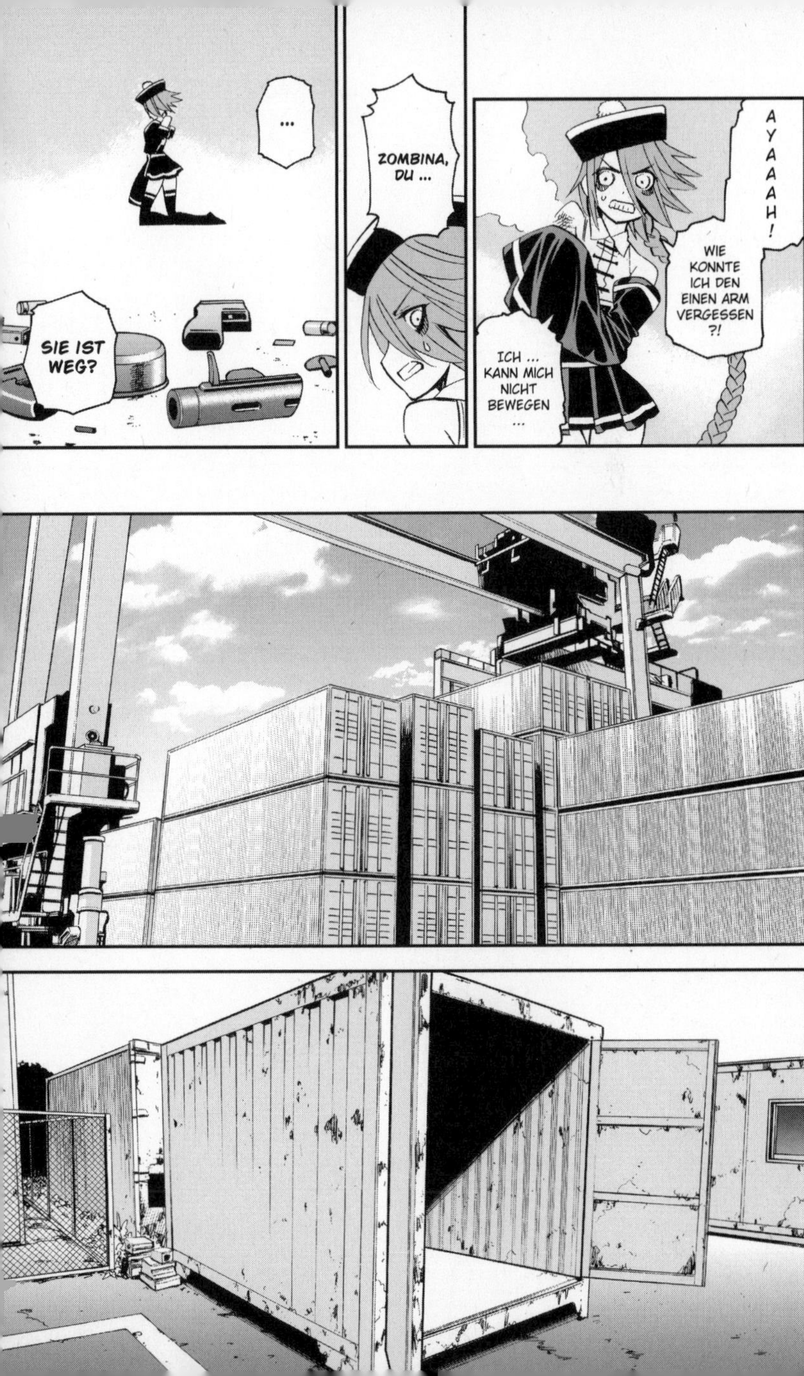
AYAAAAH!
WIE KONNTE ICH DEN EINEN ARM VERGESSEN ?!
ICH ... KANN MICH NICHT BEWEGEN ...
ZOMBINA, DU ...
...
SIE IST WEG?

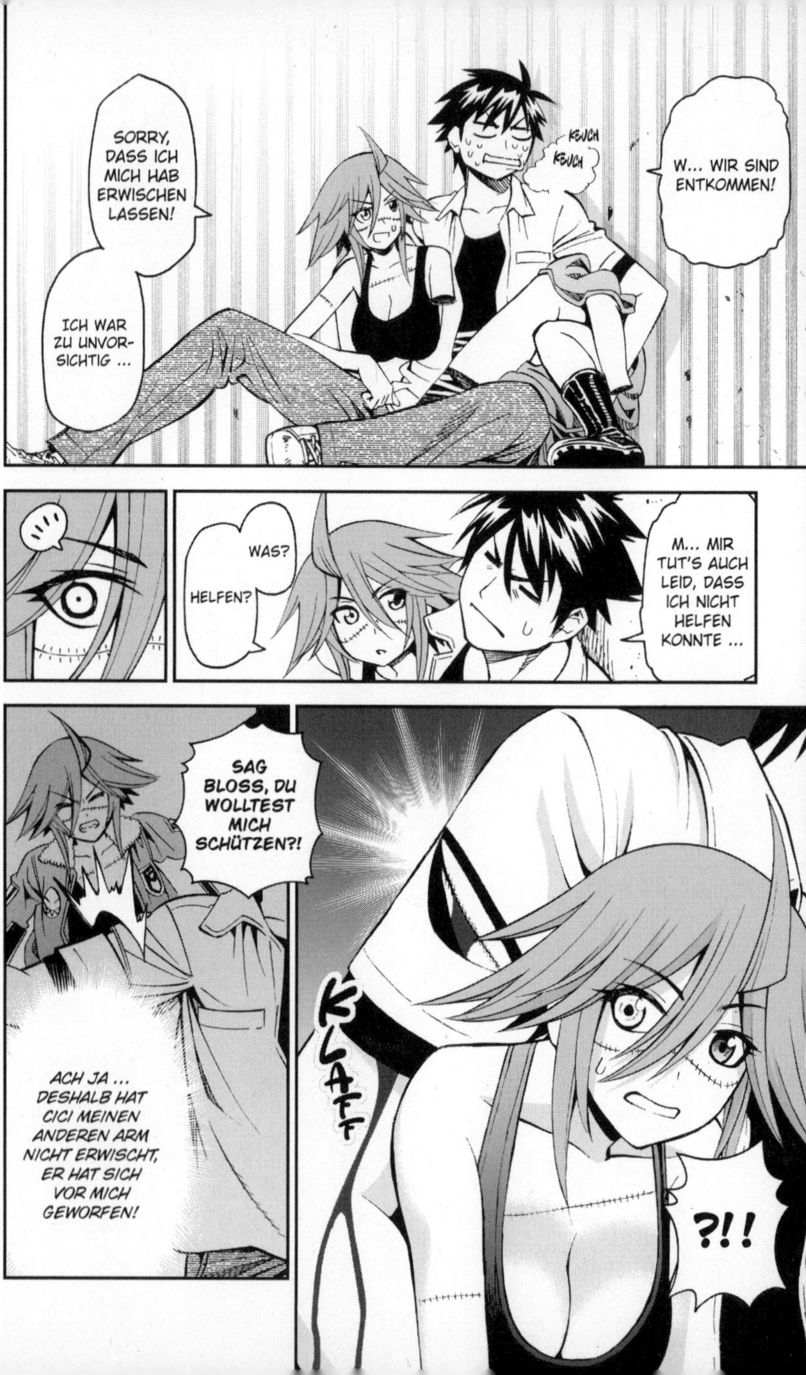
W… WIR SIND ENTKOMMEN!
KEUCH
KEUCH
SORRY, DASS ICH MICH HAB ERWISCHEN LASSEN!
ICH WAR ZU UNVOR-SICHTIG …
M… MIR TUT'S AUCH LEID, DASS ICH NICHT HELFEN KONNTE …
WAS?
HELFEN?
SAG BLOSS, DU WOLLTEST MICH SCHÜTZEN?!
KLAFF
?!!
ACH JA … DESHALB HAT CICI MEINEN ANDEREN ARM NICHT ERWISCHT, ER HAT SICH VOR MICH GEWORFEN!

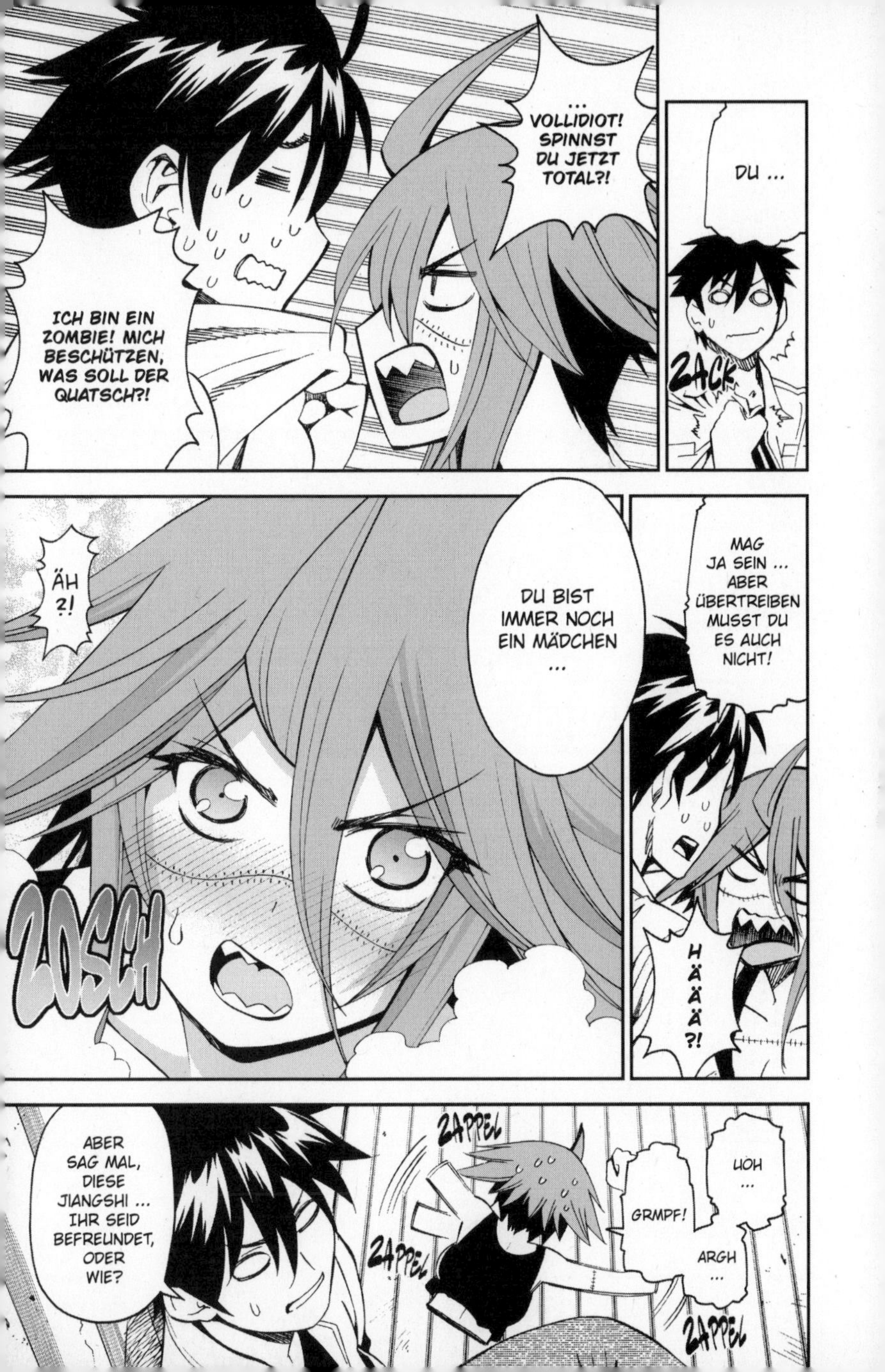
DU ...
ZACK
... VOLLIDIOT! SPINNST DU JETZT TOTAL?!
ICH BIN EIN ZOMBIE! MICH BESCHÜTZEN, WAS SOLL DER QUATSCH?!
MAG JA SEIN ... ABER ÜBERTREIBEN MUSST DU ES AUCH NICHT!
HÄÄÄ ?!
DU BIST IMMER NOCH EIN MÄDCHEN ...
ÄH ?!
ZOSCH
UOH ...
GRMPF!
ARGH ...
ZAPPEL
ZAPPEL
ZAPPEL
ABER SAG MAL, DIESE JIANGSHI ... IHR SEID BEFREUNDET, ODER WIE?

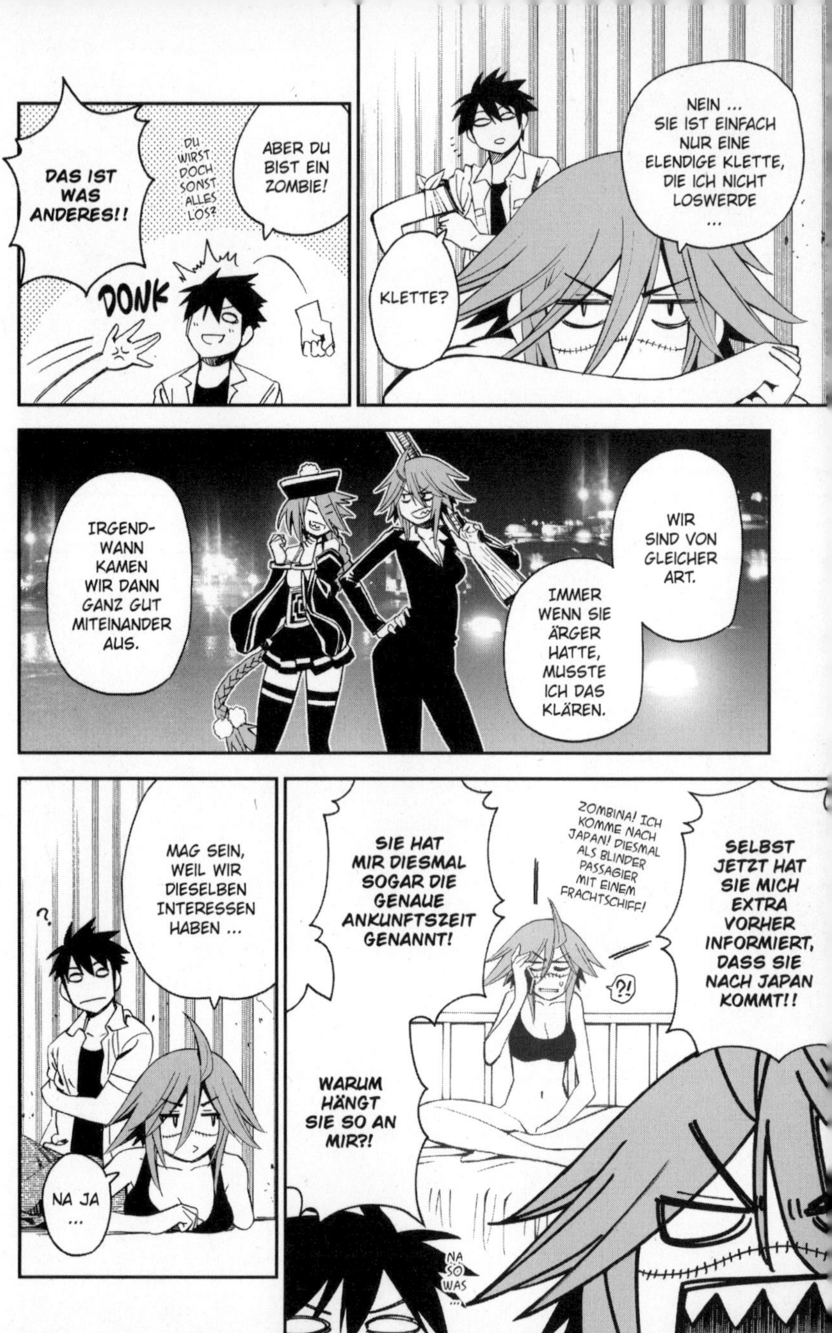
NEIN ... SIE IST EINFACH NUR EINE ELENDIGE KLETTE, DIE ICH NICHT LOSWERDE ...
KLETTE?
ABER DU BIST EIN ZOMBIE!
DU WIRST DOCH SONST ALLES LOS?
DAS IST WAS ANDERES!!
DONK
WIR SIND VON GLEICHER ART.
IMMER WENN SIE ÄRGER HATTE, MUSSTE ICH DAS KLÄREN.
IRGEND-WANN KAMEN WIR DANN GANZ GUT MITEINANDER AUS.
SELBST JETZT HAT SIE MICH EXTRA VORHER INFORMIERT, DASS SIE NACH JAPAN KOMMT!!
ZOMBINA! ICH KOMME NACH JAPAN! DIESMAL ALS BLINDER PASSAGIER MIT EINEM FRACHTSCHIFF!
?!
SIE HAT MIR DIESMAL SOGAR DIE GENAUE ANKUNFTSZEIT GENANNT!
WARUM HÄNGT SIE SO AN MIR?!
NA SO WAS ...
MAG SEIN, WEIL WIR DIESELBEN INTERESSEN HABEN ...
NA JA ...

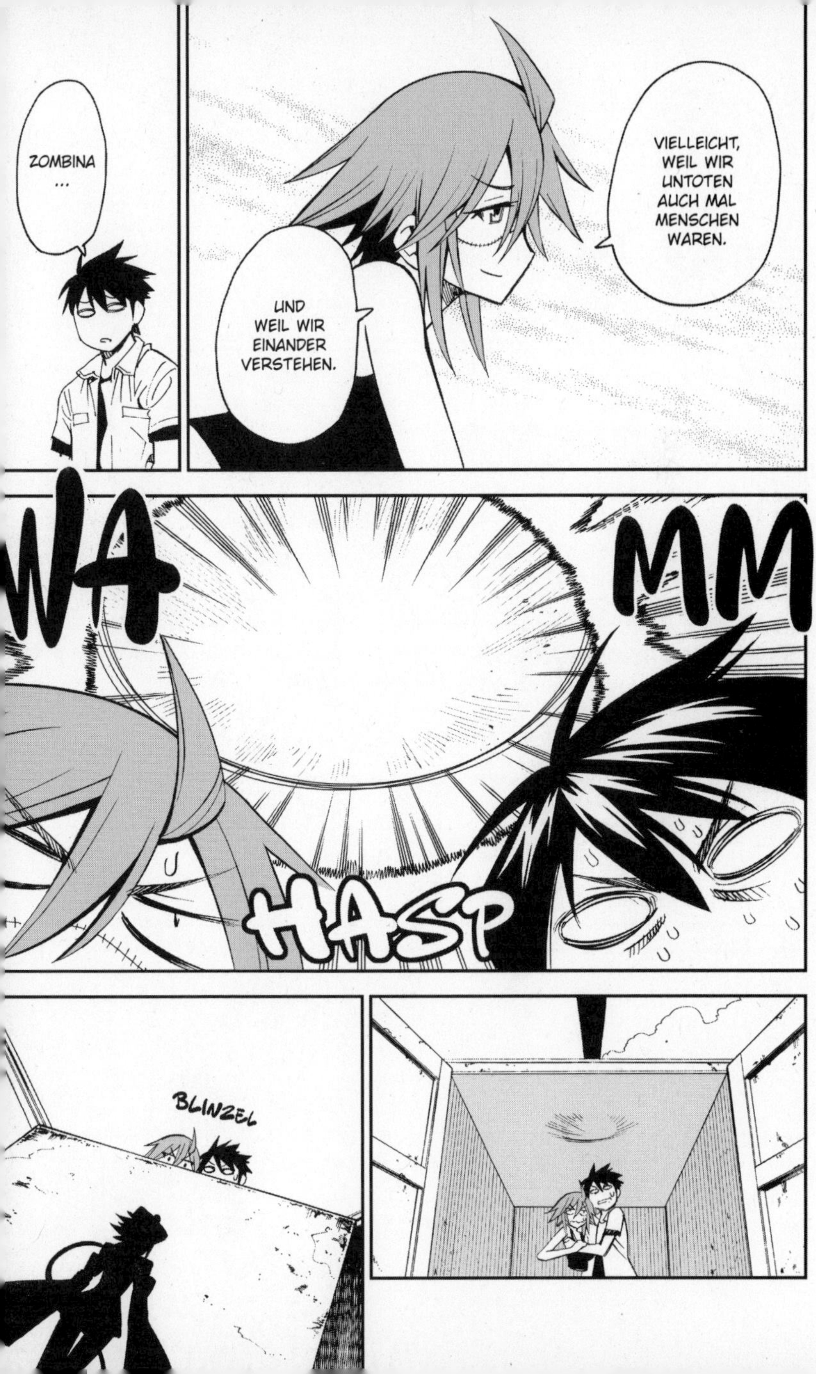
VIELLEICHT, WEIL WIR UNTOTEN AUCH MAL MENSCHEN WAREN.
UND WEIL WIR EINANDER VERSTEHEN.
ZOMBINA ...
WAMM
HASP
BLINZEL

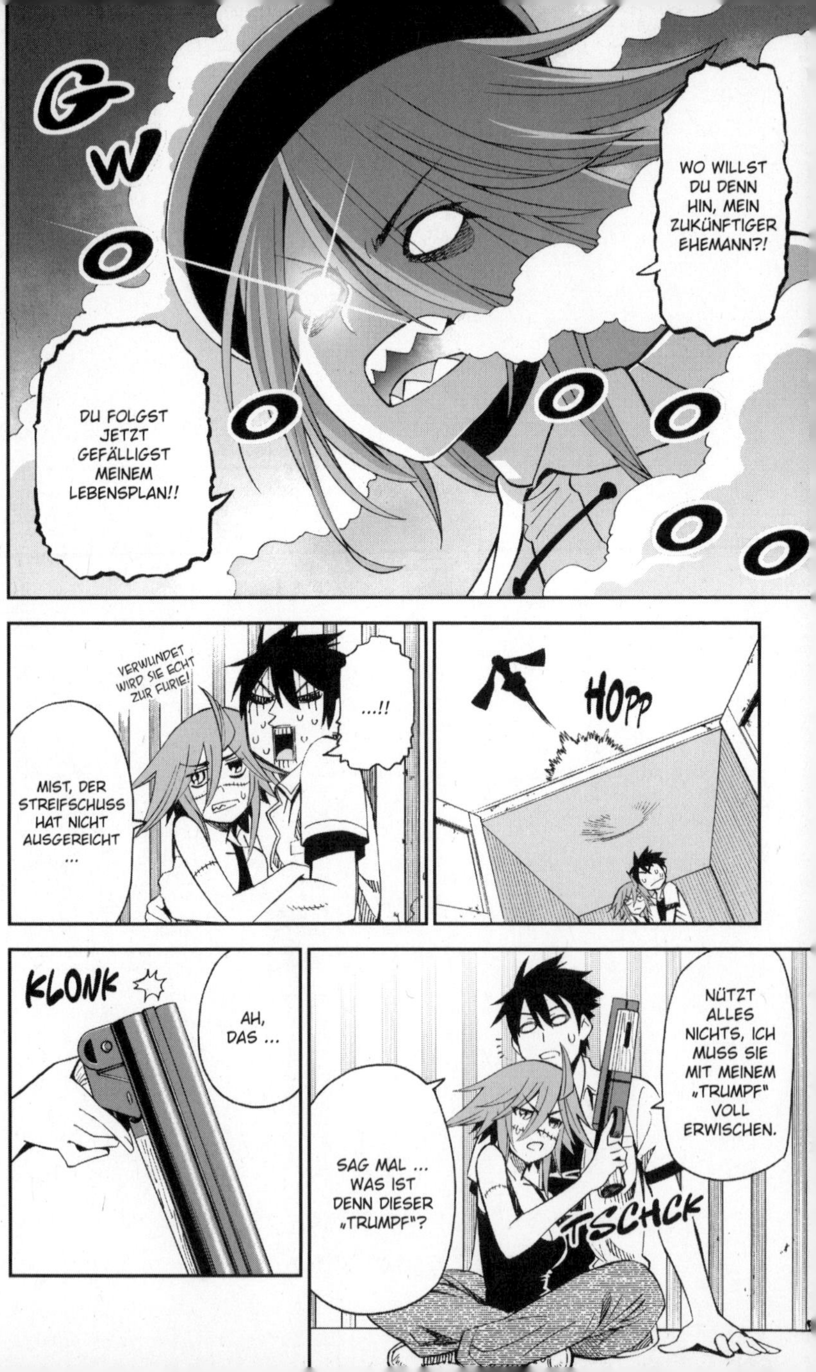
WO WILLST DU DENN HIN, MEIN ZUKÜNFTIGER EHEMANN?!
GWOOOOOO
DU FOLGST JETZT GEFÄLLIGST MEINEM LEBENSPLAN!!
HOPP
...!!
VERWUNDET WIRD SIE ECHT ZUR FURIE!
MIST, DER STREIFSCHUSS HAT NICHT AUSGEREICHT ...
NÜTZT ALLES NICHTS, ICH MUSS SIE MIT MEINEM „TRUMPF" VOLL ERWISCHEN.
TSCHCK
SAG MAL ... WAS IST DENN DIESER „TRUMPF"?
KLONK
AH, DAS ...

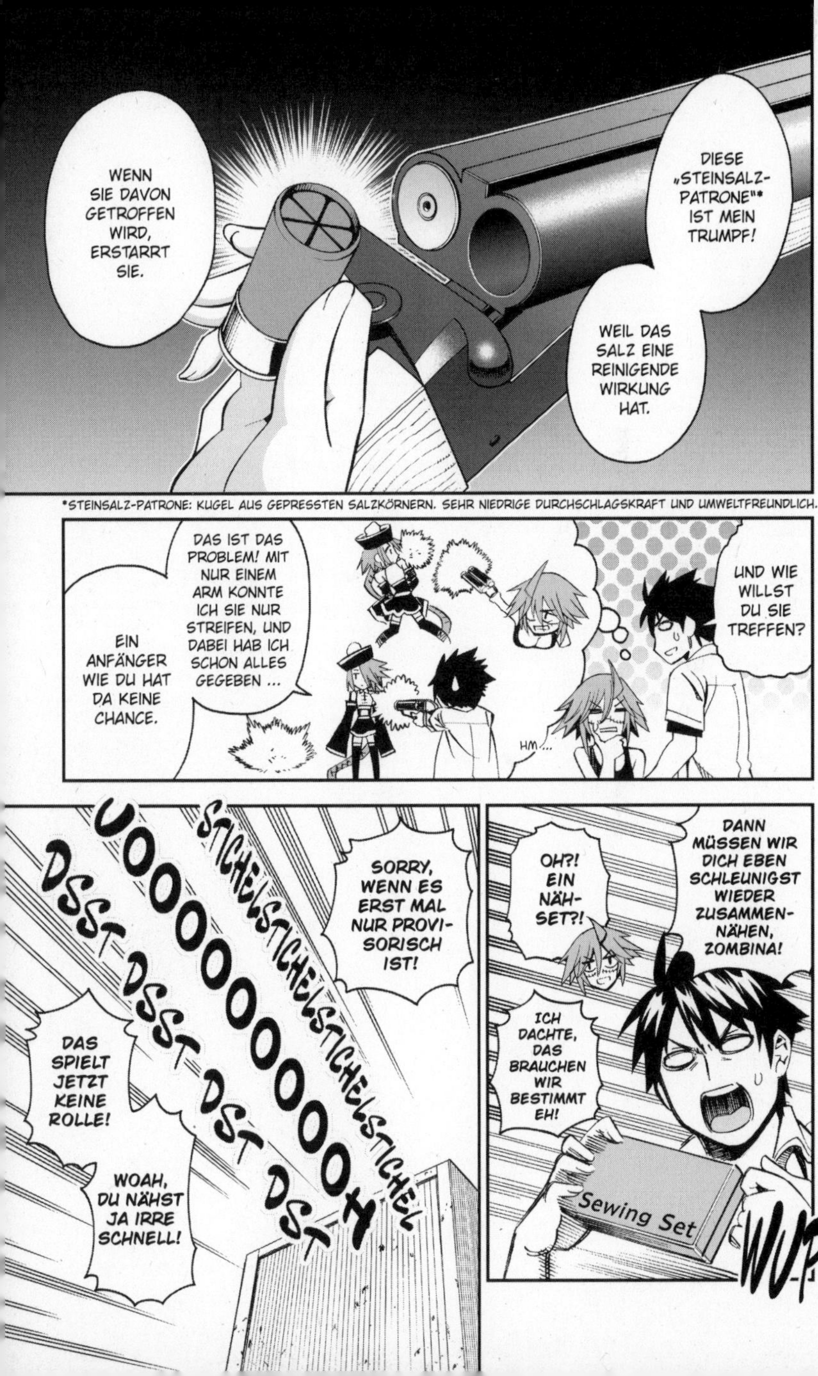
DIESE „STEINSALZ-PATRONE"* IST MEIN TRUMPF!
WENN SIE DAVON GETROFFEN WIRD, ERSTARRT SIE.
WEIL DAS SALZ EINE REINIGENDE WIRKUNG HAT.
*STEINSALZ-PATRONE: KUGEL AUS GEPRESSTEN SALZKÖRNERN. SEHR NIEDRIGE DURCHSCHLAGSKRAFT UND UMWELTFREUNDLICH.
UND WIE WILLST DU SIE TREFFEN?
DAS IST DAS PROBLEM! MIT NUR EINEM ARM KONNTE ICH SIE NUR STREIFEN, UND DABEI HAB ICH SCHON ALLES GEGEBEN ...
EIN ANFÄNGER WIE DU HAT DA KEINE CHANCE.
HM ...
DANN MÜSSEN WIR DICH EBEN SCHLEUNIGST WIEDER ZUSAMMEN-NÄHEN, ZOMBINA!
OH?! EIN NÄH-SET?!
ICH DACHTE, DAS BRAUCHEN WIR BESTIMMT EH!
Sewing Set
WUPP
SORRY, WENN ES ERST MAL NUR PROVI-SORISCH IST!
STICHELSTICHELSTICHELSTICHEL
UOOOOOOOOOOH
DSST DSST DST DST
DAS SPIELT JETZT KEINE ROLLE!
WOAH, DU NÄHST JA IRRE SCHNELL!

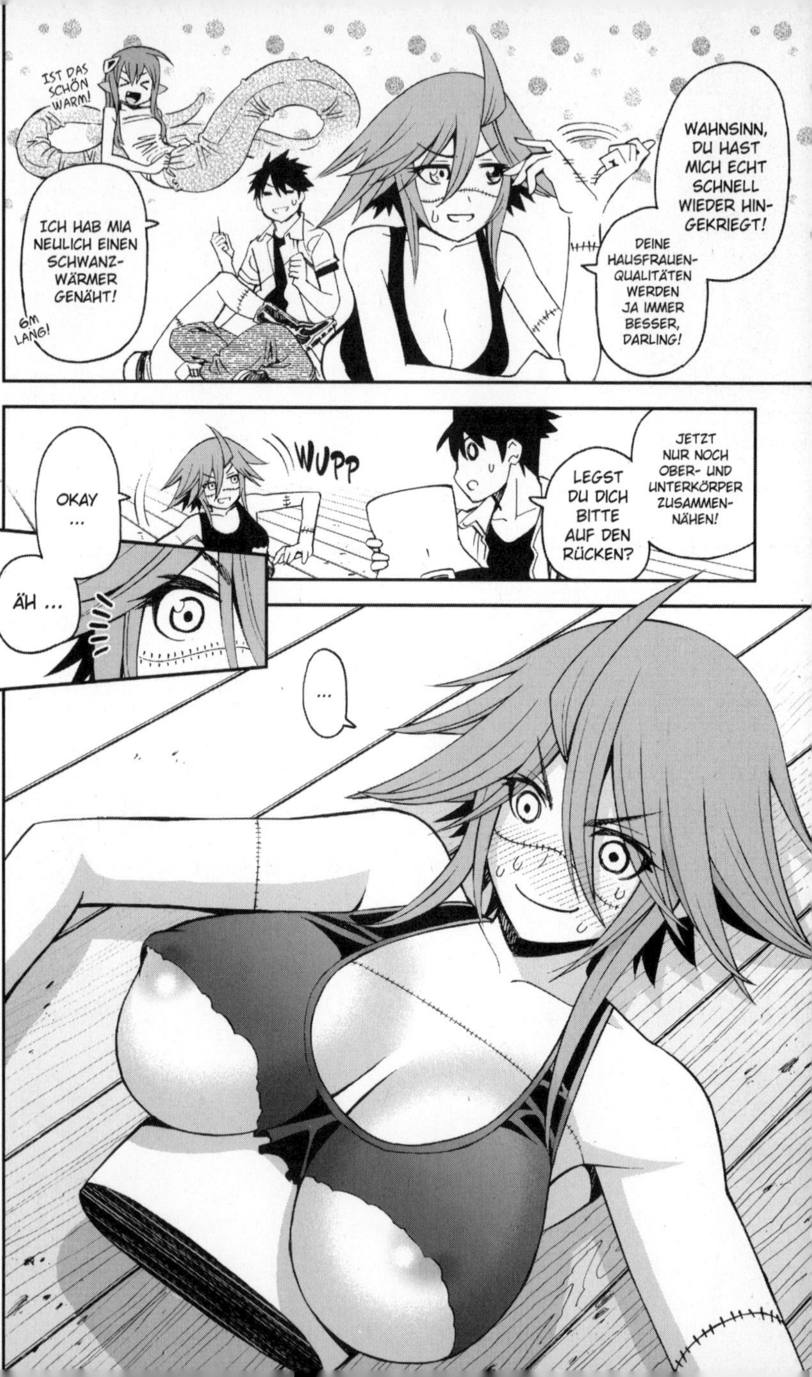
WAHNSINN, DU HAST MICH ECHT SCHNELL WIEDER HINGEKRIEGT!
DEINE HAUSFRAUEN-QUALITÄTEN WERDEN JA IMMER BESSER, DARLING!
IST DAS SCHÖN WARM!
ICH HAB MIA NEULICH EINEN SCHWANZWÄRMER GENÄHT!
6M LANG!
JETZT NUR NOCH OBER- UND UNTERKÖRPER ZUSAMMENNÄHEN!
LEGST DU DICH BITTE AUF DEN RÜCKEN?
WUPP
OKAY ...
ÄH ...
...

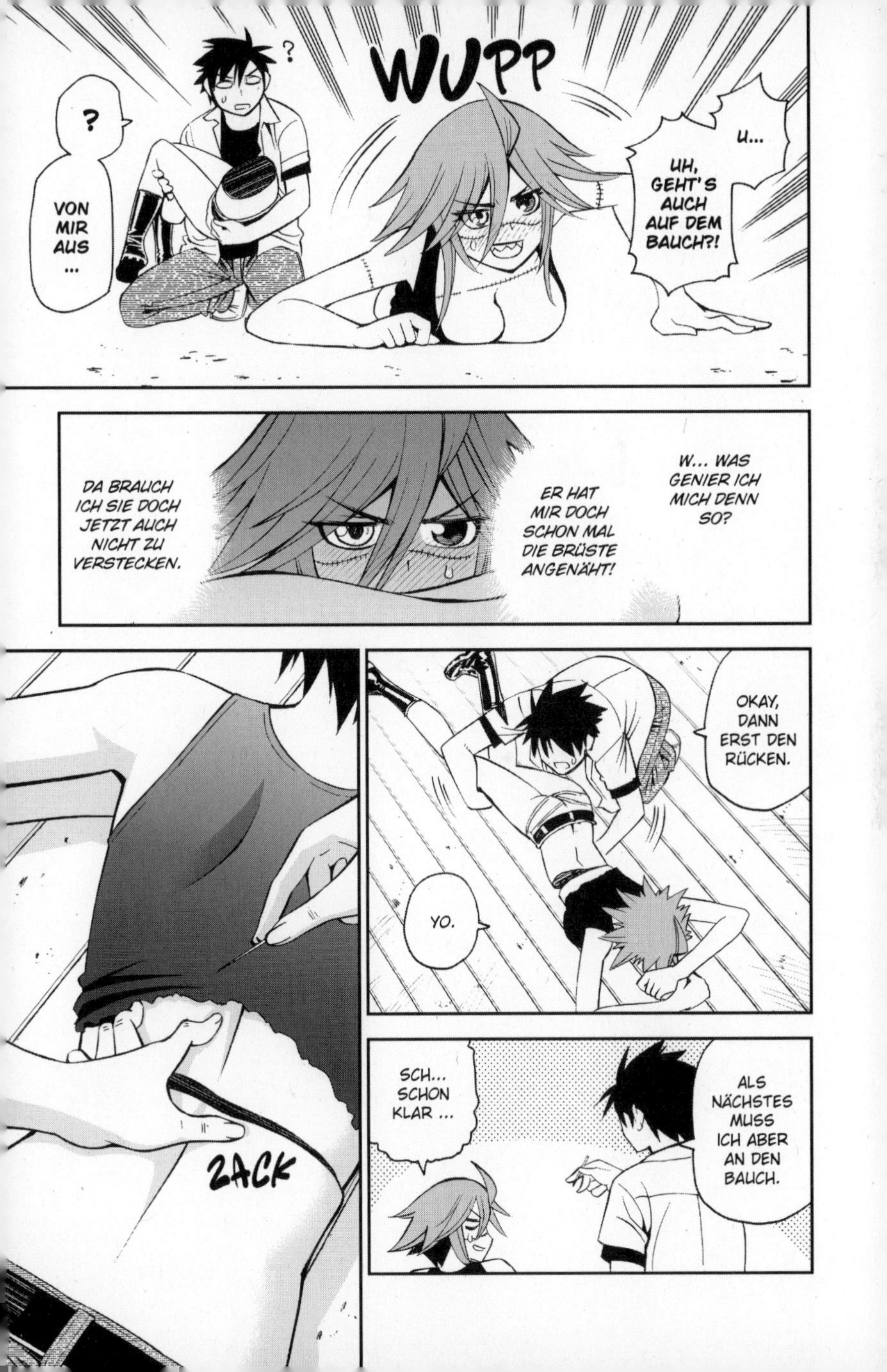
WUPP
U…
UH, GEHT'S AUCH AUF DEM BAUCH?!
?
VON MIR AUS …
W… WAS GENIER ICH MICH DENN SO?
ER HAT MIR DOCH SCHON MAL DIE BRÜSTE ANGENÄHT!
DA BRAUCH ICH SIE DOCH JETZT AUCH NICHT ZU VERSTECKEN.
OKAY, DANN ERST DEN RÜCKEN.
YO.
ZACK
ALS NÄCHSTES MUSS ICH ABER AN DEN BAUCH.
SCH… SCHON KLAR …

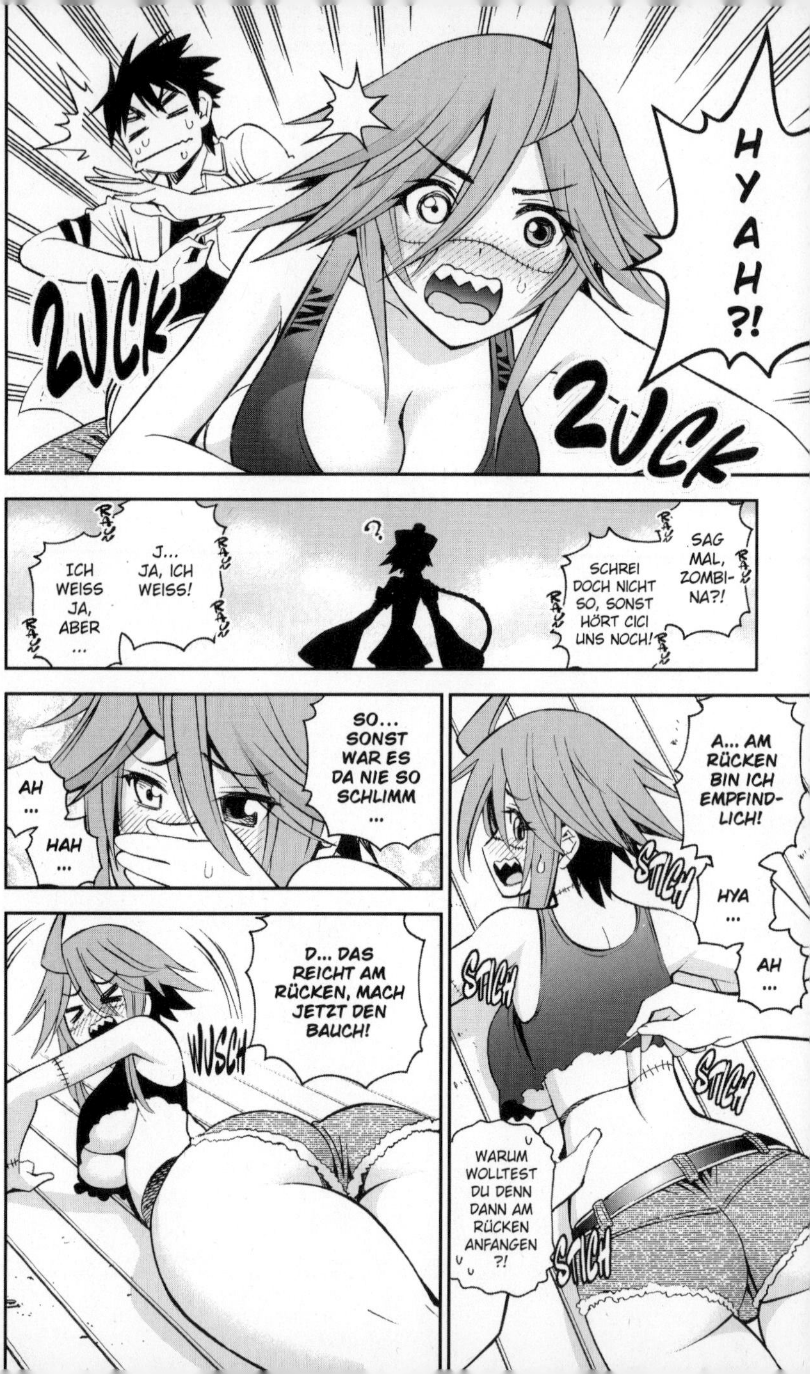
HYAH?!
ZUCK
ZUCK
SAG MAL, ZOMBINA?!
SCHREI DOCH NICHT SO, SONST HÖRT CICI UNS NOCH!
RAU
?
J... JA, ICH WEISS!
ICH WEISS JA, ABER ...
A... AM RÜCKEN BIN ICH EMPFINDLICH!
STICH
HYA ...
AH ...
STICH
STICH
WARUM WOLLTEST DU DENN DANN AM RÜCKEN ANFANGEN?!
STICH
SO... SONST WAR ES DA NIE SO SCHLIMM ...
AH ...
HAH ...
D... DAS REICHT AM RÜCKEN, MACH JETZT DEN BAUCH!
WUSCH

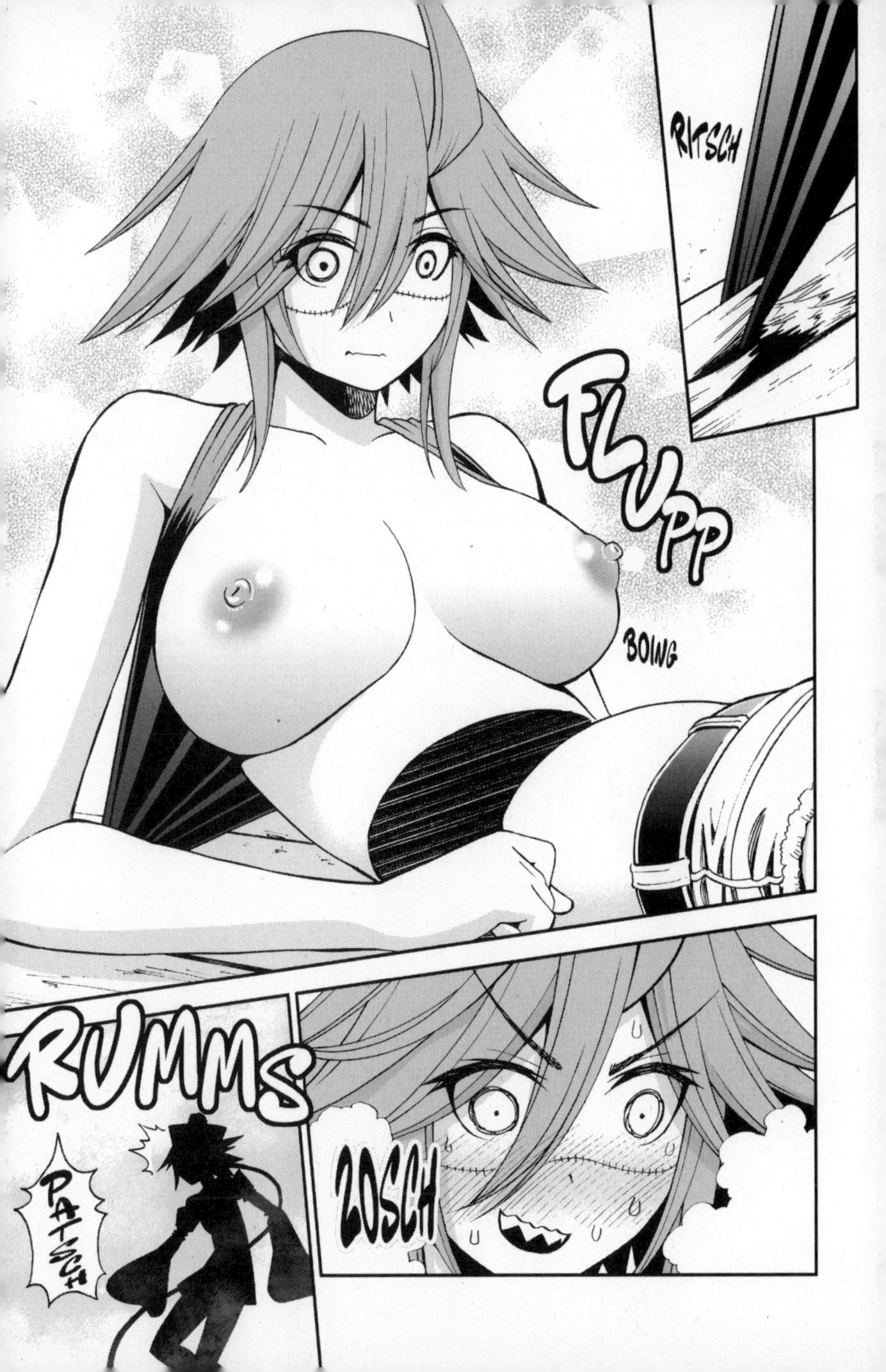
RITSCH
FLUPP
BOING
ZOSCH
RUMMS
PATSCH

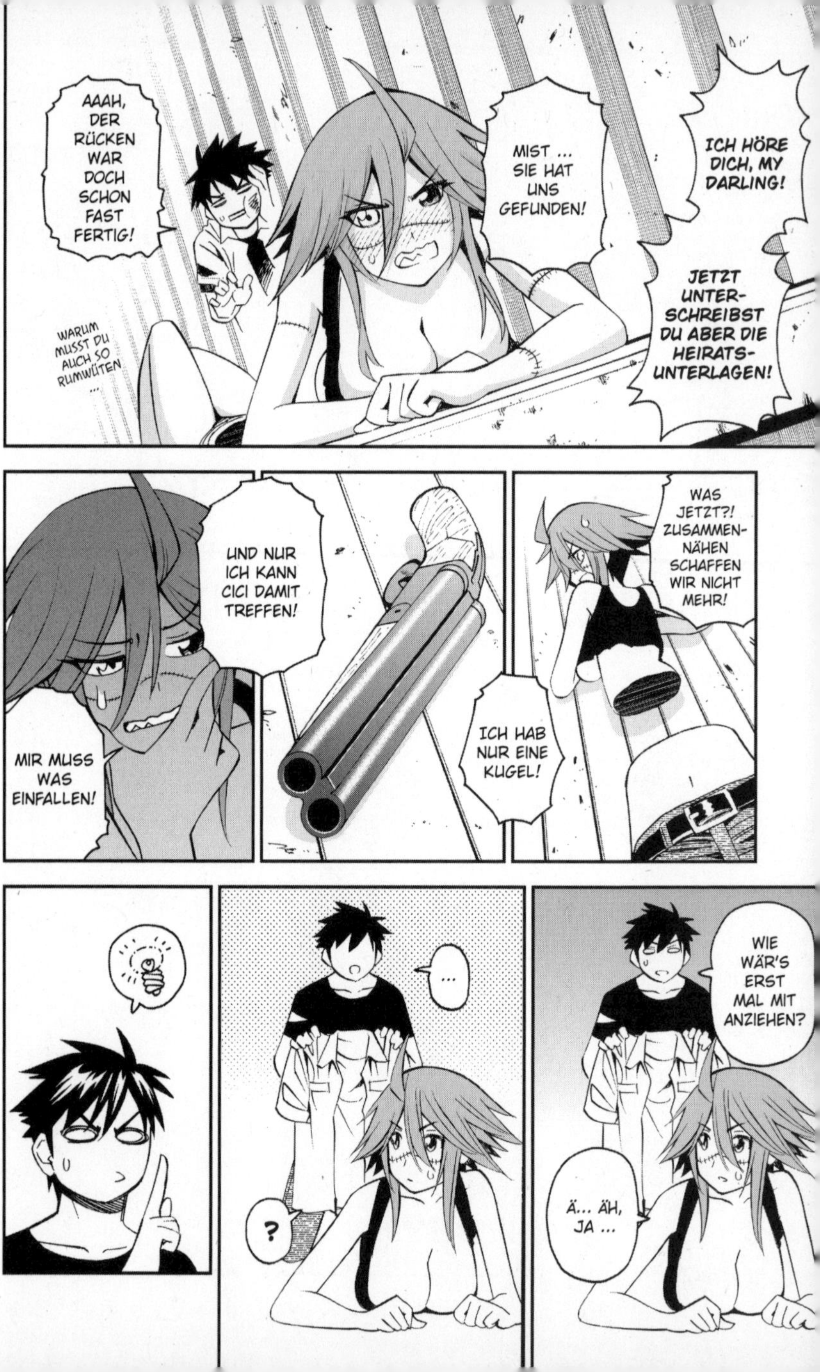
ICH HÖRE DICH, MY DARLING!
JETZT UNTER-SCHREIBST DU ABER DIE HEIRATS-UNTERLAGEN!
MIST ... SIE HAT UNS GEFUNDEN!
AAAH, DER RÜCKEN WAR DOCH SCHON FAST FERTIG!
WARUM MUSST DU AUCH SO RUMWÜTEN ...
WAS JETZT?! ZUSAMMEN-NÄHEN SCHAFFEN WIR NICHT MEHR!
ICH HAB NUR EINE KUGEL!
UND NUR ICH KANN CICI DAMIT TREFFEN!
MIR MUSS WAS EINFALLEN!
WIE WÄR'S ERST MAL MIT ANZIEHEN?
Ä... ÄH, JA ...
...
?

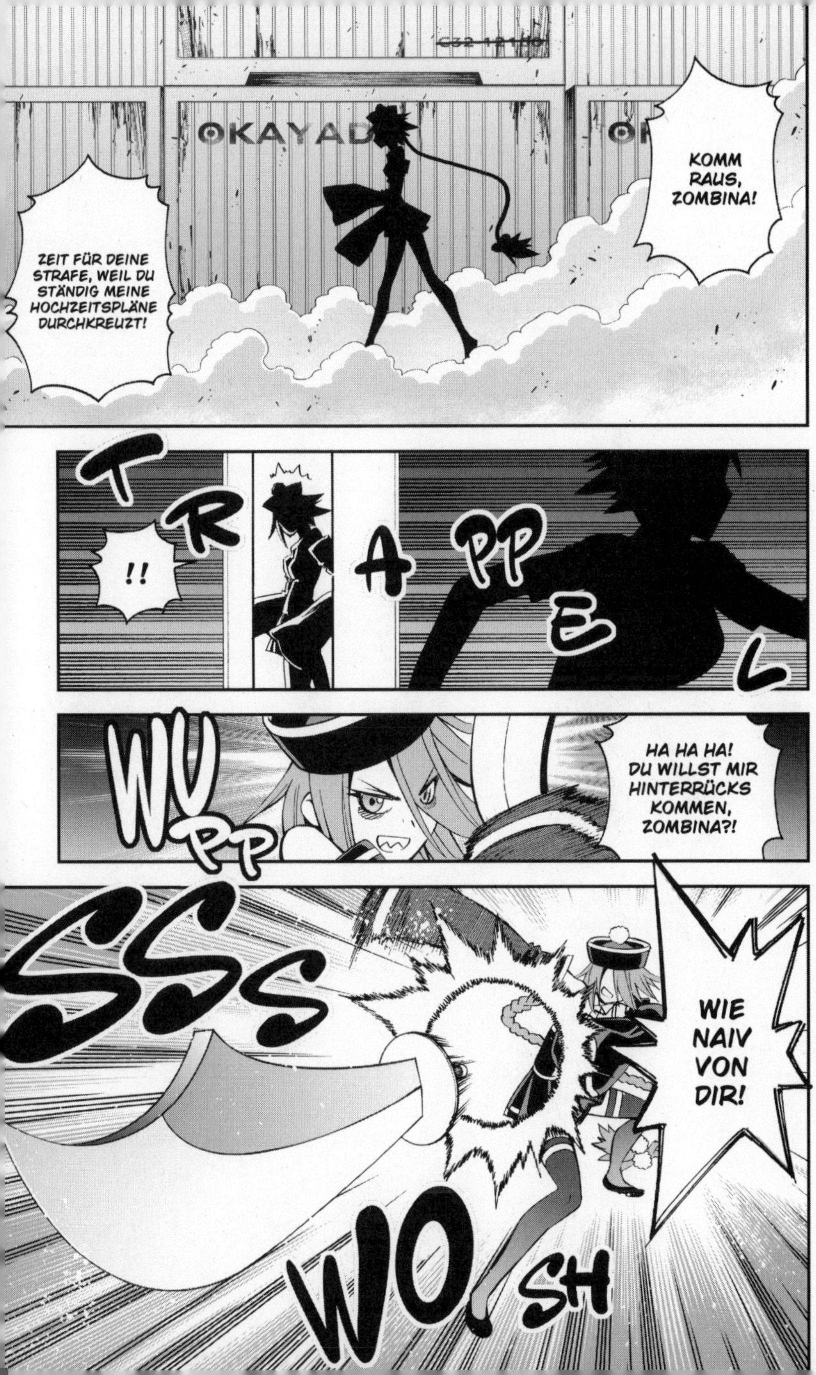
OKAYAD
KOMM RAUS, ZOMBINA!
ZEIT FÜR DEINE STRAFE, WEIL DU STÄNDIG MEINE HOCHZEITSPLÄNE DURCHKREUZT!
TRAPPEL
!!
HA HA HA! DU WILLST MIR HINTERRÜCKS KOMMEN, ZOMBINA?!
WUPP
SSS
WIE NAIV VON DIR!
WOSH

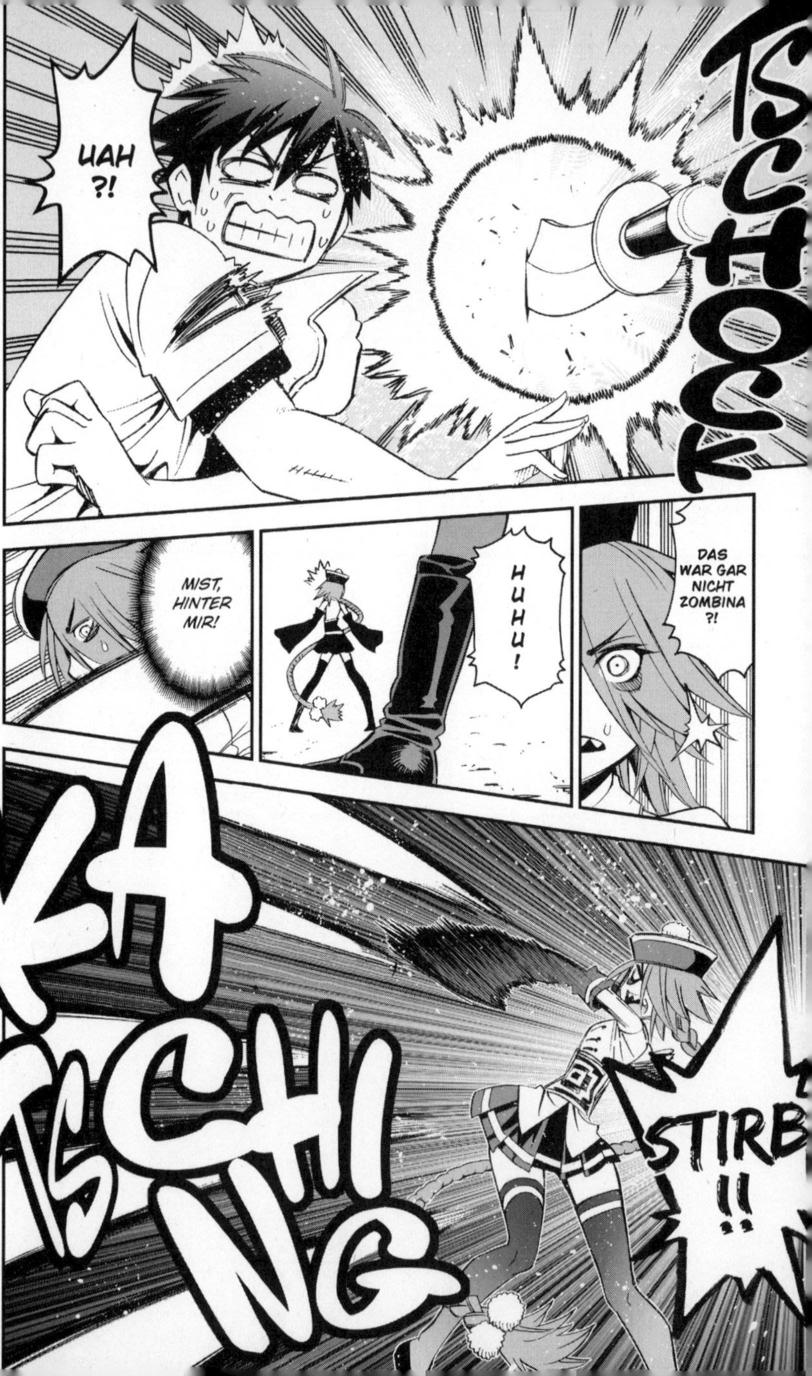
TSCHOCK
UAH ?!
DAS WAR GAR NICHT ZOMBINA ?!
HUHU!
MIST, HINTER MIR!
KATSCHING
STIRB !!

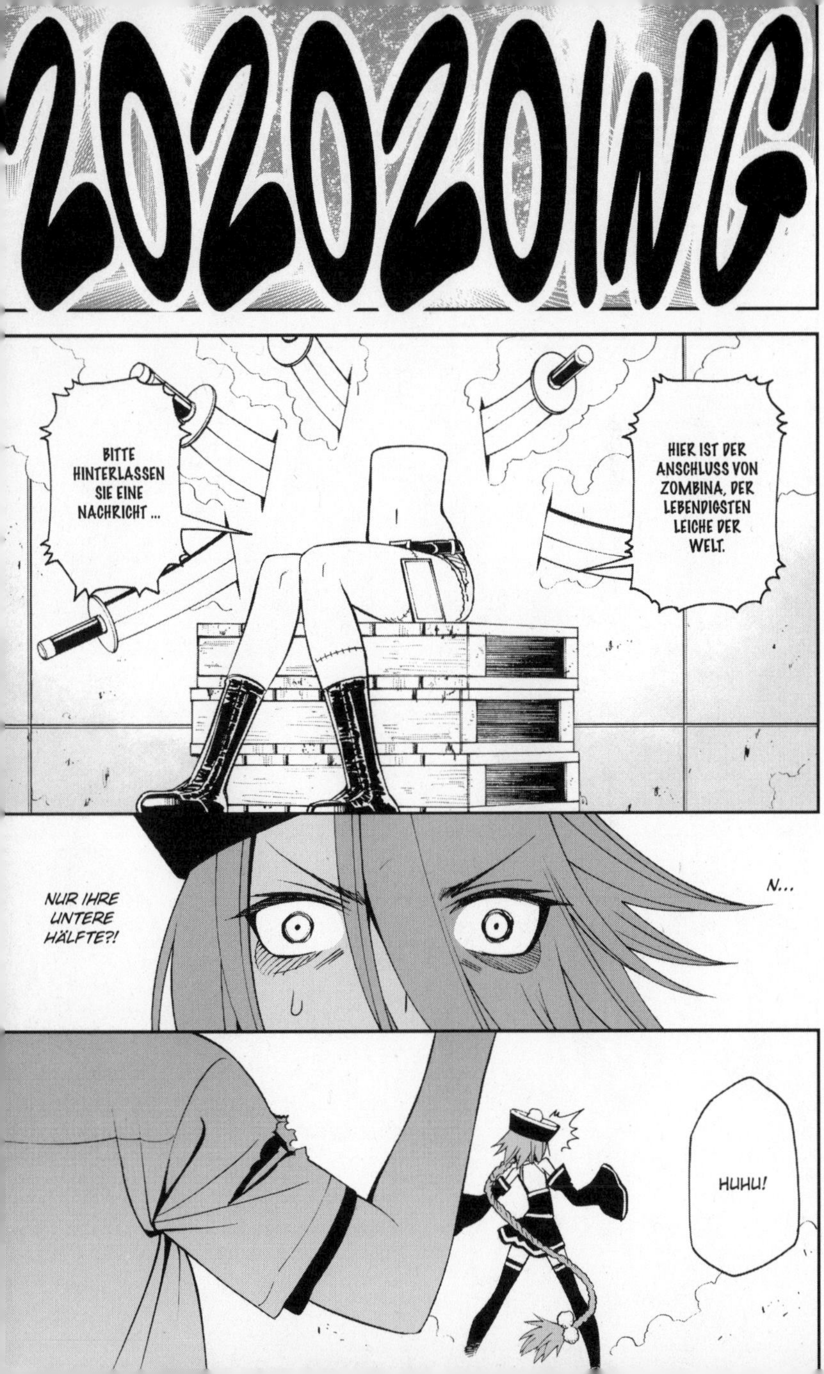
ZOZOZOING
HIER IST DER ANSCHLUSS VON ZOMBINA, DER LEBENDIGSTEN LEICHE DER WELT.
BITTE HINTERLASSEN SIE EINE NACHRICHT ...
N...
NUR IHRE UNTERE HÄLFTE?!
HUHU!

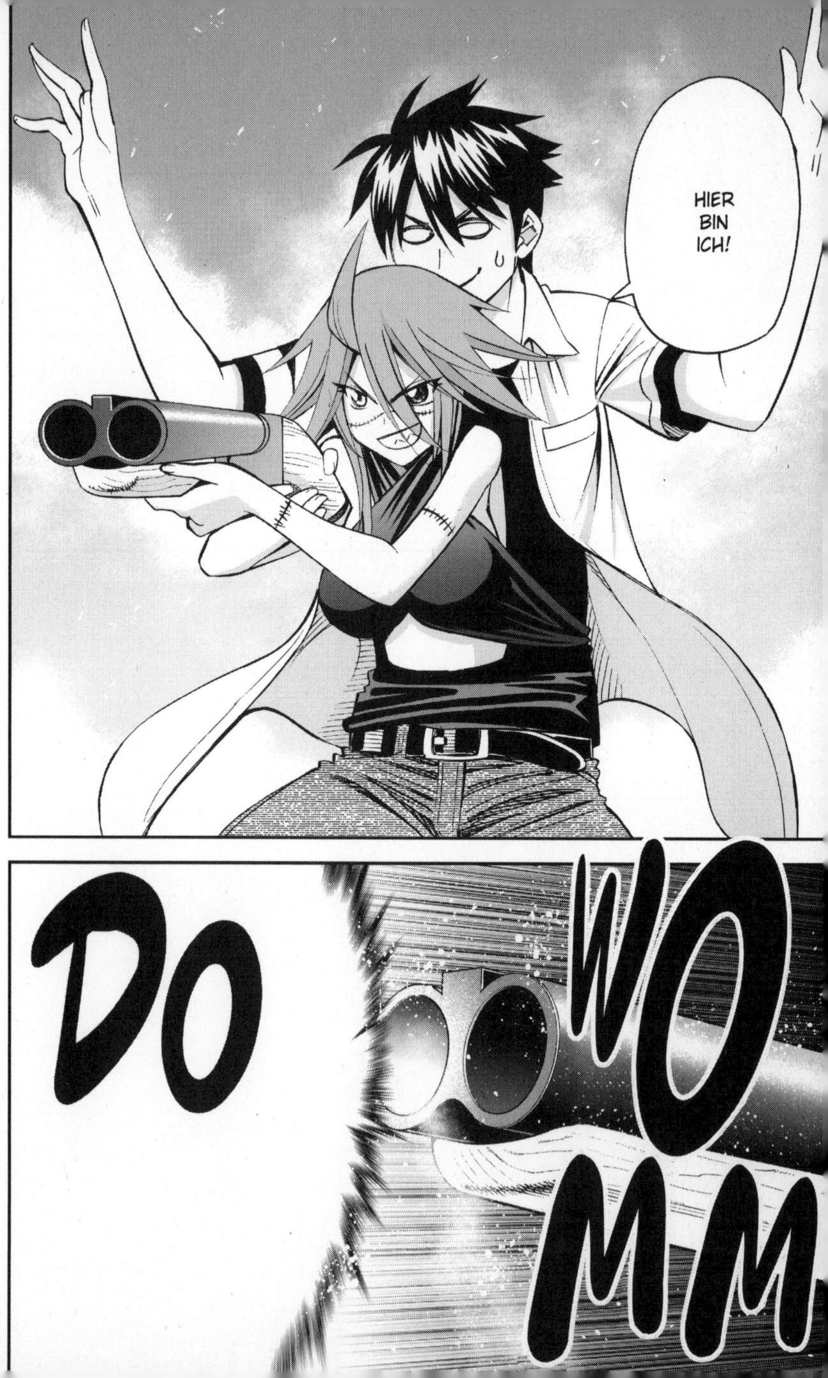
HIER BIN ICH!
DO
WO
MM

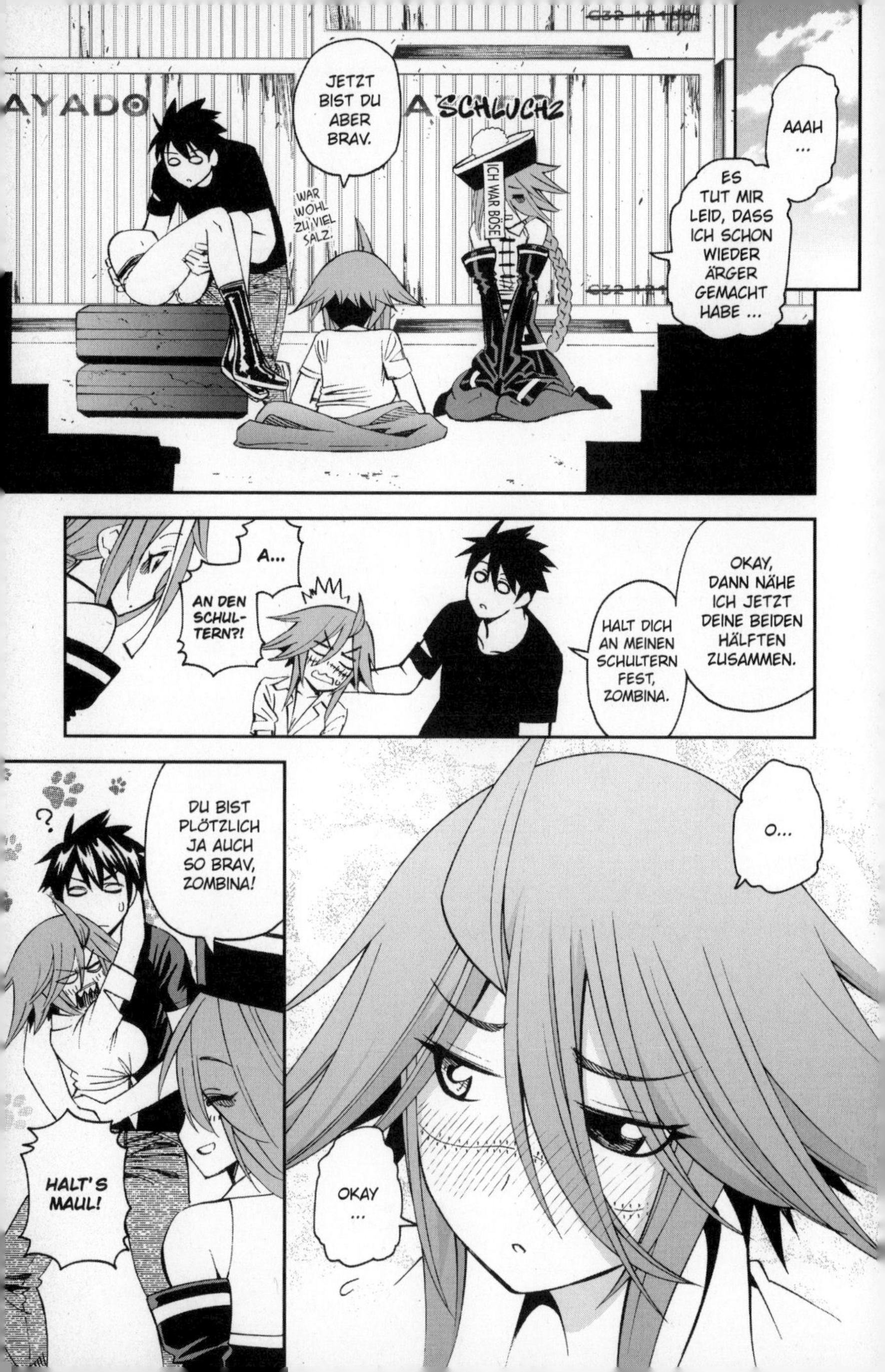
AAAH ...
ES TUT MIR LEID, DASS ICH SCHON WIEDER ÄRGER GEMACHT HABE ...
SCHLUCHZ
ICH WAR BÖSE
JETZT BIST DU ABER BRAV.
WAR WOHL ZU VIEL SALZ.
OKAY, DANN NÄHE ICH JETZT DEINE BEIDEN HÄLFTEN ZUSAMMEN.
HALT DICH AN MEINEN SCHULTERN FEST, ZOMBINA.
A...
AN DEN SCHULTERN?!
O...
OKAY ...
DU BIST PLÖTZLICH JA AUCH SO BRAV, ZOMBINA!
HALT'S MAUL!

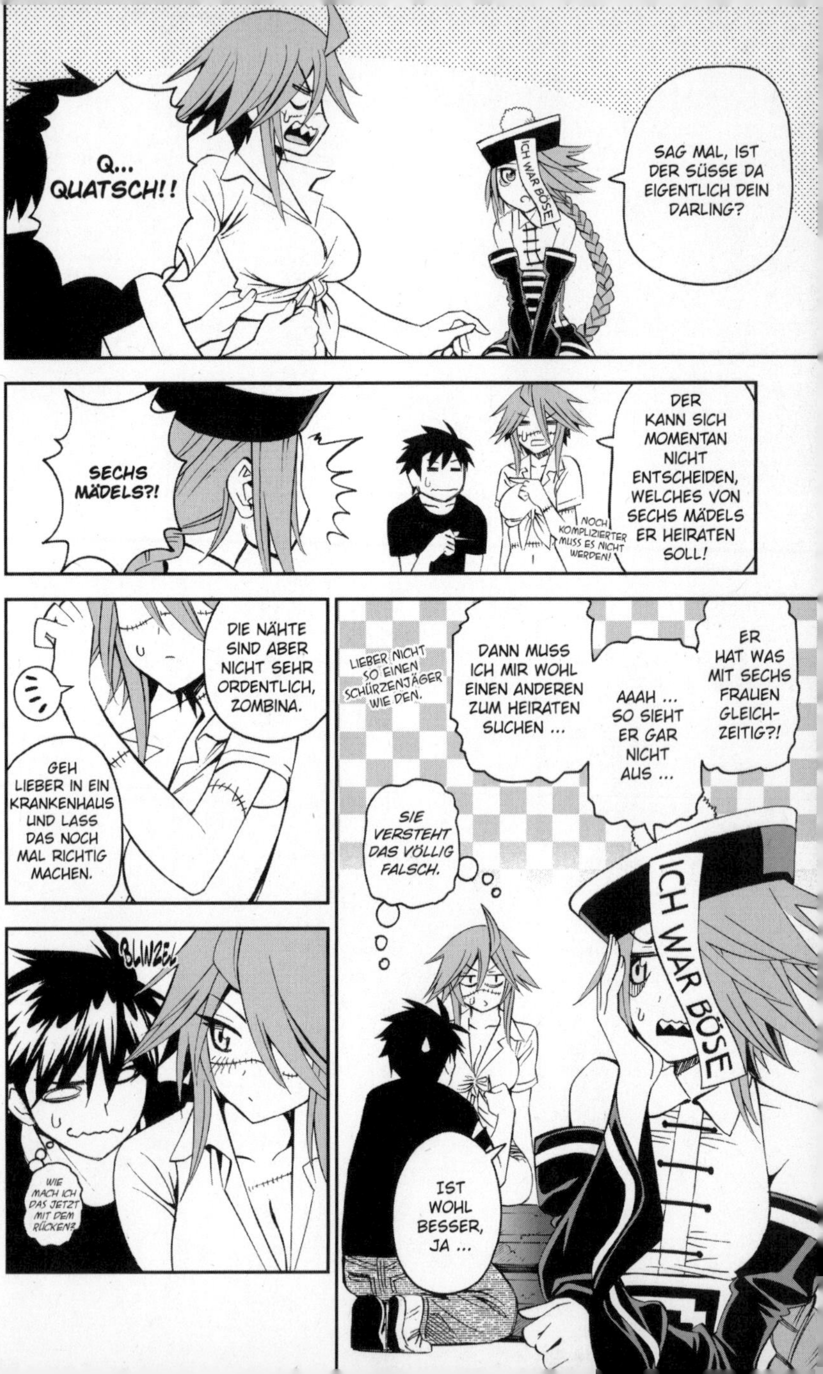
SAG MAL, IST DER SÜSSE DA EIGENTLICH DEIN DARLING?
ICH WAR BÖSE
Q... QUATSCH!!
DER KANN SICH MOMENTAN NICHT ENTSCHEIDEN, WELCHES VON SECHS MÄDELS ER HEIRATEN SOLL!
NOCH KOMPLIZIERTER MUSS ES NICHT WERDEN!
SECHS MÄDELS?!
ER HAT WAS MIT SECHS FRAUEN GLEICH-ZEITIG?!
AAAH ... SO SIEHT ER GAR NICHT AUS ...
DANN MUSS ICH MIR WOHL EINEN ANDEREN ZUM HEIRATEN SUCHEN ...
LIEBER NICHT SO EINEN SCHÜRZENJÄGER WIE DEN.
SIE VERSTEHT DAS VÖLLIG FALSCH.
ICH WAR BÖSE
IST WOHL BESSER, JA ...
DIE NÄHTE SIND ABER NICHT SEHR ORDENTLICH, ZOMBINA.
GEH LIEBER IN EIN KRANKENHAUS UND LASS DAS NOCH MAL RICHTIG MACHEN.
BLINZEL
WIE MACH ICH DAS JETZT MIT DEM RÜCKEN?

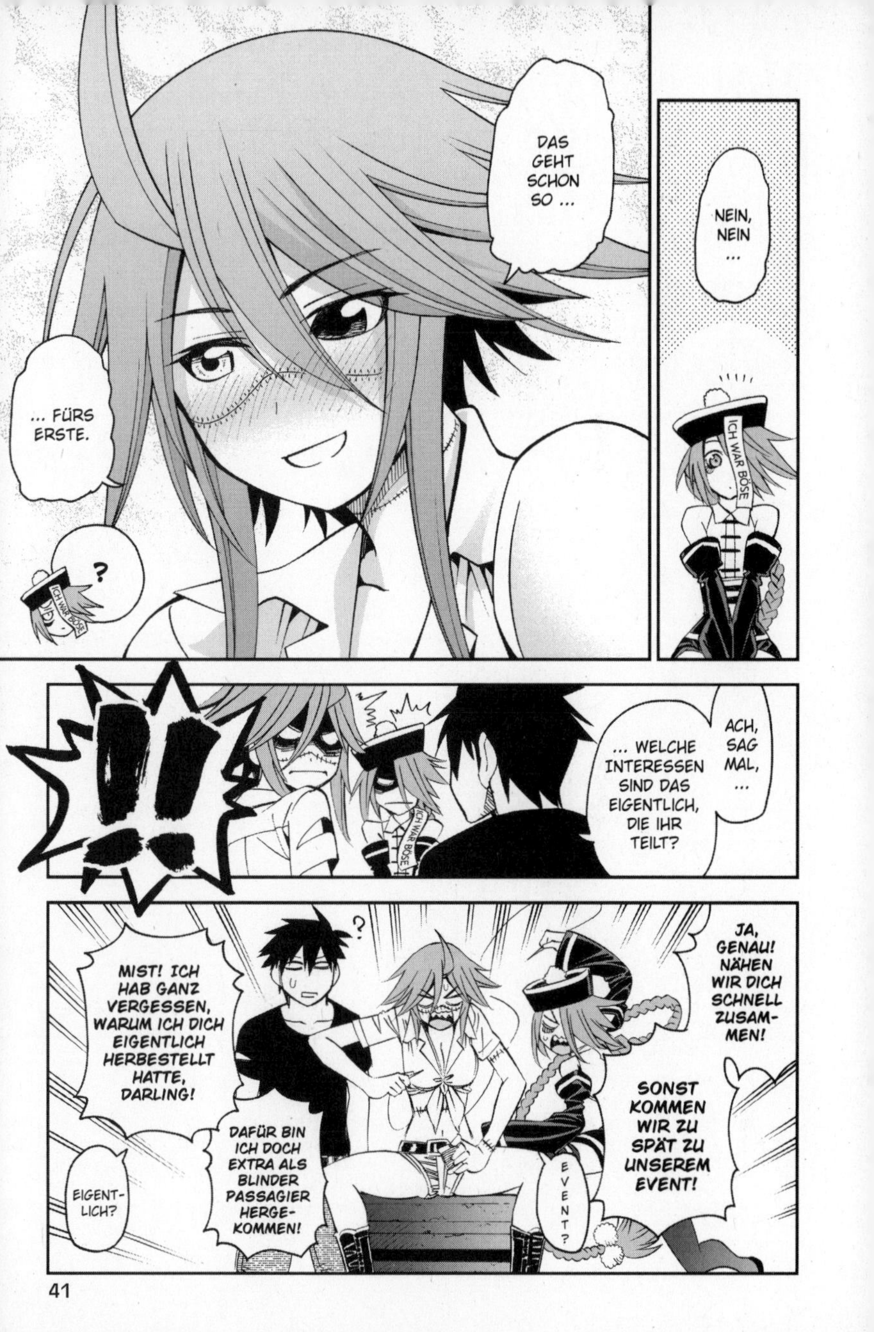
NEIN, NEIN …
DAS GEHT SCHON SO …
ICH WAR BÖSE
… FÜRS ERSTE.
?
ICH WAR BÖSE
ACH, SAG MAL, …
… WELCHE INTERESSEN SIND DAS EIGENTLICH, DIE IHR TEILT?
!!
ICH WAR BÖSE
JA, GENAU! NÄHEN WIR DICH SCHNELL ZUSAMMEN!
SONST KOMMEN WIR ZU SPÄT ZU UNSEREM EVENT!
?
MIST! ICH HAB GANZ VERGESSEN, WARUM ICH DICH EIGENTLICH HERBESTELLT HATTE, DARLING!
EVENT?
DAFÜR BIN ICH DOCH EXTRA ALS BLINDER PASSAGIER HERGEKOMMEN!
EIGENTLICH?

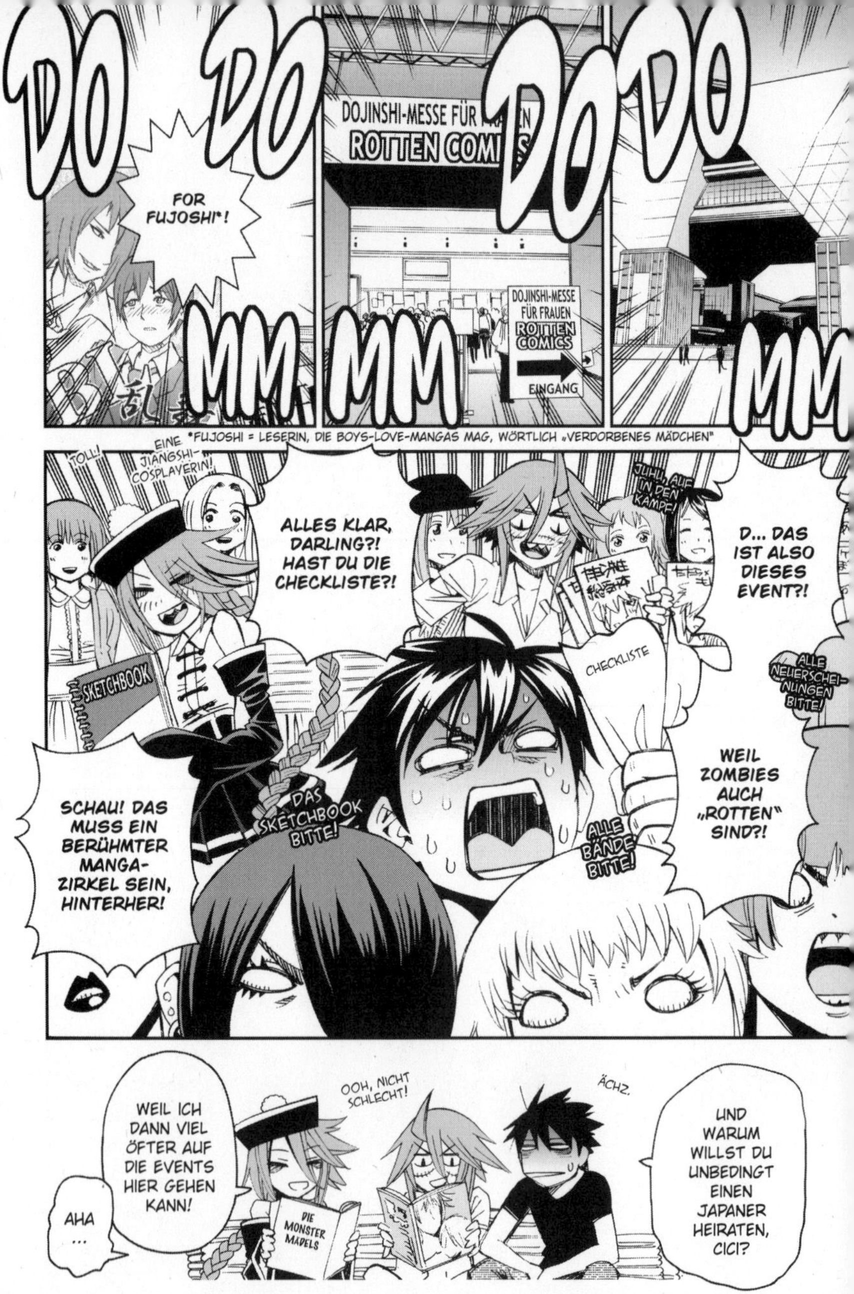
DO DO DO DO
DOJINSHI-MESSE FÜR FRAUEN
ROTTEN COMICS
FOR FUJOSHI*!
MM MM MM
DOJINSHI-MESSE FÜR FRAUEN ROTTEN COMICS
EINGANG
*FUJOSHI = LESERIN, DIE BOYS-LOVE-MANGAS MAG, WÖRTLICH „VERDORBENES MÄDCHEN"
TOLL!
EINE JIANGSHI-COSPLAYERIN!
JUHU, AUF IN DEN KAMPF!
D... DAS IST ALSO DIESES EVENT?!
ALLES KLAR, DARLING?! HAST DU DIE CHECKLISTE?!
SKETCHBOOK
CHECKLISTE
ALLE NEUERSCHEINUNGEN BITTE!
WEIL ZOMBIES AUCH „ROTTEN" SIND?!
SCHAU! DAS MUSS EIN BERÜHMTER MANGA-ZIRKEL SEIN, HINTERHER!
DAS SKETCHBOOK BITTE!
ALLE BÄNDE BITTE!
UND WARUM WILLST DU UNBEDINGT EINEN JAPANER HEIRATEN, CICI?
ÄCHZ.
OOH, NICHT SCHLECHT!
WEIL ICH DANN VIEL ÖFTER AUF DIE EVENTS HIER GEHEN KANN!
DIE MONSTER MÄDELS
AHA ...

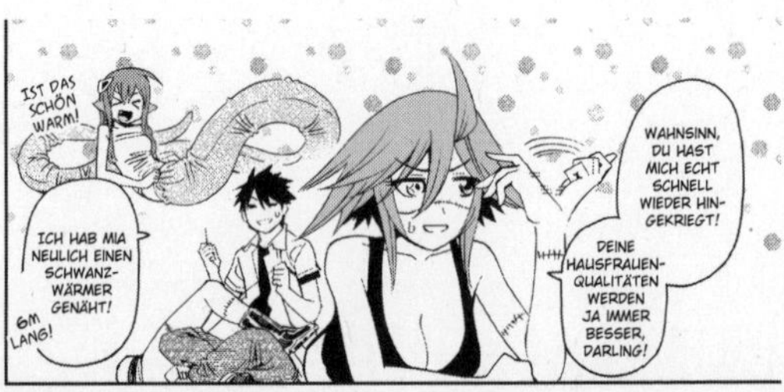
WAHNSINN, DU HAST MICH ECHT SCHNELL WIEDER HIN-GEKRIEGT!
DEINE HAUSFRAUEN-QUALITÄTEN WERDEN JA IMMER BESSER, DARLING!
IST DAS SCHÖN WARM!
ICH HAB MIA NEULICH EINEN SCHWANZ-WÄRMER GENÄHT!
6M LANG!

Kapitel 40

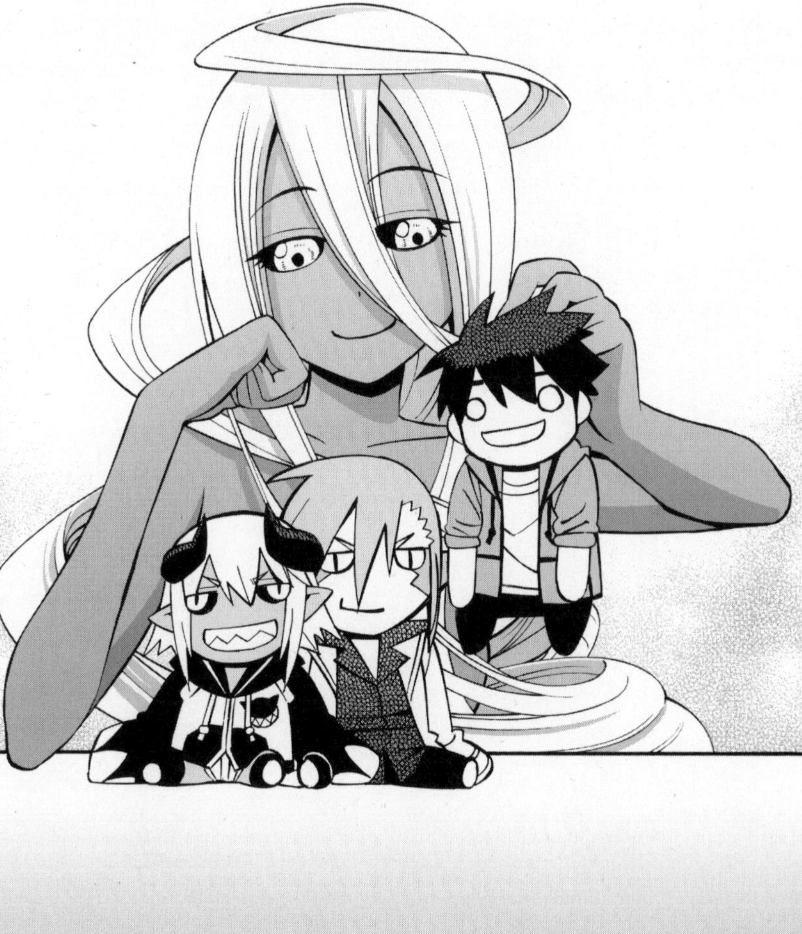

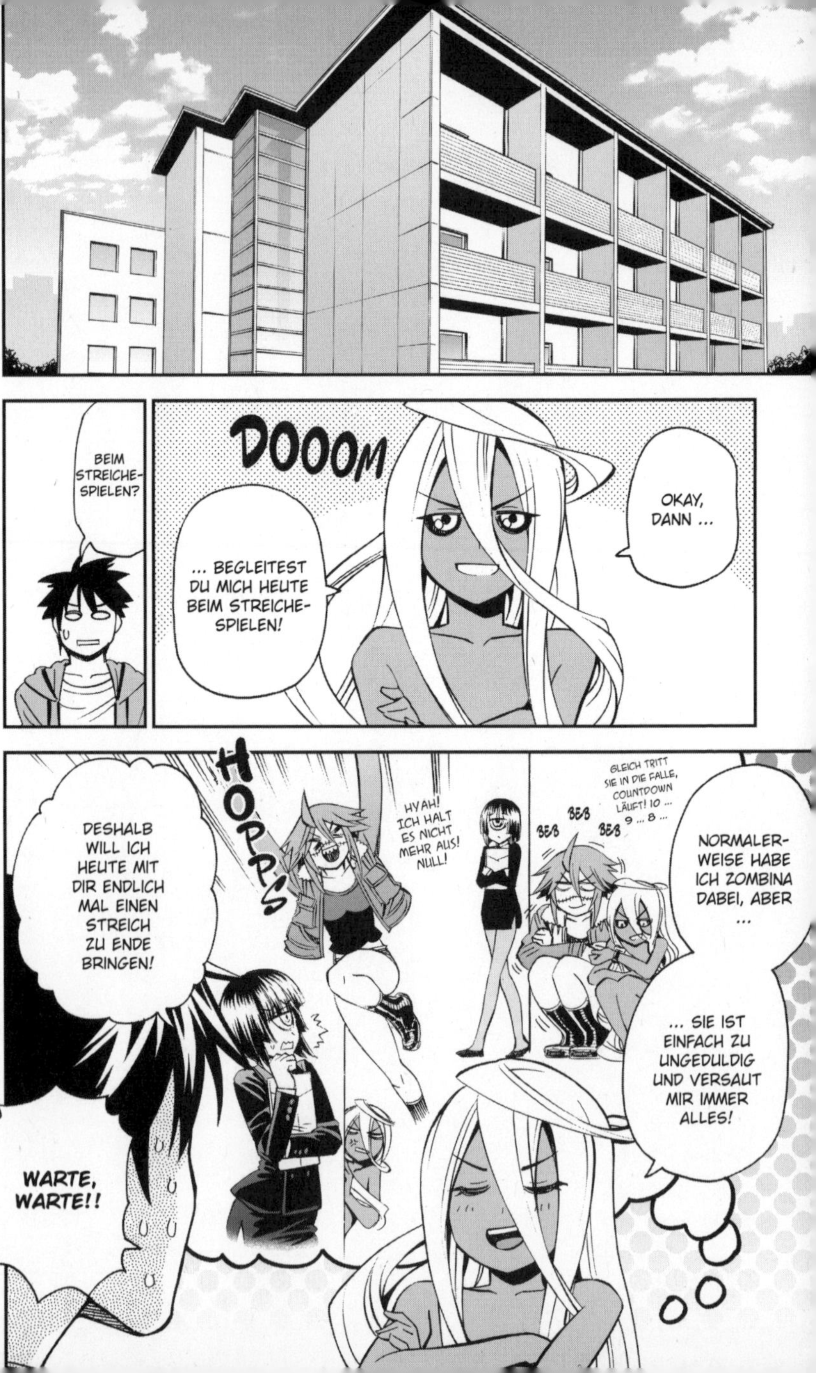
OKAY, DANN ...
DOOOM
... BEGLEITEST DU MICH HEUTE BEIM STREICHE-SPIELEN!
BEIM STREICHE-SPIELEN?
NORMALERWEISE HABE ICH ZOMBINA DABEI, ABER ...
GLEICH TRITT SIE IN DIE FALLE, COUNTDOWN LÄUFT! 10 ... 9 ... 8 ...
BEB
BEB
BEB
HYAH! ICH HALT ES NICHT MEHR AUS! NULL!
HOPPS
... SIE IST EINFACH ZU UNGEDULDIG UND VERSAUT MIR IMMER ALLES!
DESHALB WILL ICH HEUTE MIT DIR ENDLICH MAL EINEN STREICH ZU ENDE BRINGEN!
WARTE, WARTE!!

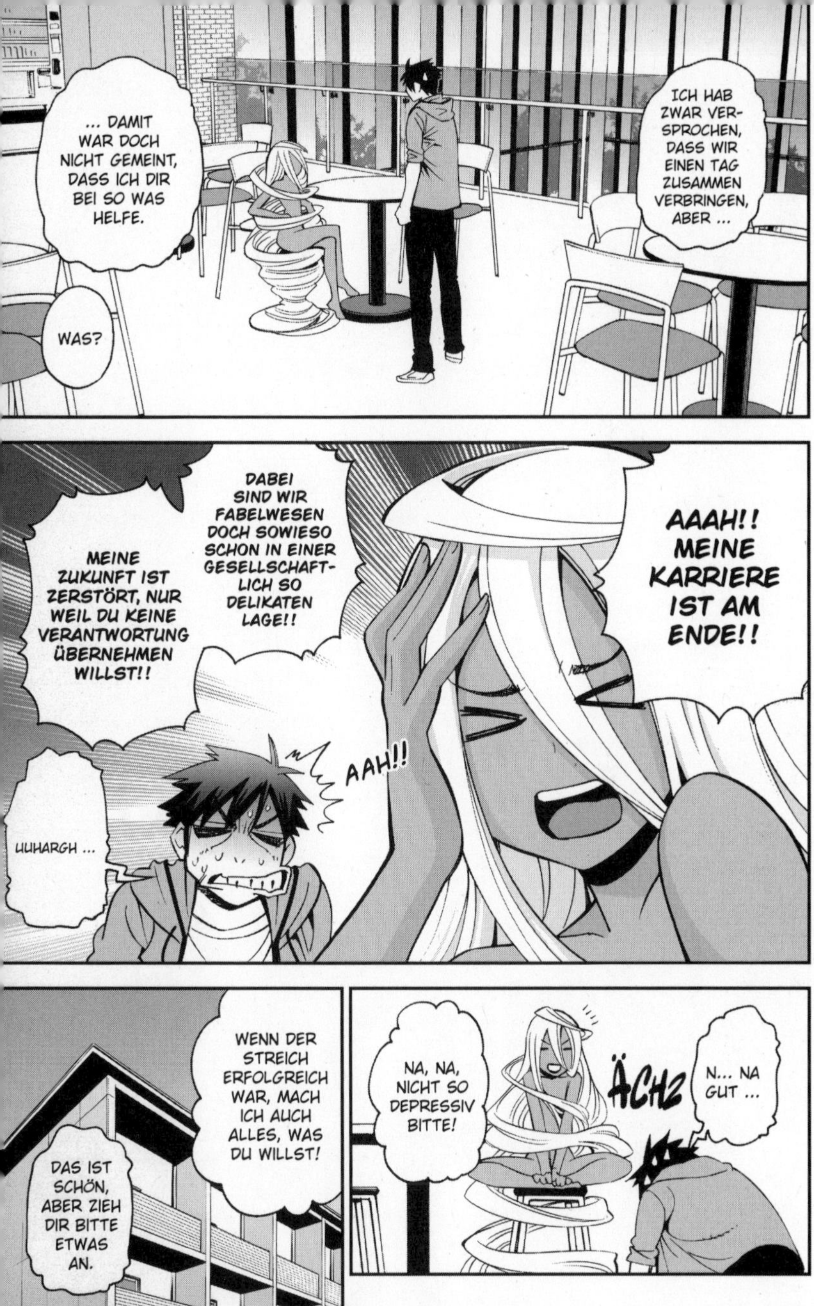
Ich hab zwar versprochen, dass wir einen Tag zusammen verbringen, aber ...
... damit war doch nicht gemeint, dass ich dir bei so was helfe.
Was?
AAAH!! Meine Karriere ist am Ende!!
Dabei sind wir Fabelwesen doch sowieso schon in einer gesellschaftlich so delikaten Lage!!
Meine Zukunft ist zerstört, nur weil du keine Verantwortung übernehmen willst!!
AAH!!
Uuhargh ...
N... na gut ...
ÄCHZ
Na, na, nicht so depressiv bitte!
Wenn der Streich erfolgreich war, mach ich auch alles, was du willst!
Das ist schön, aber zieh dir bitte etwas an.

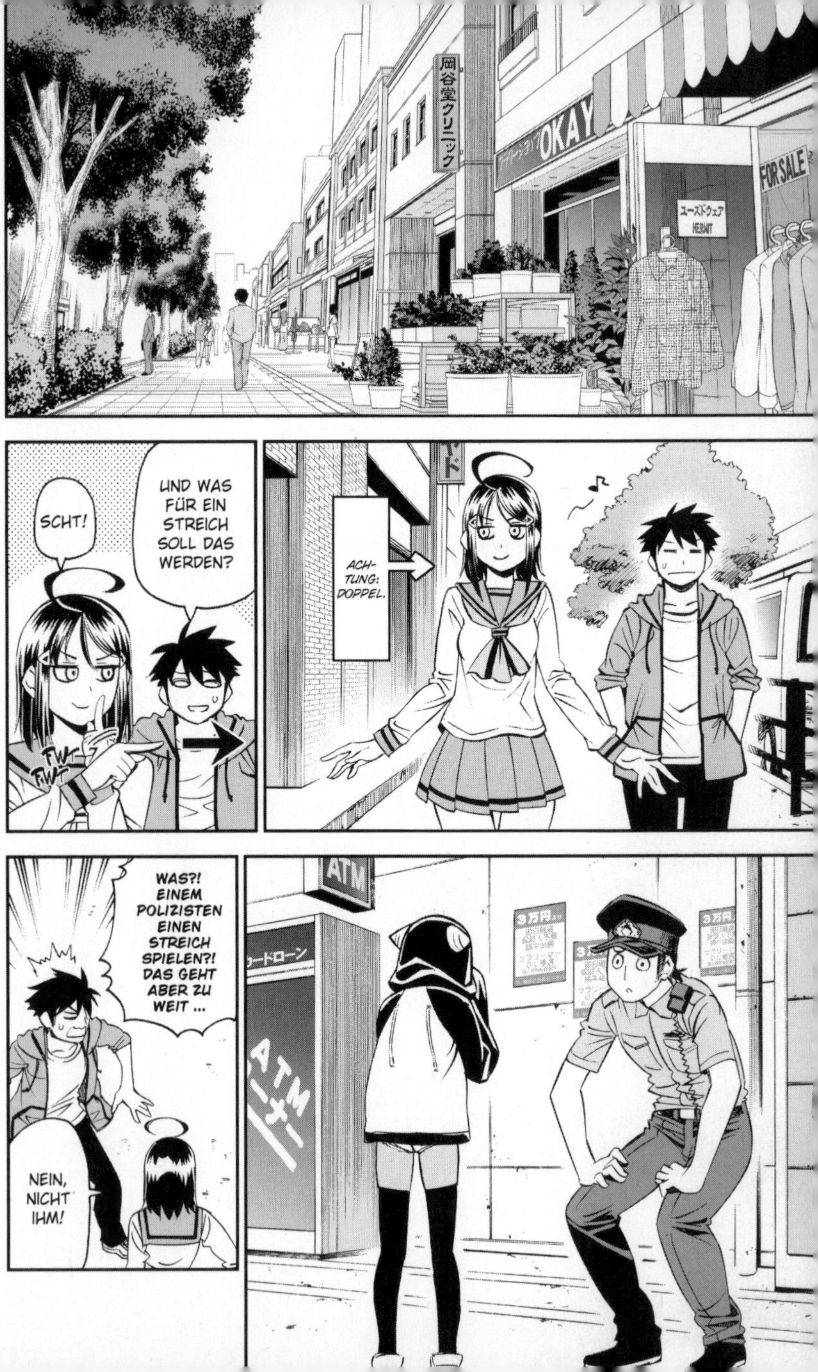

岡谷堂クリニック
OKAY
FOR SALE
ユーズドウェア
HERMIT
UND WAS FÜR EIN STREICH SOLL DAS WERDEN?
SCHT!
FWT FWT
ACHTUNG: DOPPEL.
ATM
WAS?! EINEM POLIZISTEN EINEN STREICH SPIELEN?! DAS GEHT ABER ZU WEIT ...
NEIN, NICHT IHM!

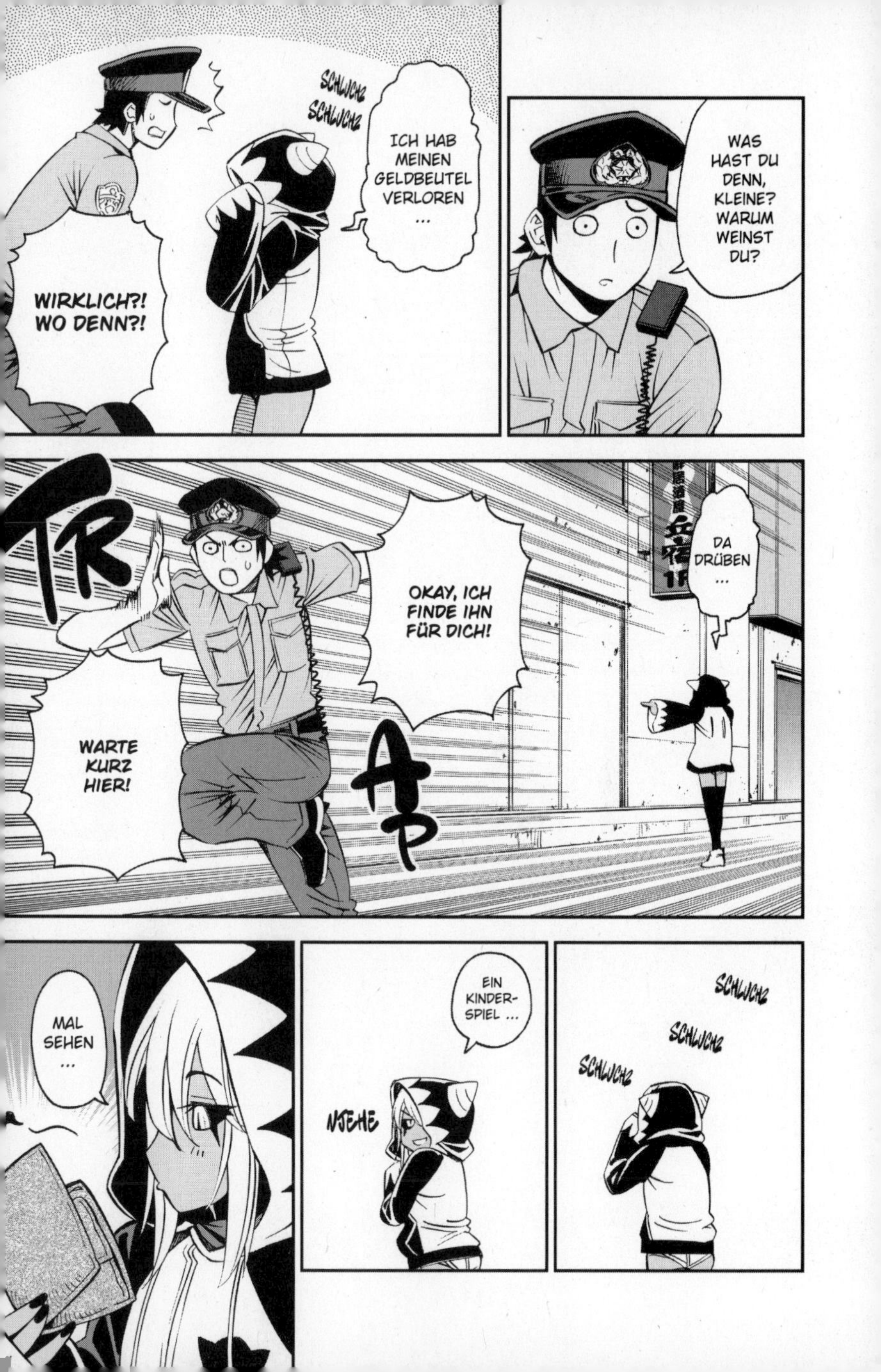
WAS HAST DU DENN, KLEINE? WARUM WEINST DU?
SCHLUCHZ
SCHLUCHZ
ICH HAB MEINEN GELDBEUTEL VERLOREN …
WIRKLICH?! WO DENN?!
DA DRÜBEN …
OKAY, ICH FINDE IHN FÜR DICH!
WARTE KURZ HIER!
TR
AP
SCHLUCHZ
SCHLUCHZ
SCHLUCHZ
EIN KINDER-SPIEL …
NJEHE
MAL SEHEN …

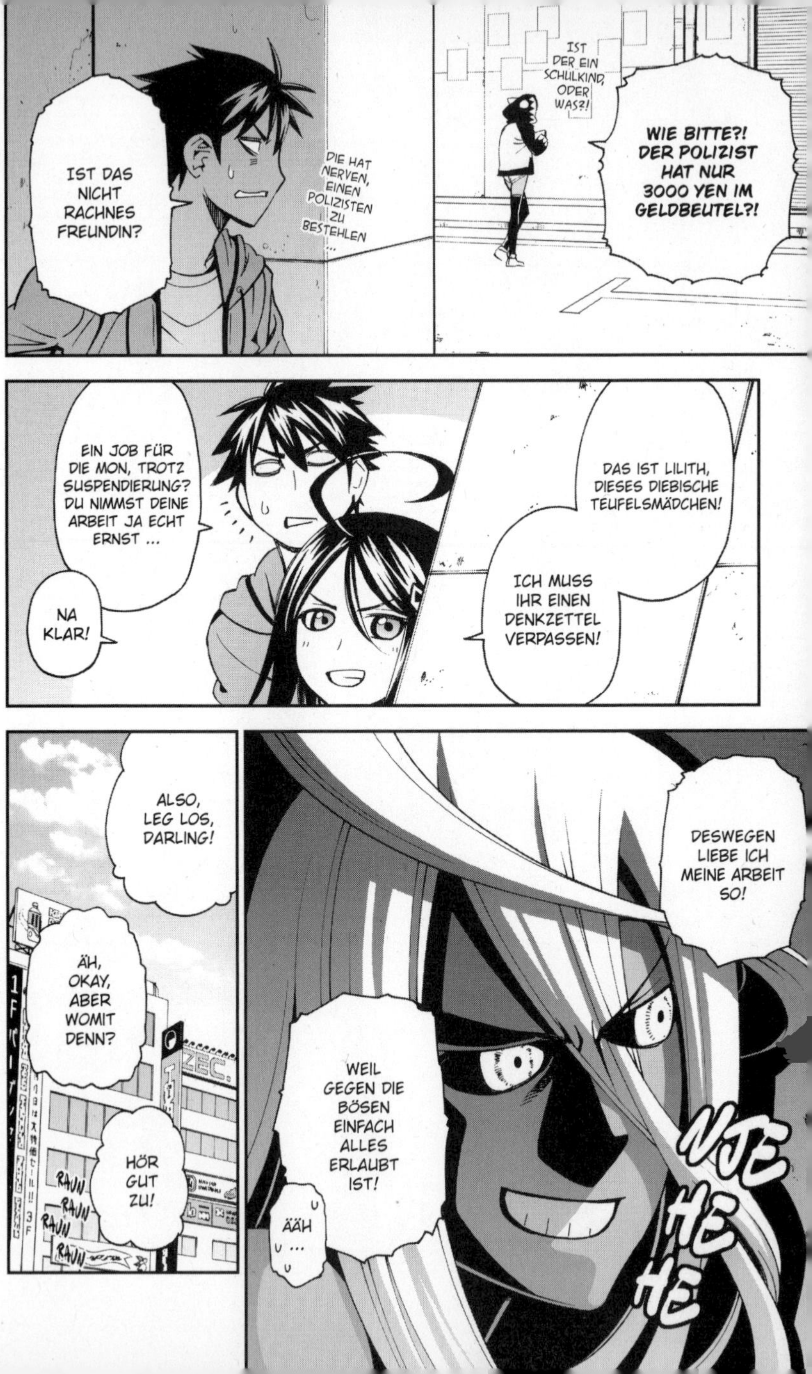
WIE BITTE?! DER POLIZIST HAT NUR 3000 YEN IM GELDBEUTEL?!
IST DER EIN SCHULKIND, ODER WAS?!
DIE HAT NERVEN, EINEN POLIZISTEN ZU BESTEHLEN ...
IST DAS NICHT RACHNES FREUNDIN?
DAS IST LILITH, DIESES DIEBISCHE TEUFELSMÄDCHEN!
ICH MUSS IHR EINEN DENKZETTEL VERPASSEN!
EIN JOB FÜR DIE MON, TROTZ SUSPENDIERUNG? DU NIMMST DEINE ARBEIT JA ECHT ERNST ...
NA KLAR!
DESWEGEN LIEBE ICH MEINE ARBEIT SO!
WEIL GEGEN DIE BÖSEN EINFACH ALLES ERLAUBT IST!
NJE HE HE HE
ÄÄH ...
ALSO, LEG LOS, DARLING!
ÄH, OKAY, ABER WOMIT DENN?
HÖR GUT ZU!
RAUN RAUN RAUN RAUN

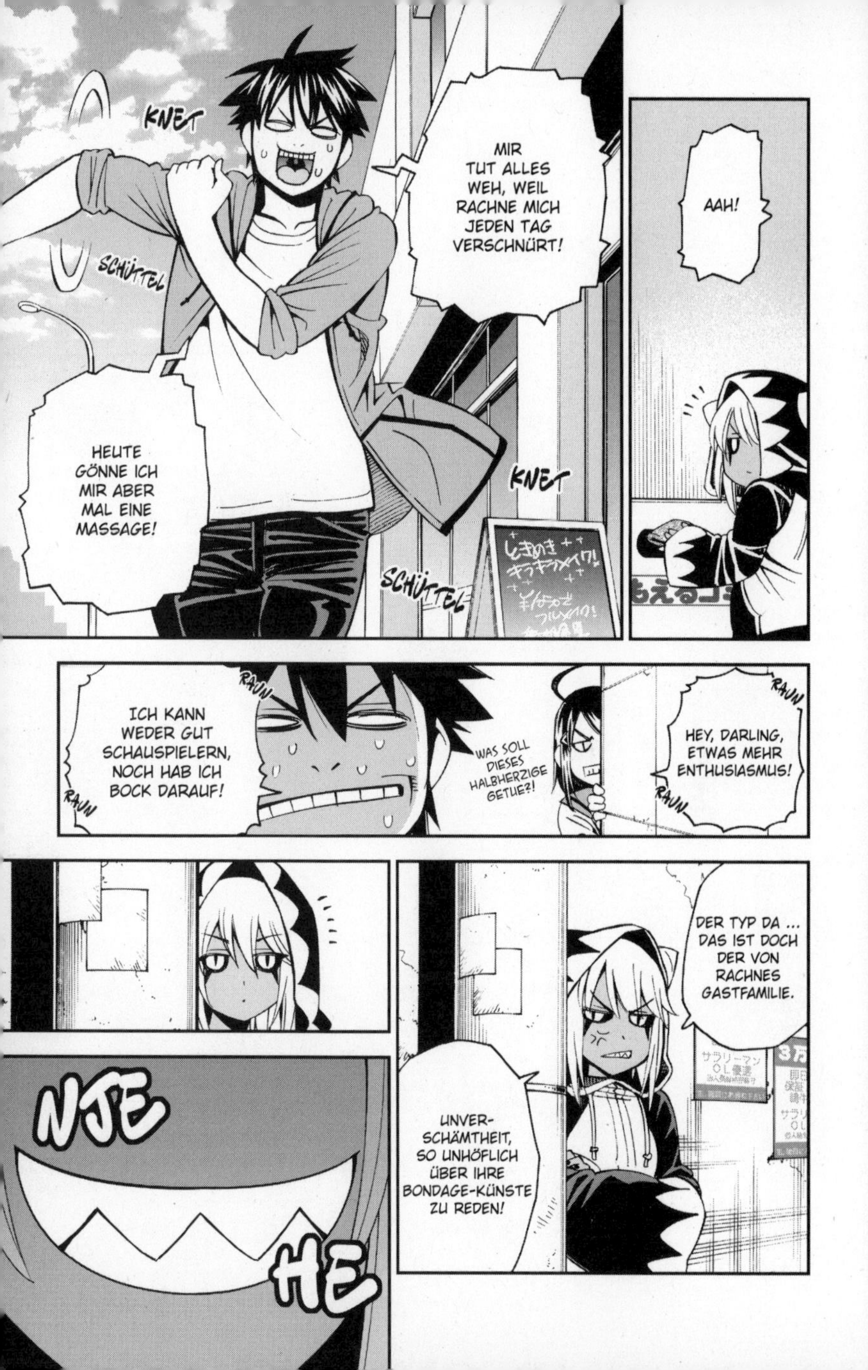
AAH!
MIR TUT ALLES WEH, WEIL RACHNE MICH JEDEN TAG VERSCHNÜRT!
KNET
SCHÜTTEL
HEUTE GÖNNE ICH MIR ABER MAL EINE MASSAGE!
KNET
SCHÜTTEL
RAUN
HEY, DARLING, ETWAS MEHR ENTHUSIASMUS!
RAUN
WAS SOLL DIESES HALBHERZIGE GETUE?!
RAUN
ICH KANN WEDER GUT SCHAUSPIELERN, NOCH HAB ICH BOCK DARAUF!
RAUN
DER TYP DA … DAS IST DOCH DER VON RACHNES GASTFAMILIE.
UNVER-SCHÄMTHEIT, SO UNHÖFLICH ÜBER IHRE BONDAGE-KÜNSTE ZU REDEN!
NJE
HE

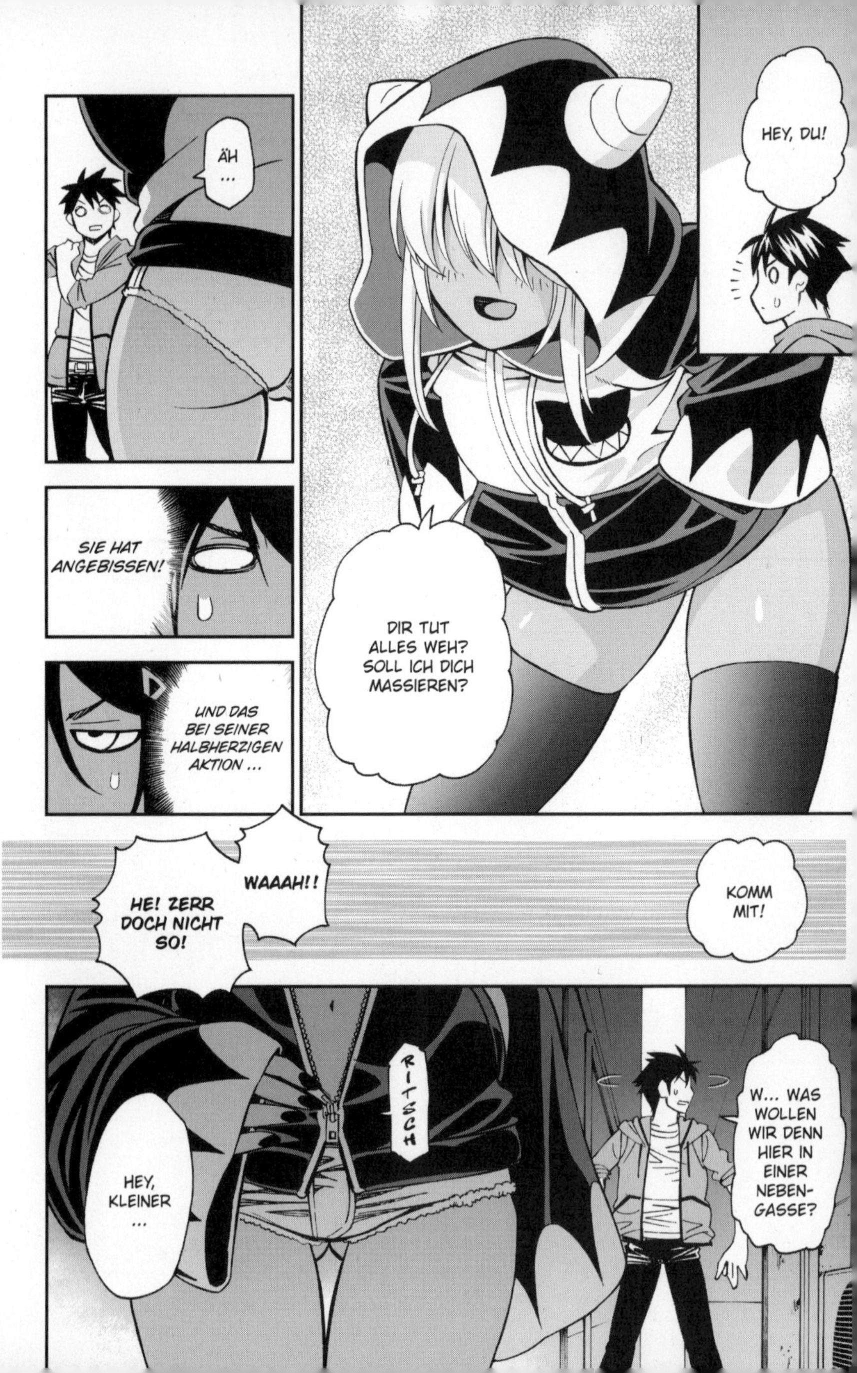
HEY, DU!
DIR TUT ALLES WEH? SOLL ICH DICH MASSIEREN?
ÄH ...
SIE HAT ANGEBISSEN!
UND DAS BEI SEINER HALBHERZIGEN AKTION ...
KOMM MIT!
WAAAH!!
HE! ZERR DOCH NICHT SO!
W... WAS WOLLEN WIR DENN HIER IN EINER NEBEN-GASSE?
RITSCH
HEY, KLEINER ...

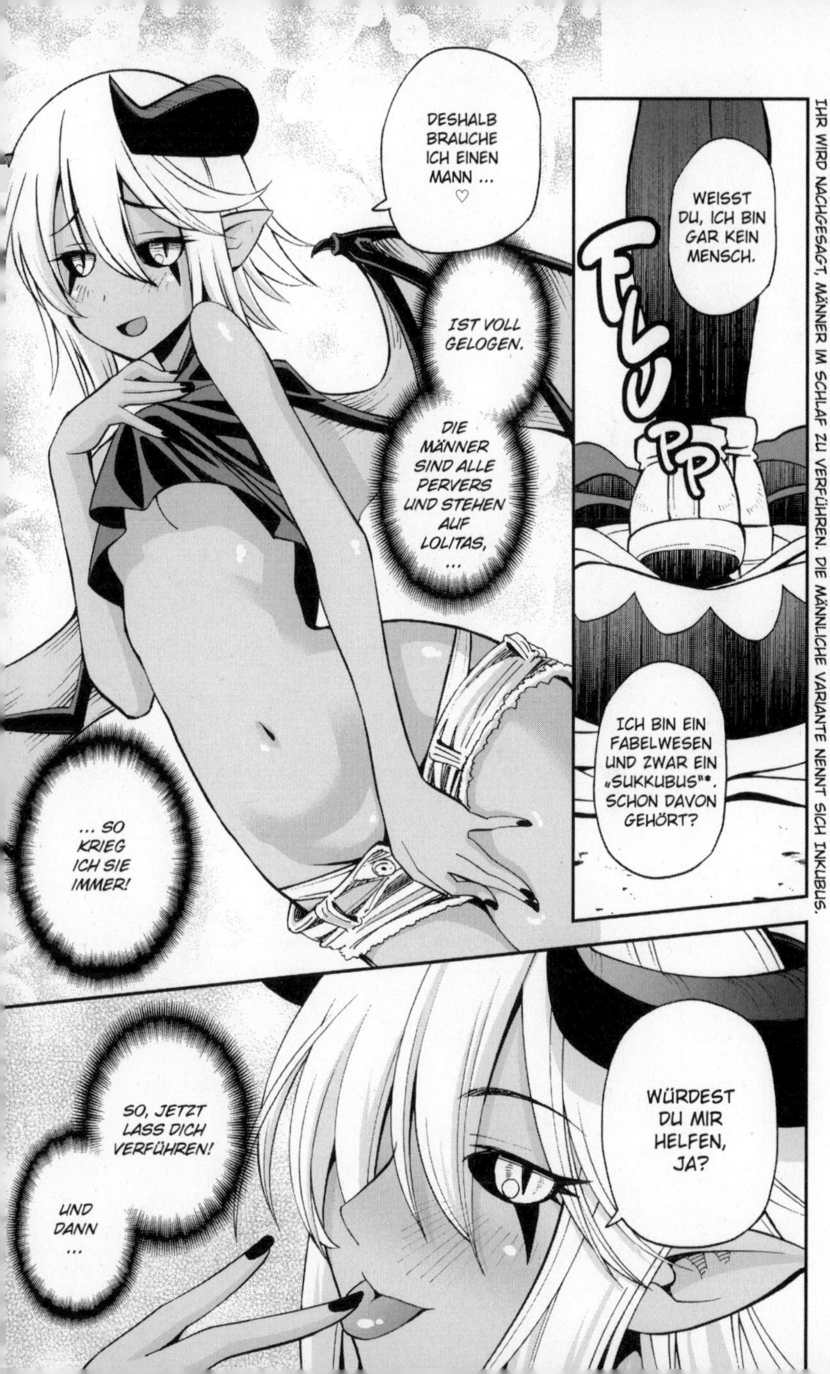

*SUKKUBUS: EINE UNTERART DER WEIBLICHEN DEVIL, DIE ALBTRÄUME VERURSACHT. IHR WIRD NACHGESAGT, MÄNNER IM SCHLAF ZU VERFÜHREN. DIE MÄNNLICHE VARIANTE NENNT SICH INKUBUS.

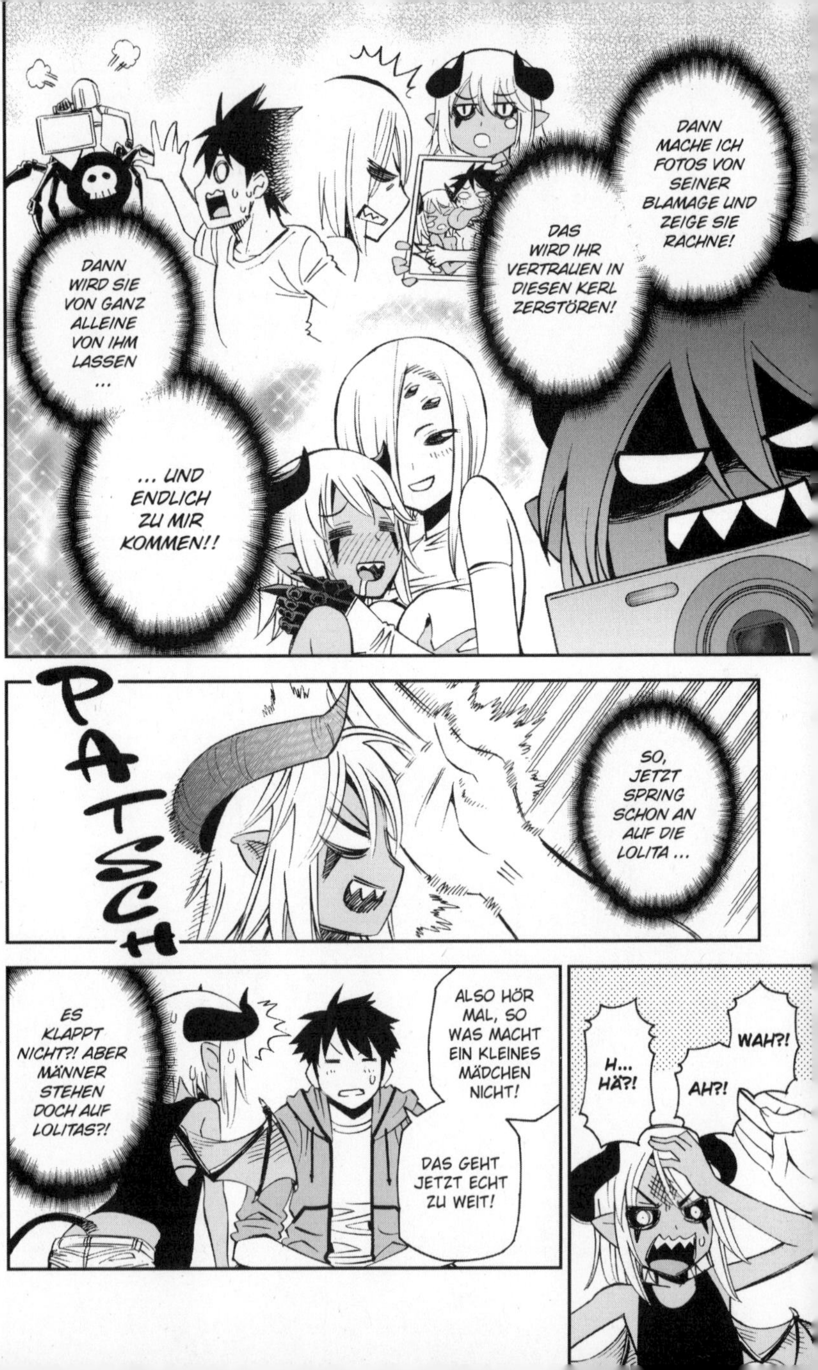
DANN MACHE ICH FOTOS VON SEINER BLAMAGE UND ZEIGE SIE RACHNE!
DAS WIRD IHR VERTRAUEN IN DIESEN KERL ZERSTÖREN!
DANN WIRD SIE VON GANZ ALLEINE VON IHM LASSEN ...
... UND ENDLICH ZU MIR KOMMEN!!
SO, JETZT SPRING SCHON AN AUF DIE LOLITA ...
PATSCH
WAH?!
AH?!
H... HÄ?!
ALSO HÖR MAL, SO WAS MACHT EIN KLEINES MÄDCHEN NICHT!
DAS GEHT JETZT ECHT ZU WEIT!
ES KLAPPT NICHT?! ABER MÄNNER STEHEN DOCH AUF LOLITAS?!

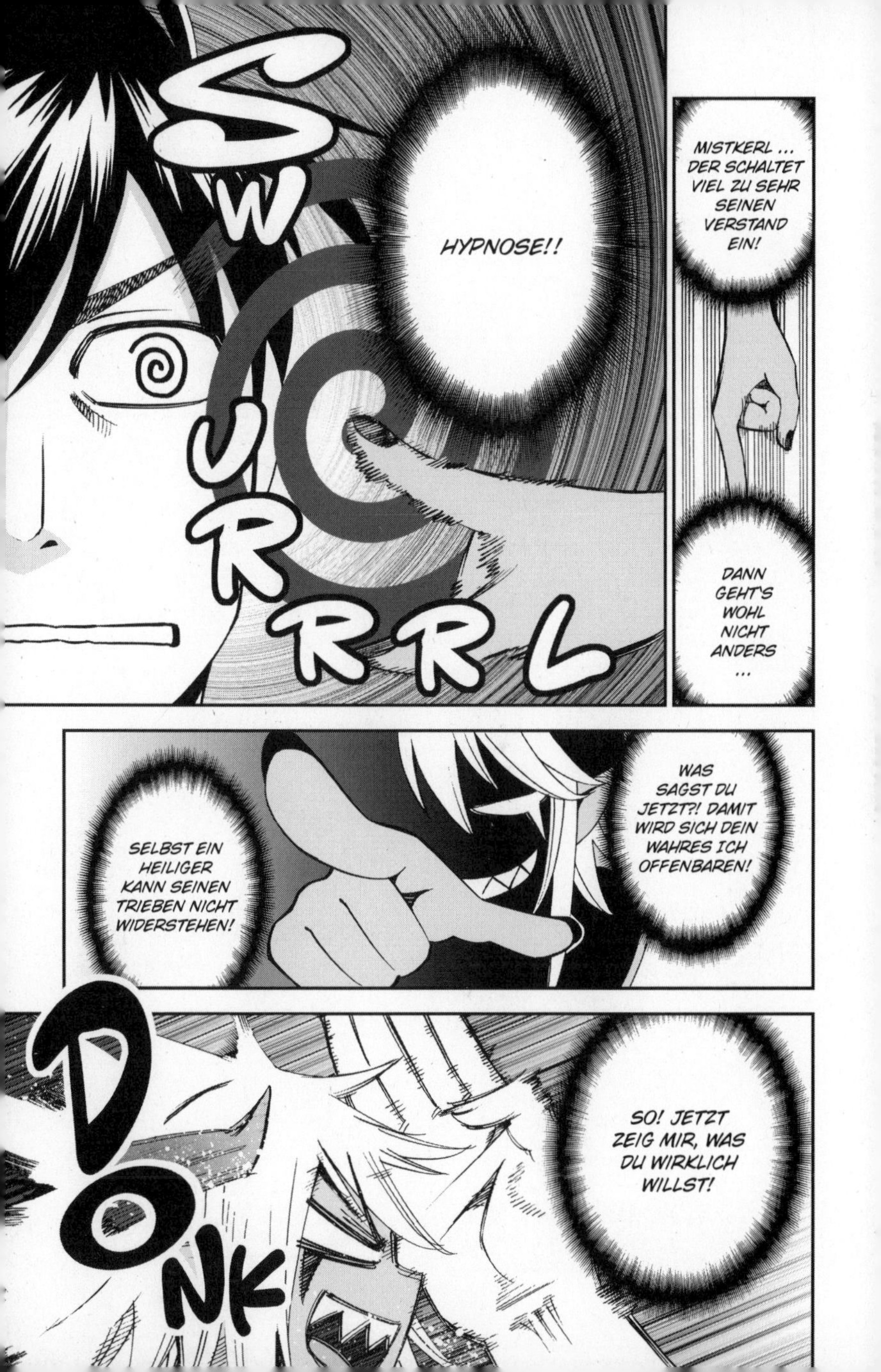
MISTKERL ... DER SCHALTET VIEL ZU SEHR SEINEN VERSTAND EIN!
DANN GEHT'S WOHL NICHT ANDERS ...
HYPNOSE!!
SWURRRL
WAS SAGST DU JETZT?! DAMIT WIRD SICH DEIN WAHRES ICH OFFENBAREN!
SELBST EIN HEILIGER KANN SEINEN TRIEBEN NICHT WIDERSTEHEN!
SO! JETZT ZEIG MIR, WAS DU WIRKLICH WILLST!
DONK

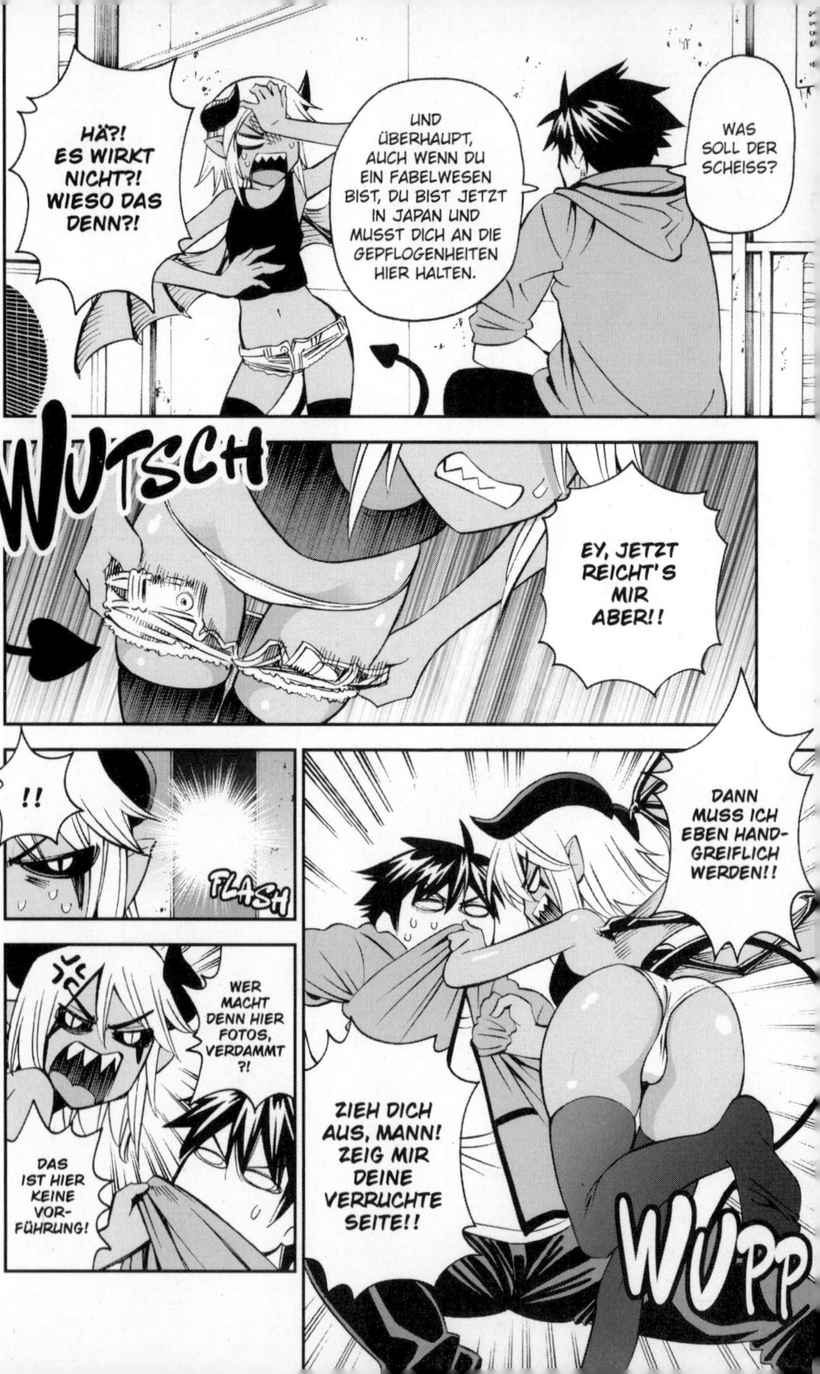
WAS SOLL DER SCHEISS?
UND ÜBERHAUPT, AUCH WENN DU EIN FABELWESEN BIST, DU BIST JETZT IN JAPAN UND MUSST DICH AN DIE GEPFLOGENHEITEN HIER HALTEN.
HÄ?! ES WIRKT NICHT?! WIESO DAS DENN?!
EY, JETZT REICHT'S MIR ABER!!
WUTSCH
DANN MUSS ICH EBEN HAND-GREIFLICH WERDEN!!
ZIEH DICH AUS, MANN! ZEIG MIR DEINE VERRUCHTE SEITE!!
WUPP
!!
FLASH
WER MACHT DENN HIER FOTOS, VERDAMMT?!
DAS IST HIER KEINE VOR-FÜHRUNG!

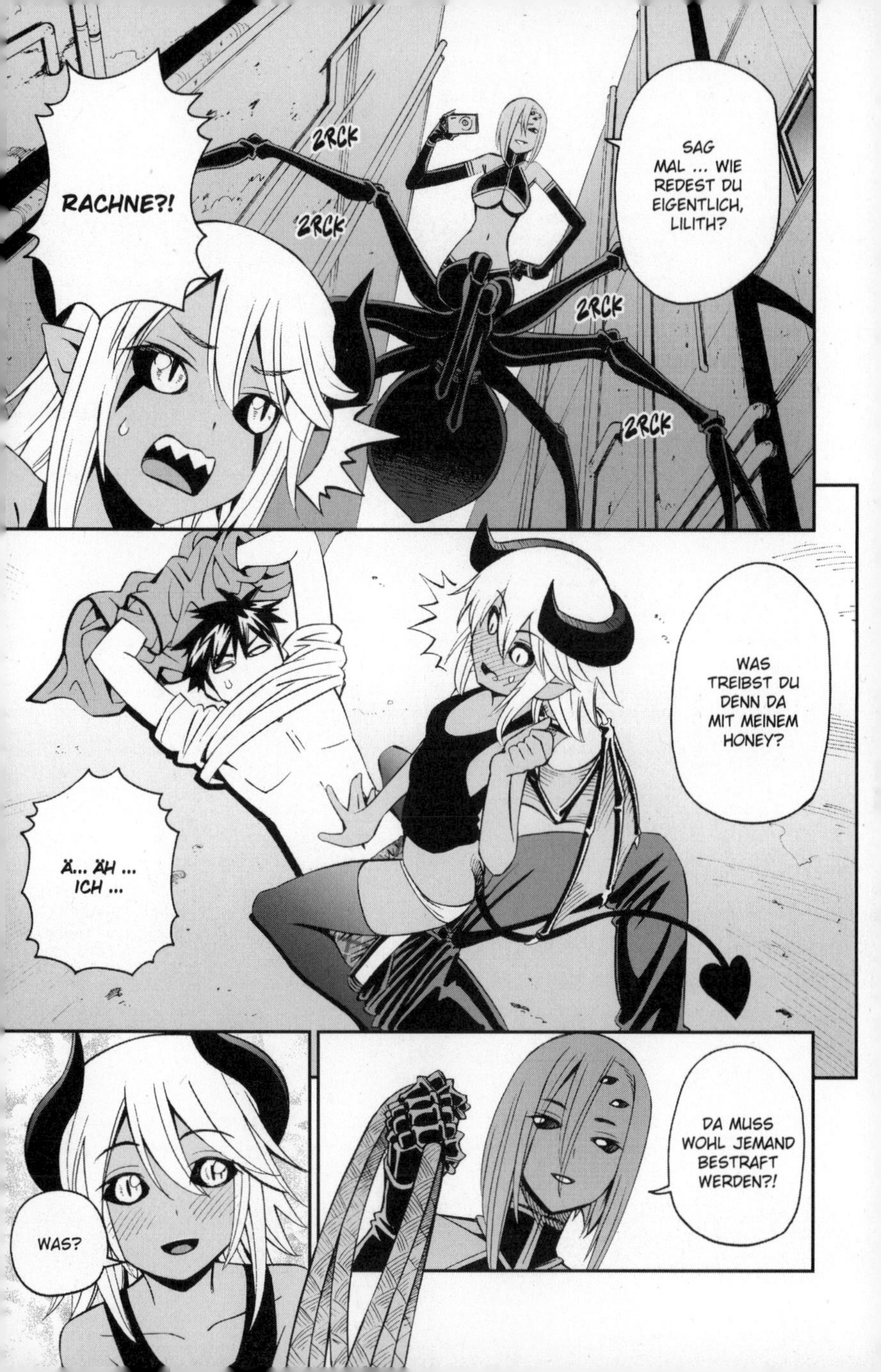
SAG MAL ... WIE REDEST DU EIGENTLICH, LILITH?
ZRCK
ZRCK
ZRCK
ZRCK
RACHNE?!
WAS TREIBST DU DENN DA MIT MEINEM HONEY?
Ä... ÄH ... ICH ...
DA MUSS WOHL JEMAND BESTRAFT WERDEN?!
WAS?

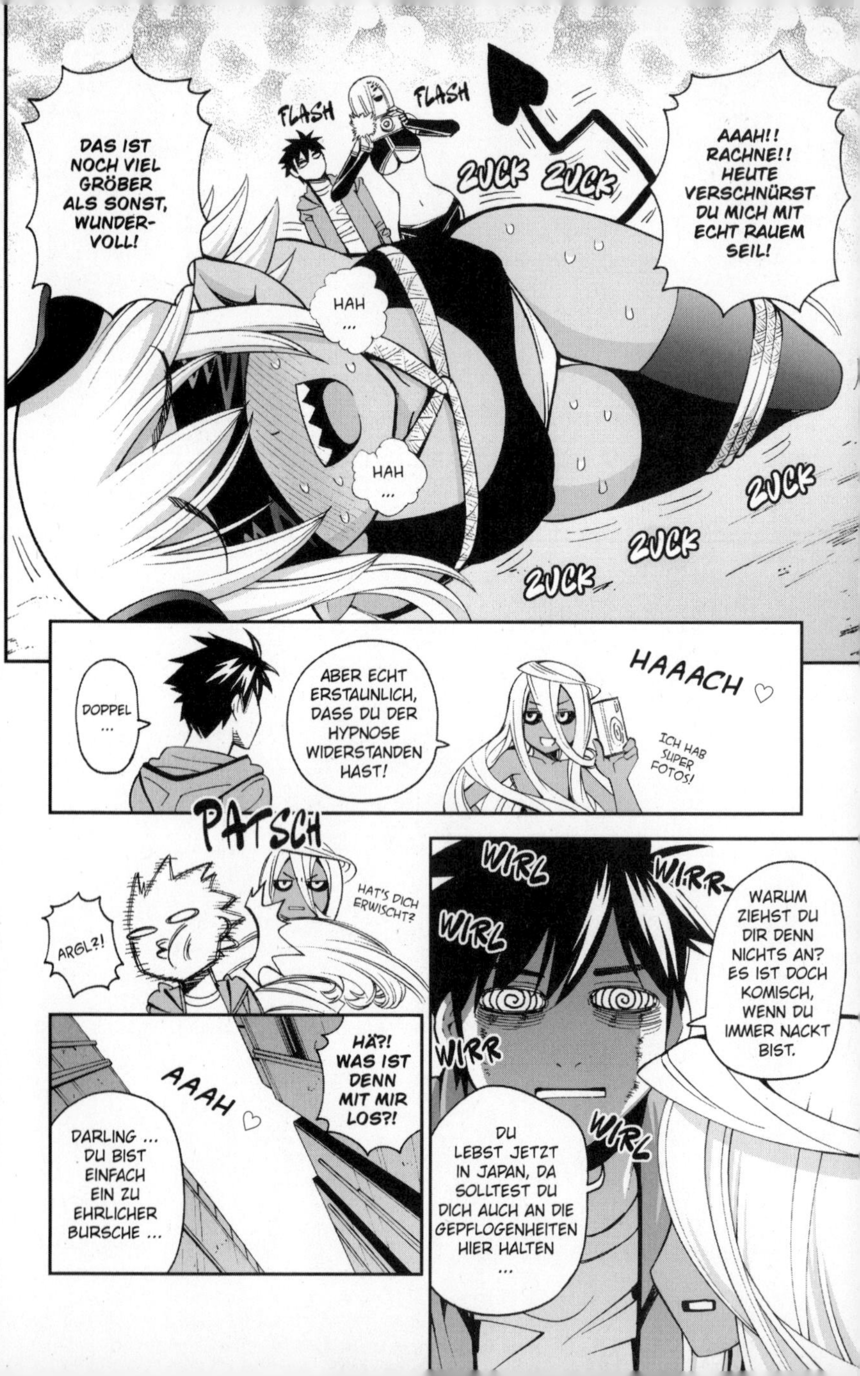
AAAH!! RACHNE!! HEUTE VERSCHNÜRST DU MICH MIT ECHT RAUEM SEIL!
FLASH
FLASH
DAS IST NOCH VIEL GRÖBER ALS SONST, WUNDER-VOLL!
ZUCK ZUCK
HAH …
HAH …
ZUCK
ZUCK
ZUCK
HAAACH ♡
ICH HAB SUPER FOTOS!
ABER ECHT ERSTAUNLICH, DASS DU DER HYPNOSE WIDERSTANDEN HAST!
DOPPEL …
WIRL
WIRR
WARUM ZIEHST DU DIR DENN NICHTS AN? ES IST DOCH KOMISCH, WENN DU IMMER NACKT BIST.
WIRL
WIRR
WIRL
DU LEBST JETZT IN JAPAN, DA SOLLTEST DU DICH AUCH AN DIE GEPFLOGENHEITEN HIER HALTEN …
PATSCH
HAT'S DICH ERWISCHT?
ARGL?!
HÄ?! WAS IST DENN MIT MIR LOS?!
AAAH ♡
DARLING … DU BIST EINFACH EIN ZU EHRLICHER BURSCHE …

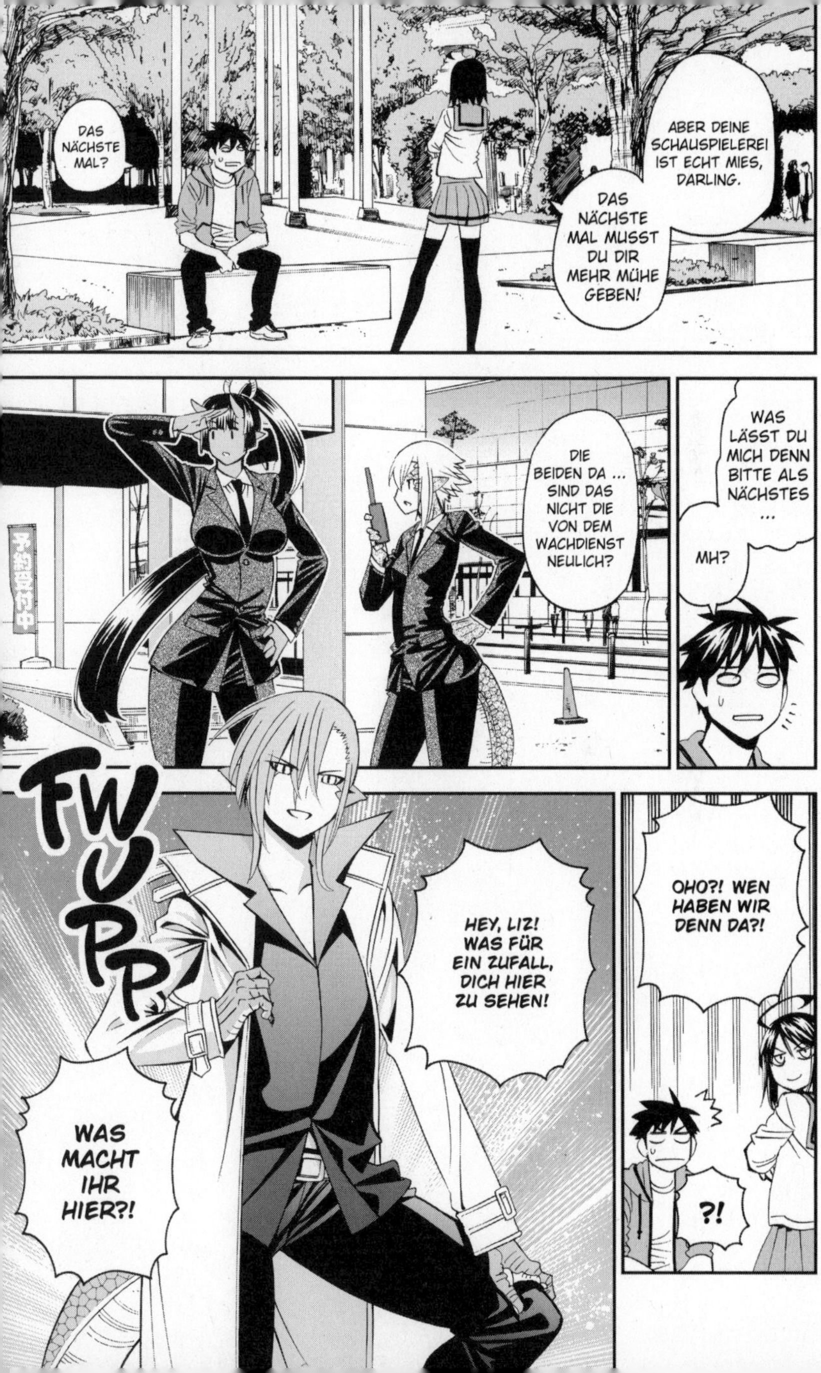
ABER DEINE SCHAUSPIELEREI IST ECHT MIES, DARLING.
DAS NÄCHSTE MAL MUSST DU DIR MEHR MÜHE GEBEN!
DAS NÄCHSTE MAL?
WAS LÄSST DU MICH DENN BITTE ALS NÄCHSTES ...
MH?
DIE BEIDEN DA ... SIND DAS NICHT DIE VON DEM WACHDIENST NEULICH?
OHO?! WEN HABEN WIR DENN DA?!
?!
FWUPP
HEY, LIZ! WAS FÜR EIN ZUFALL, DICH HIER ZU SEHEN!
WAS MACHT IHR HIER?!

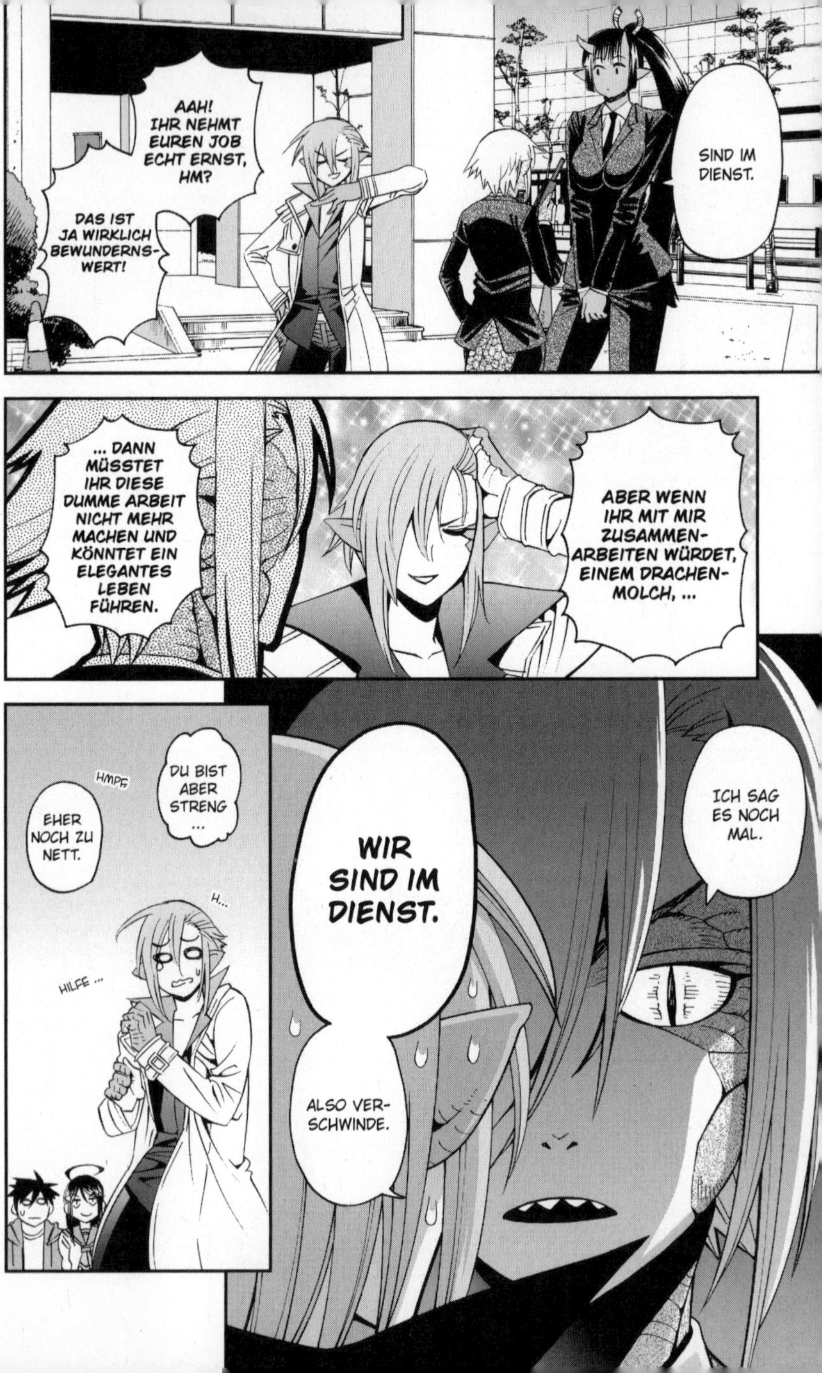
SIND IM DIENST.
AAH! IHR NEHMT EUREN JOB ECHT ERNST, HM?
DAS IST JA WIRKLICH BEWUNDERNS-WERT!
ABER WENN IHR MIT MIR ZUSAMMEN-ARBEITEN WÜRDET, EINEM DRACHEN-MOLCH, ...
... DANN MÜSSTET IHR DIESE DUMME ARBEIT NICHT MEHR MACHEN UND KÖNNTET EIN ELEGANTES LEBEN FÜHREN.
ICH SAG ES NOCH MAL.
WIR SIND IM DIENST.
ALSO VER-SCHWINDE.
DU BIST ABER STRENG ...
HMPF
EHER NOCH ZU NETT.
H...
HILFE ...

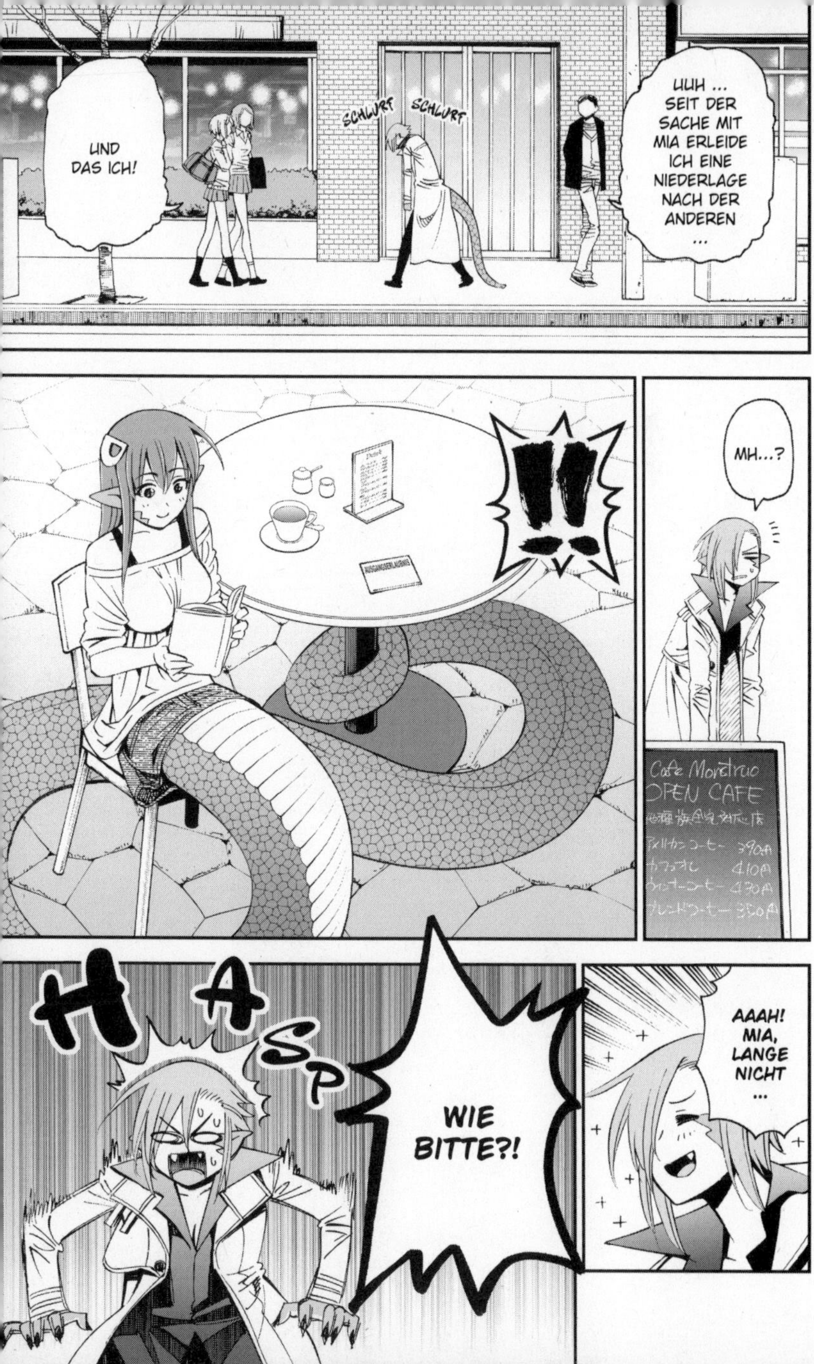
UUH ... SEIT DER SACHE MIT MIA ERLEIDE ICH EINE NIEDERLAGE NACH DER ANDEREN ...
SCHLURF SCHLURF
UND DAS ICH!
MH...?
!!
AUSGANGSERLAUBNIS
Cafe Monstruo
OPEN CAFE
AAAH! MIA, LANGE NICHT ...
WIE BITTE?!
HASP

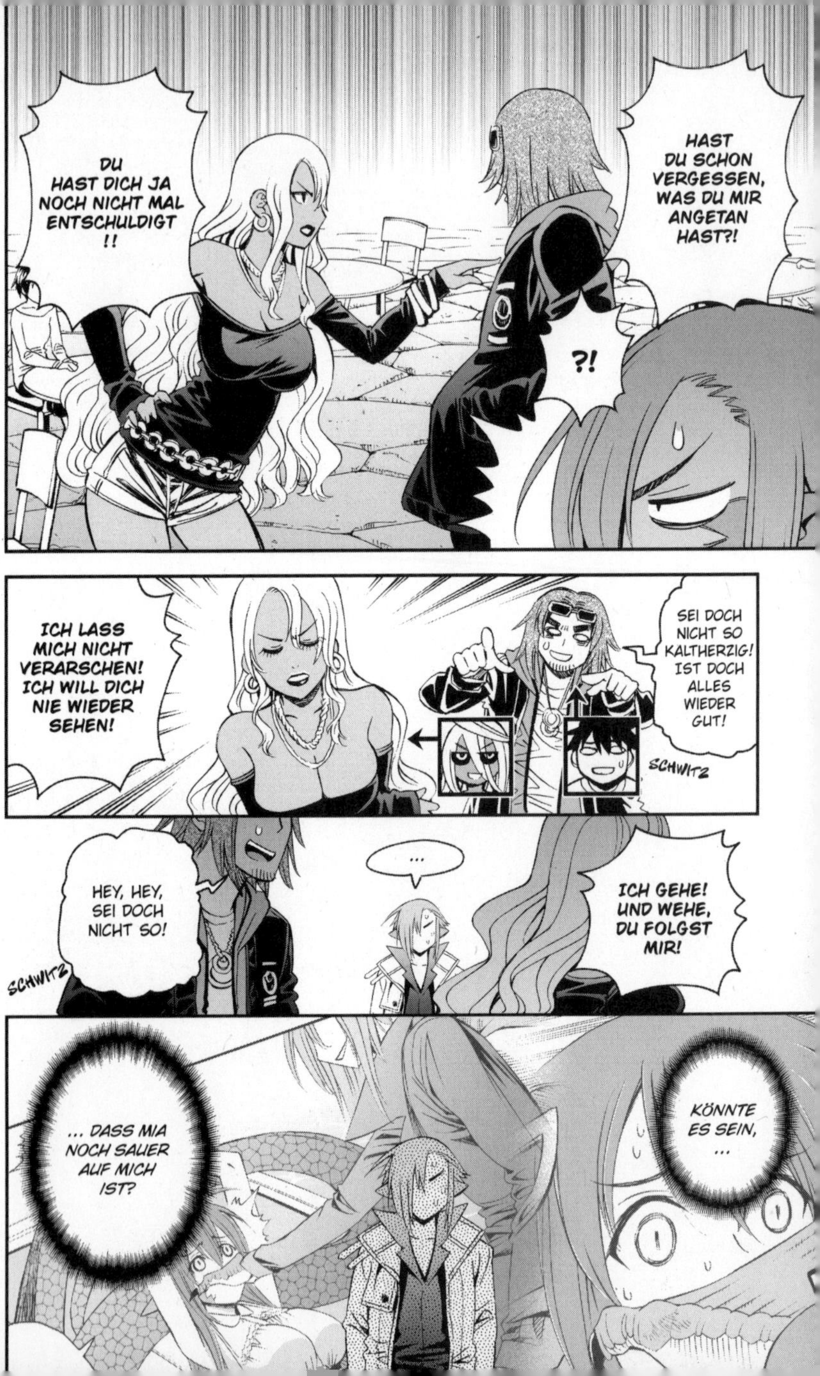
DU HAST DICH JA NOCH NICHT MAL ENTSCHULDIGT !!
HAST DU SCHON VERGESSEN, WAS DU MIR ANGETAN HAST?!
?!
ICH LASS MICH NICHT VERARSCHEN! ICH WILL DICH NIE WIEDER SEHEN!
SEI DOCH NICHT SO KALTHERZIG! IST DOCH ALLES WIEDER GUT!
SCHWITZ
HEY, HEY, SEI DOCH NICHT SO!
SCHWITZ
...
ICH GEHE! UND WEHE, DU FOLGST MIR!
... DASS MIA NOCH SAUER AUF MICH IST?
KÖNNTE ES SEIN, ...

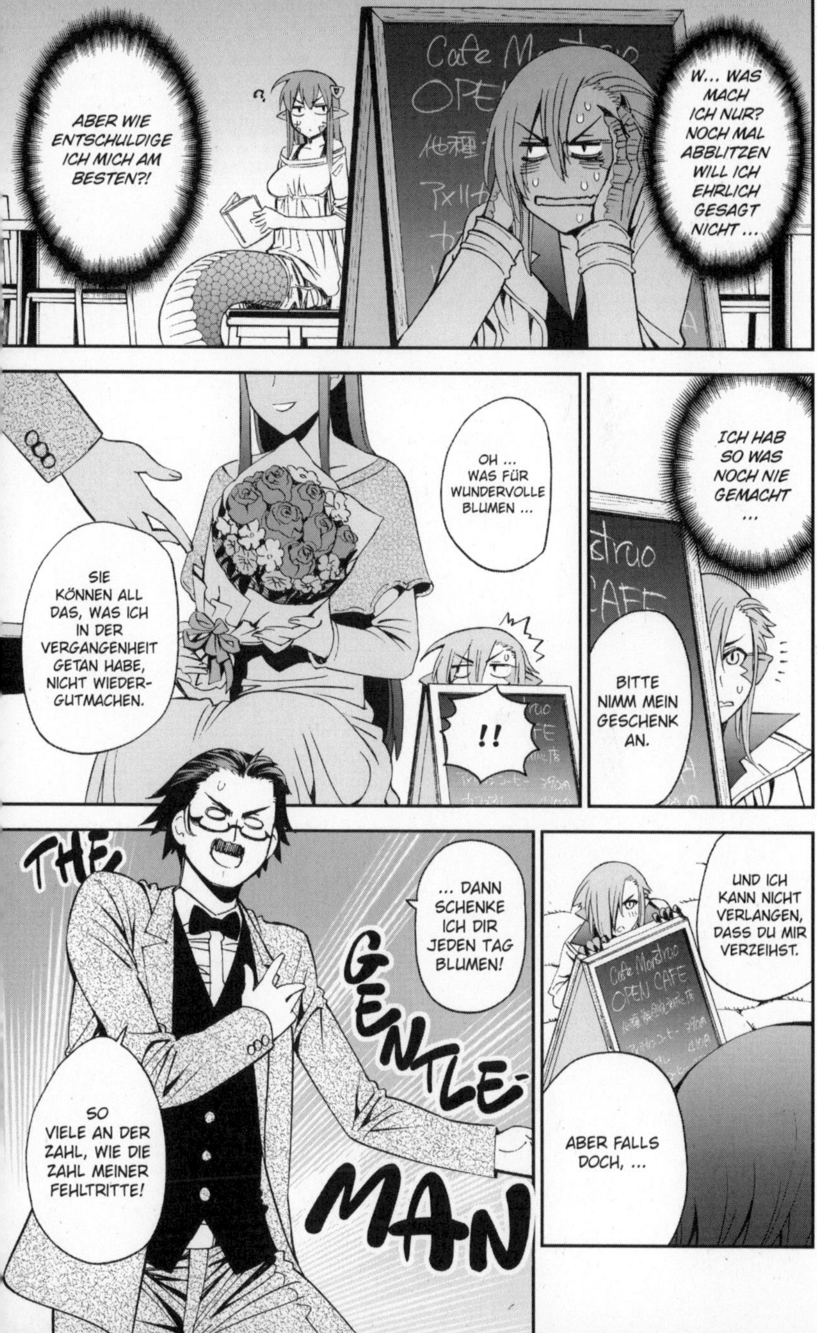
W… WAS MACH ICH NUR? NOCH MAL ABBLITZEN WILL ICH EHRLICH GESAGT NICHT …
ABER WIE ENTSCHULDIGE ICH MICH AM BESTEN?!
ICH HAB SO WAS NOCH NIE GEMACHT …
BITTE NIMM MEIN GESCHENK AN.
OH … WAS FÜR WUNDERVOLLE BLUMEN …
!!
SIE KÖNNEN ALL DAS, WAS ICH IN DER VERGANGENHEIT GETAN HABE, NICHT WIEDER-GUTMACHEN.
UND ICH KANN NICHT VERLANGEN, DASS DU MIR VERZEIHST.
ABER FALLS DOCH, …
… DANN SCHENKE ICH DIR JEDEN TAG BLUMEN!
THE GENTLE-MAN
SO VIELE AN DER ZAHL, WIE DIE ZAHL MEINER FEHLTRITTE!

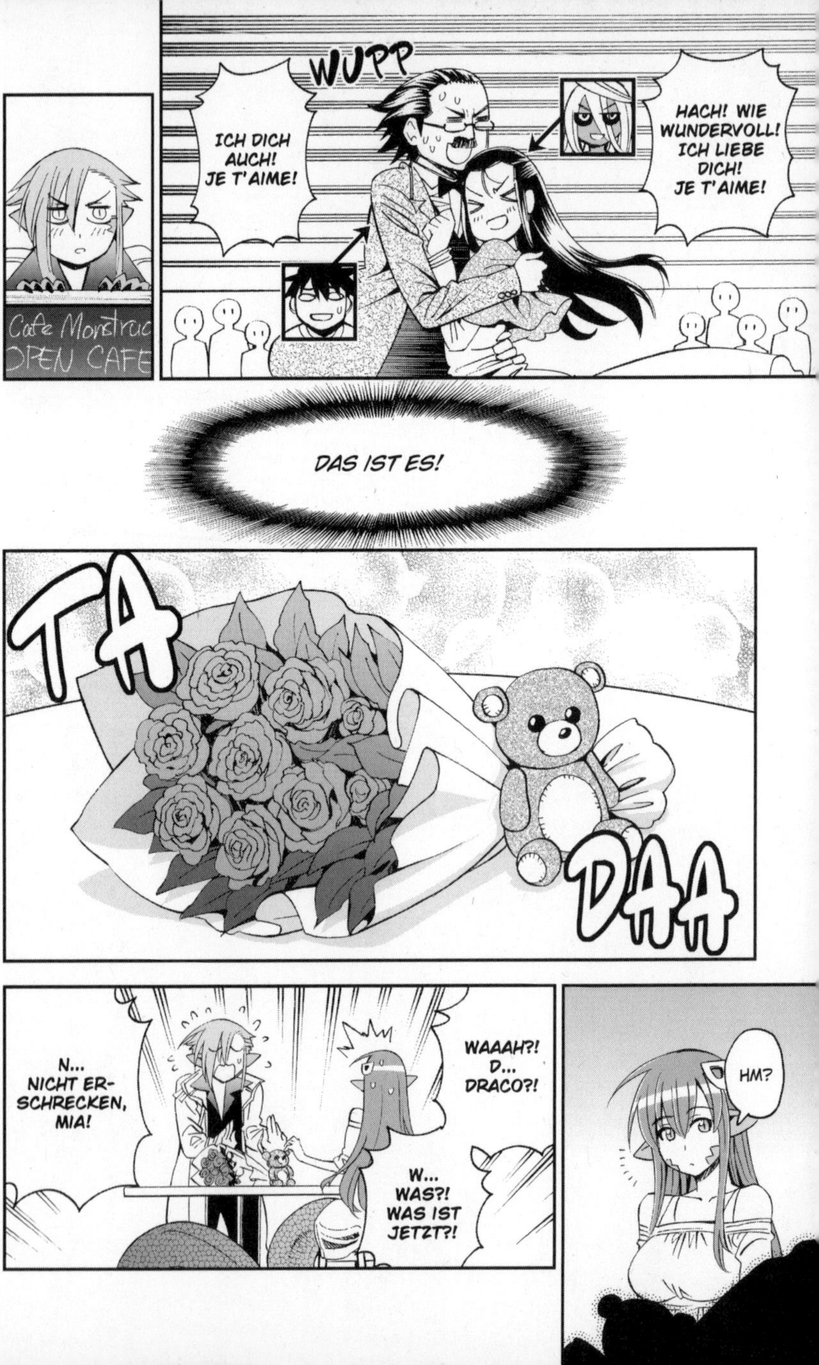
HACH! WIE WUNDERVOLL! ICH LIEBE DICH! JE T'AIME!
WUPP
ICH DICH AUCH! JE T'AIME!
Cafe Monstruc
OPEN CAFE
DAS IST ES!
TA
DAA
HM?
WAAAH?! D... DRACO?!
N... NICHT ER-SCHRECKEN, MIA!
W... WAS?! WAS IST JETZT?!

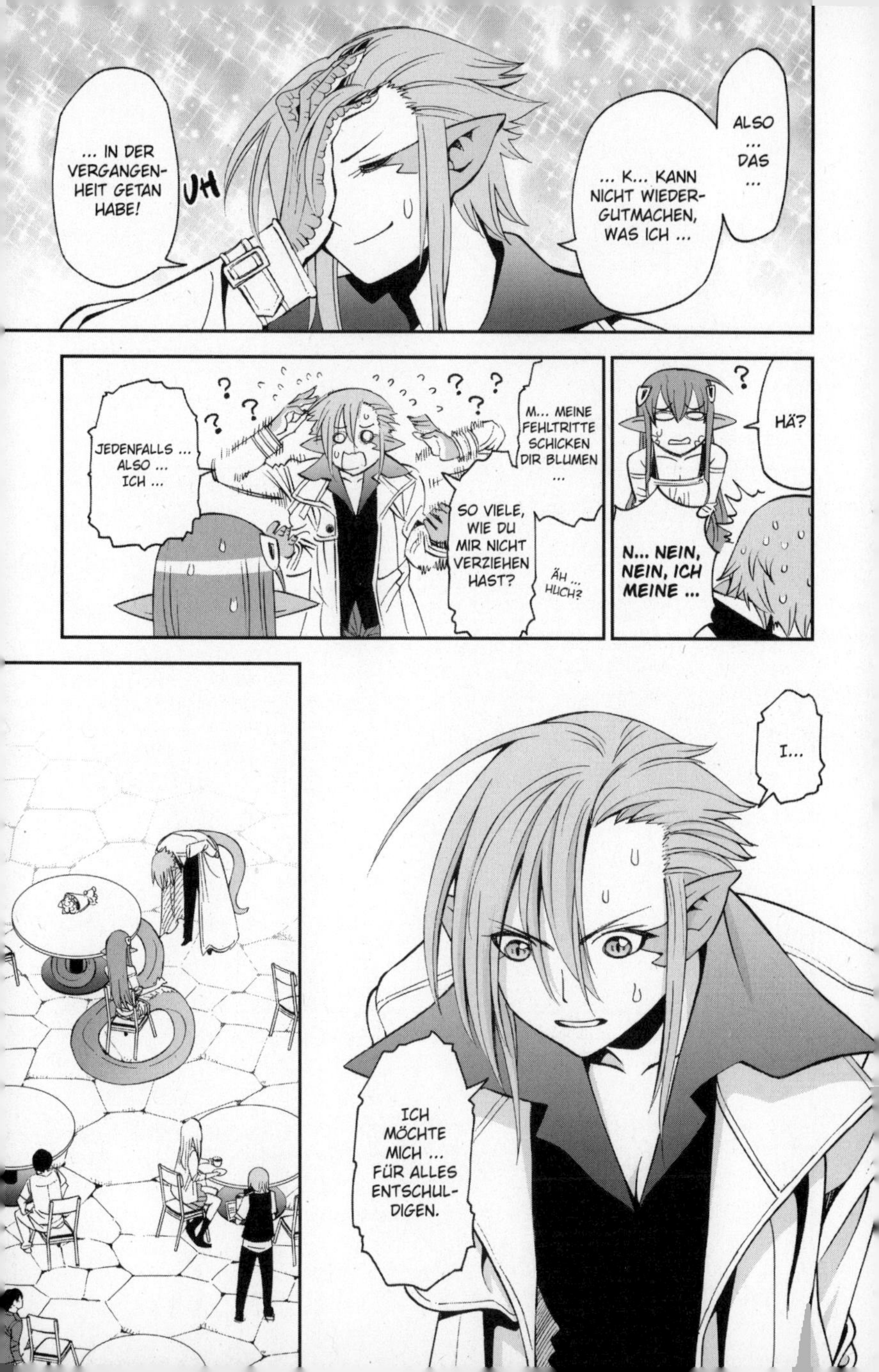

ALSO ... DAS ...
... K... KANN NICHT WIEDER-GUTMACHEN, WAS ICH ...
UH
... IN DER VERGANGEN-HEIT GETAN HABE!
HÄ?
N... NEIN, NEIN, ICH MEINE ...
M... MEINE FEHLTRITTE SCHICKEN DIR BLUMEN ...
SO VIELE, WIE DU MIR NICHT VERZIEHEN HAST?
ÄH ... HUCH?
JEDENFALLS ... ALSO ... ICH ...
I...
ICH MÖCHTE MICH ... FÜR ALLES ENTSCHUL-DIGEN.

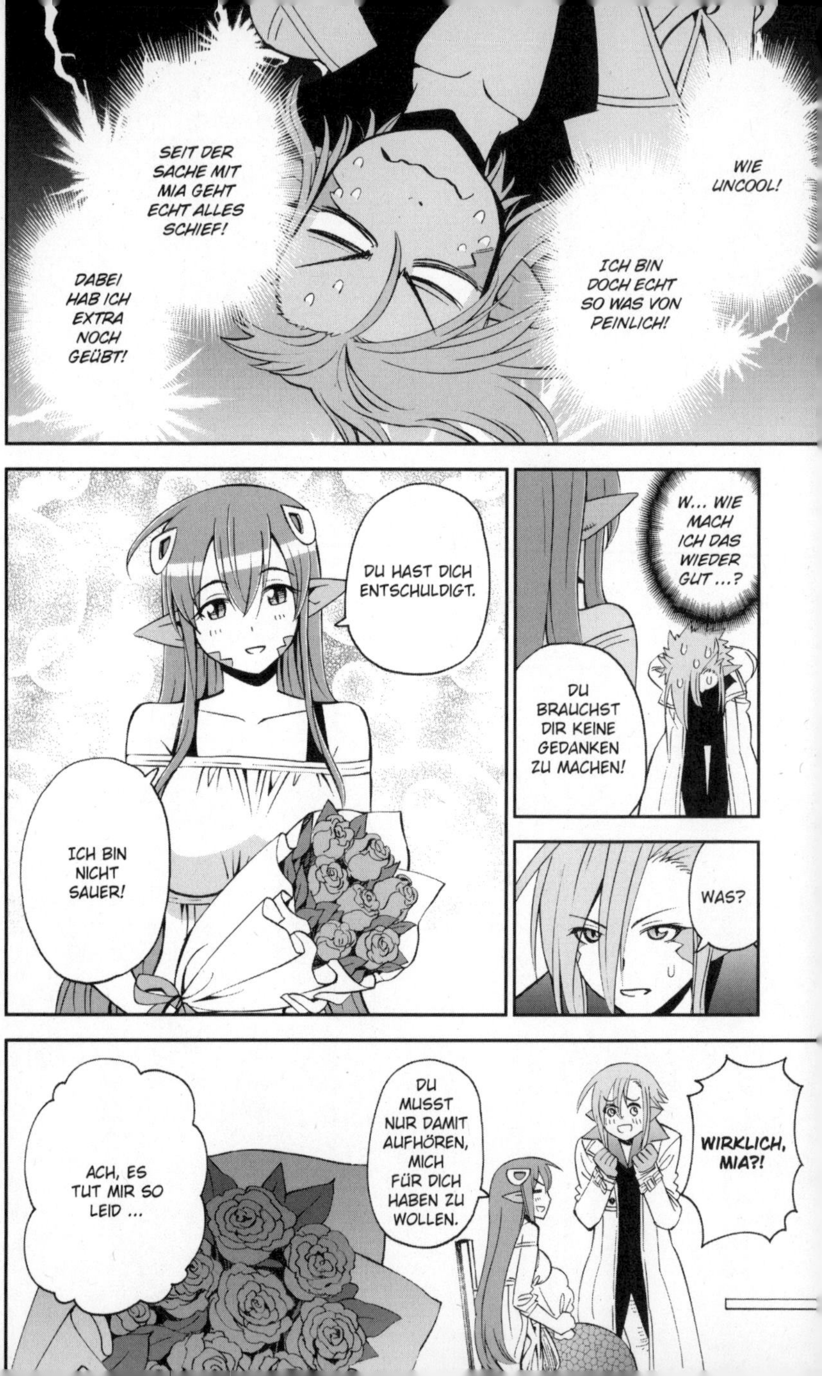
WIE UNCOOL!
ICH BIN DOCH ECHT SO WAS VON PEINLICH!
SEIT DER SACHE MIT MIA GEHT ECHT ALLES SCHIEF!
DABEI HAB ICH EXTRA NOCH GEÜBT!
W… WIE MACH ICH DAS WIEDER GUT …?
DU BRAUCHST DIR KEINE GEDANKEN ZU MACHEN!
DU HAST DICH ENTSCHULDIGT.
ICH BIN NICHT SAUER!
WAS?
WIRKLICH, MIA?!
DU MUSST NUR DAMIT AUFHÖREN, MICH FÜR DICH HABEN ZU WOLLEN.
ACH, ES TUT MIR SO LEID …

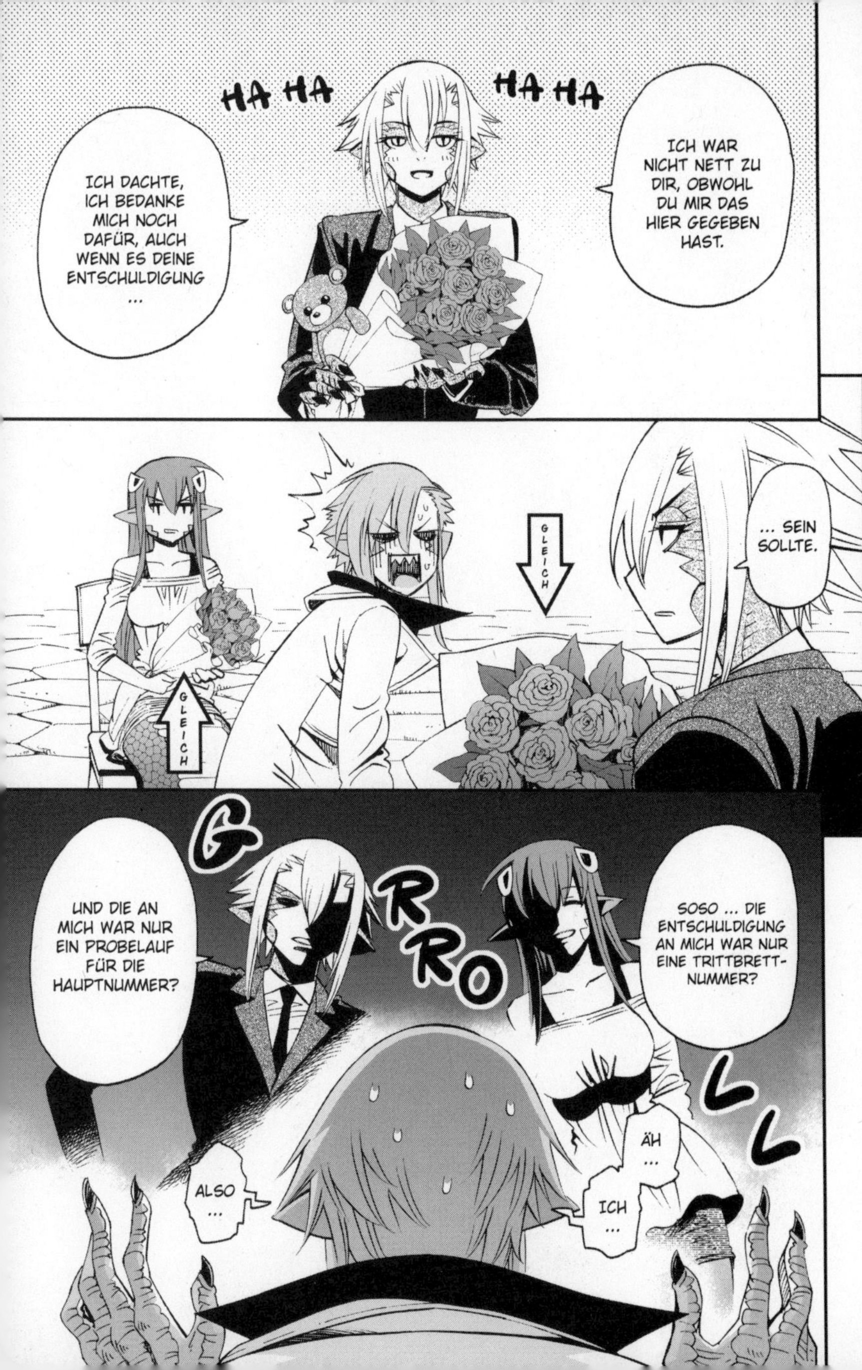
HA HA
HA HA
ICH WAR NICHT NETT ZU DIR, OBWOHL DU MIR DAS HIER GEGEBEN HAST.
ICH DACHTE, ICH BEDANKE MICH NOCH DAFÜR, AUCH WENN ES DEINE ENTSCHULDIGUNG …
… SEIN SOLLTE.
GLEICH
GLEICH
G
R
R
O
L
L
SOSO … DIE ENTSCHULDIGUNG AN MICH WAR NUR EINE TRITTBRETT-NUMMER?
UND DIE AN MICH WAR NUR EIN PROBELAUF FÜR DIE HAUPTNUMMER?
ÄH …
ICH …
ALSO …

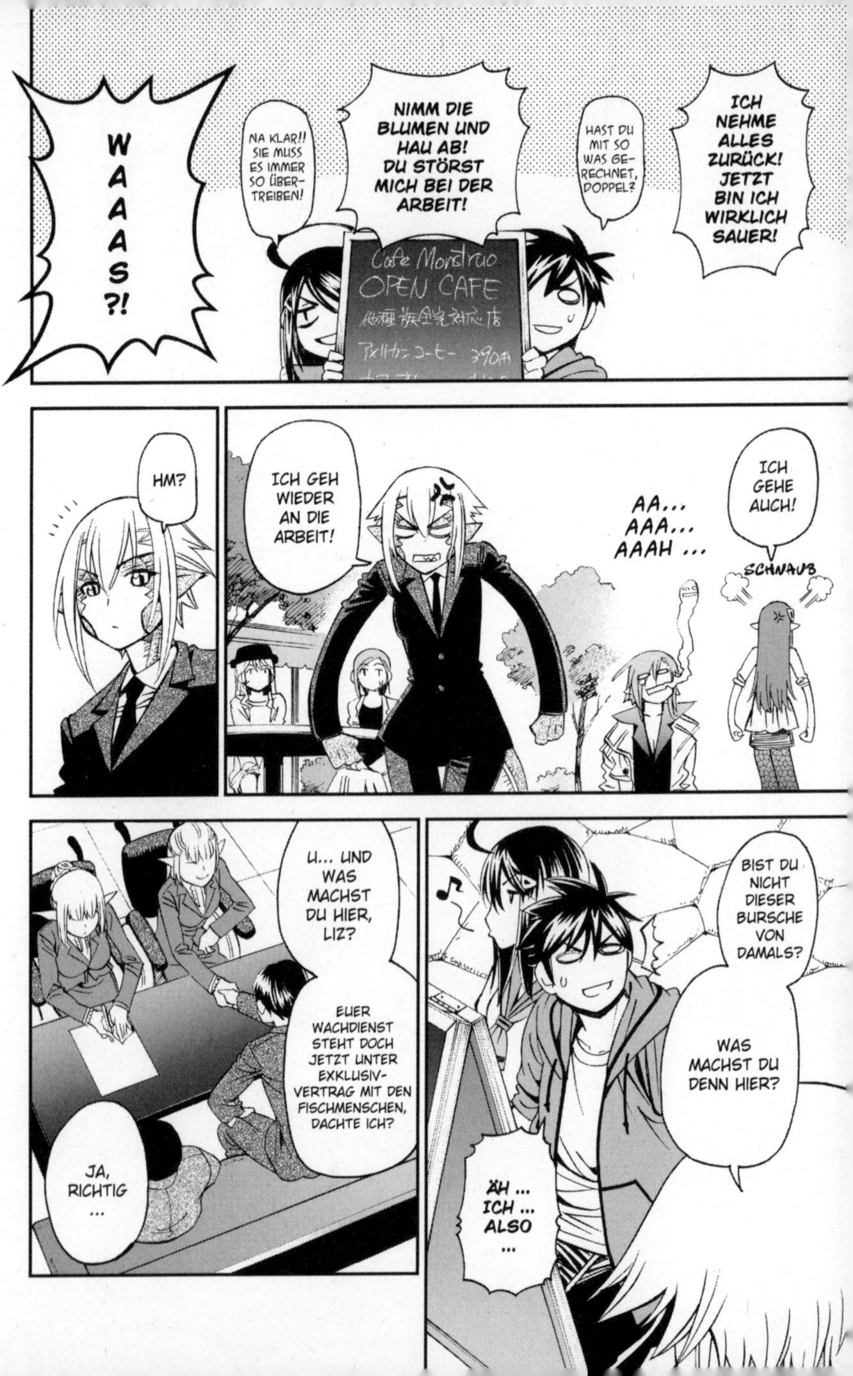
ICH NEHME ALLES ZURÜCK! JETZT BIN ICH WIRKLICH SAUER!
HAST DU MIT SO WAS GERECHNET, DOPPEL?
NIMM DIE BLUMEN UND HAU AB! DU STÖRST MICH BEI DER ARBEIT!
NA KLAR!! SIE MUSS ES IMMER SO ÜBERTREIBEN!
Cafe Monstruo
OPEN CAFE
WAAAAS?!
ICH GEHE AUCH!
SCHNAUB
AA... AAA... AAAH ...
ICH GEH WIEDER AN DIE ARBEIT!
HM?
BIST DU NICHT DIESER BURSCHE VON DAMALS?
WAS MACHST DU DENN HIER?
ÄH ... ICH ... ALSO ...
U... UND WAS MACHST DU HIER, LIZ?
EUER WACHDIENST STEHT DOCH JETZT UNTER EXKLUSIV-VERTRAG MIT DEN FISCHMENSCHEN, DACHTE ICH?
JA, RICHTIG ...

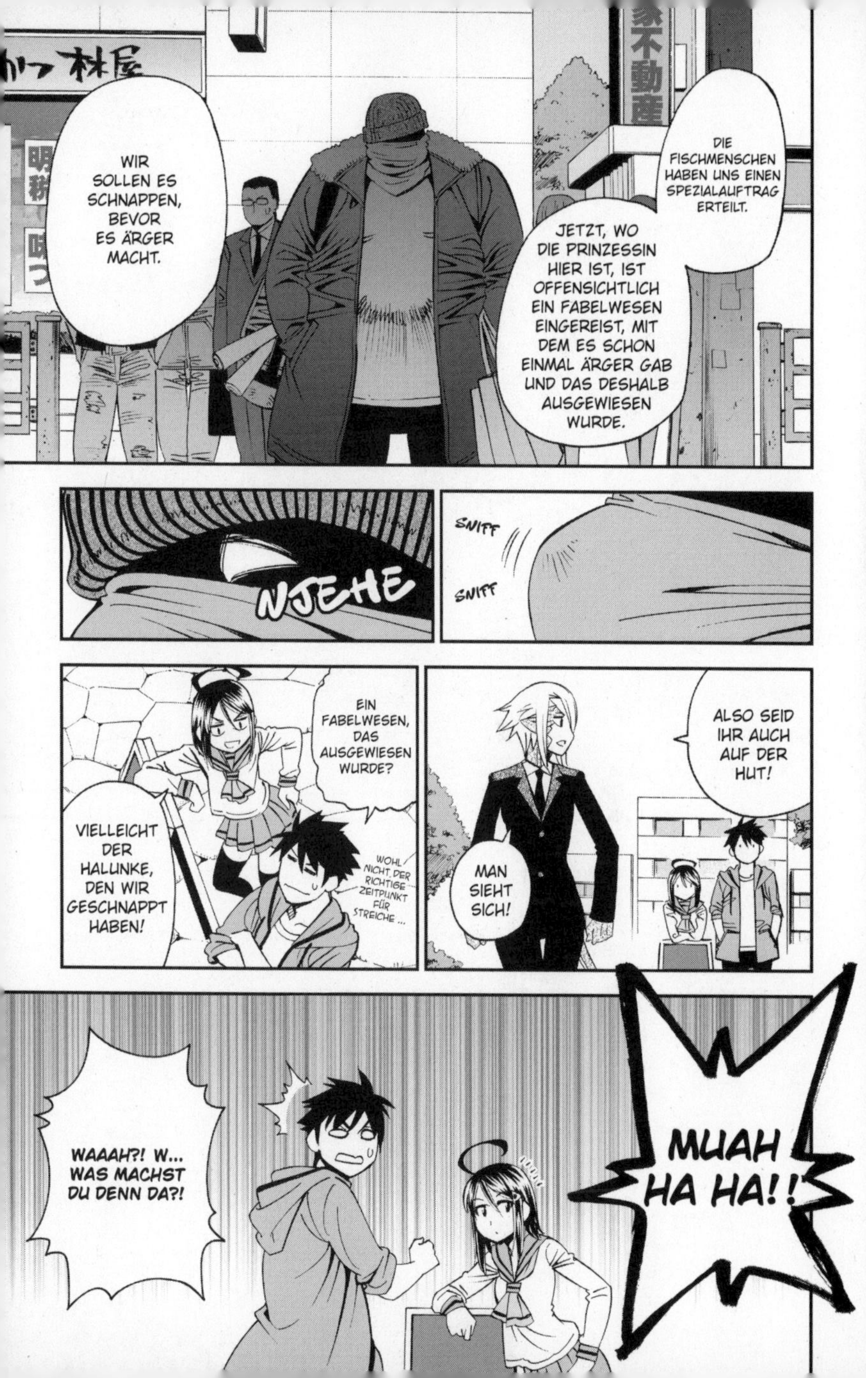
DIE FISCHMENSCHEN HABEN UNS EINEN SPEZIALAUFTRAG ERTEILT.
JETZT, WO DIE PRINZESSIN HIER IST, IST OFFENSICHTLICH EIN FABELWESEN EINGEREIST, MIT DEM ES SCHON EINMAL ÄRGER GAB UND DAS DESHALB AUSGEWIESEN WURDE.
WIR SOLLEN ES SCHNAPPEN, BEVOR ES ÄRGER MACHT.
SNIFF
SNIFF
NJEHE
ALSO SEID IHR AUCH AUF DER HUT!
MAN SIEHT SICH!
EIN FABELWESEN, DAS AUSGEWIESEN WURDE?
VIELLEICHT DER HALUNKE, DEN WIR GESCHNAPPT HABEN!
WOHL NICHT DER RICHTIGE ZEITPUNKT FÜR STREICHE ...
MUAH HA HA!!
WAAAH?! W... WAS MACHST DU DENN DA?!

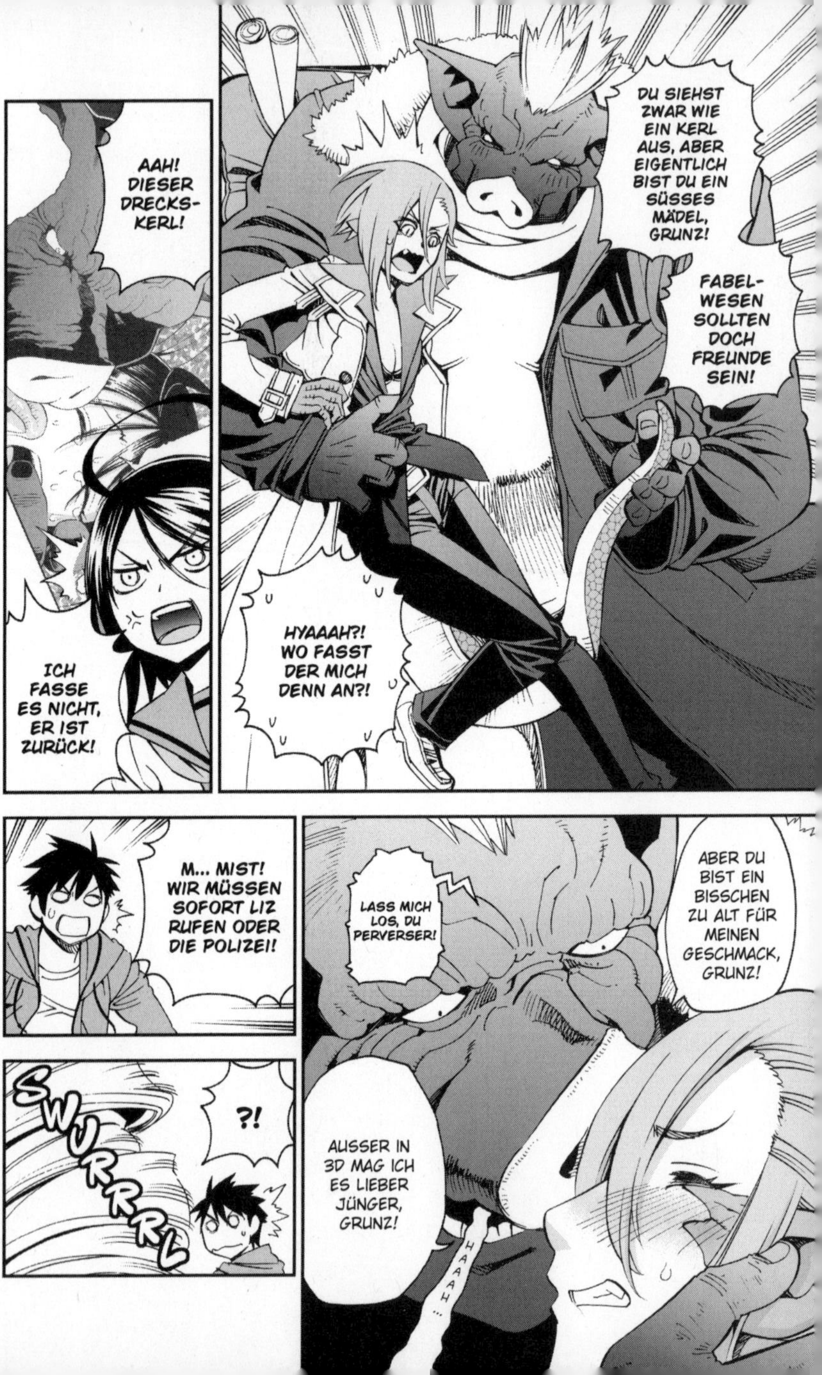
DU SIEHST ZWAR WIE EIN KERL AUS, ABER EIGENTLICH BIST DU EIN SÜSSES MÄDEL, GRUNZ!
FABEL-WESEN SOLLTEN DOCH FREUNDE SEIN!
HYAAAH?! WO FASST DER MICH DENN AN?!
AAH! DIESER DRECKS-KERL!
ICH FASSE ES NICHT, ER IST ZURÜCK!
ABER DU BIST EIN BISSCHEN ZU ALT FÜR MEINEN GESCHMACK, GRUNZ!
LASS MICH LOS, DU PERVERSER!
AUSSER IN 3D MAG ICH ES LIEBER JÜNGER, GRUNZ!
HAAAH...
M... MIST! WIR MÜSSEN SOFORT LIZ RUFEN ODER DIE POLIZEI!
?!
SWURRRRL

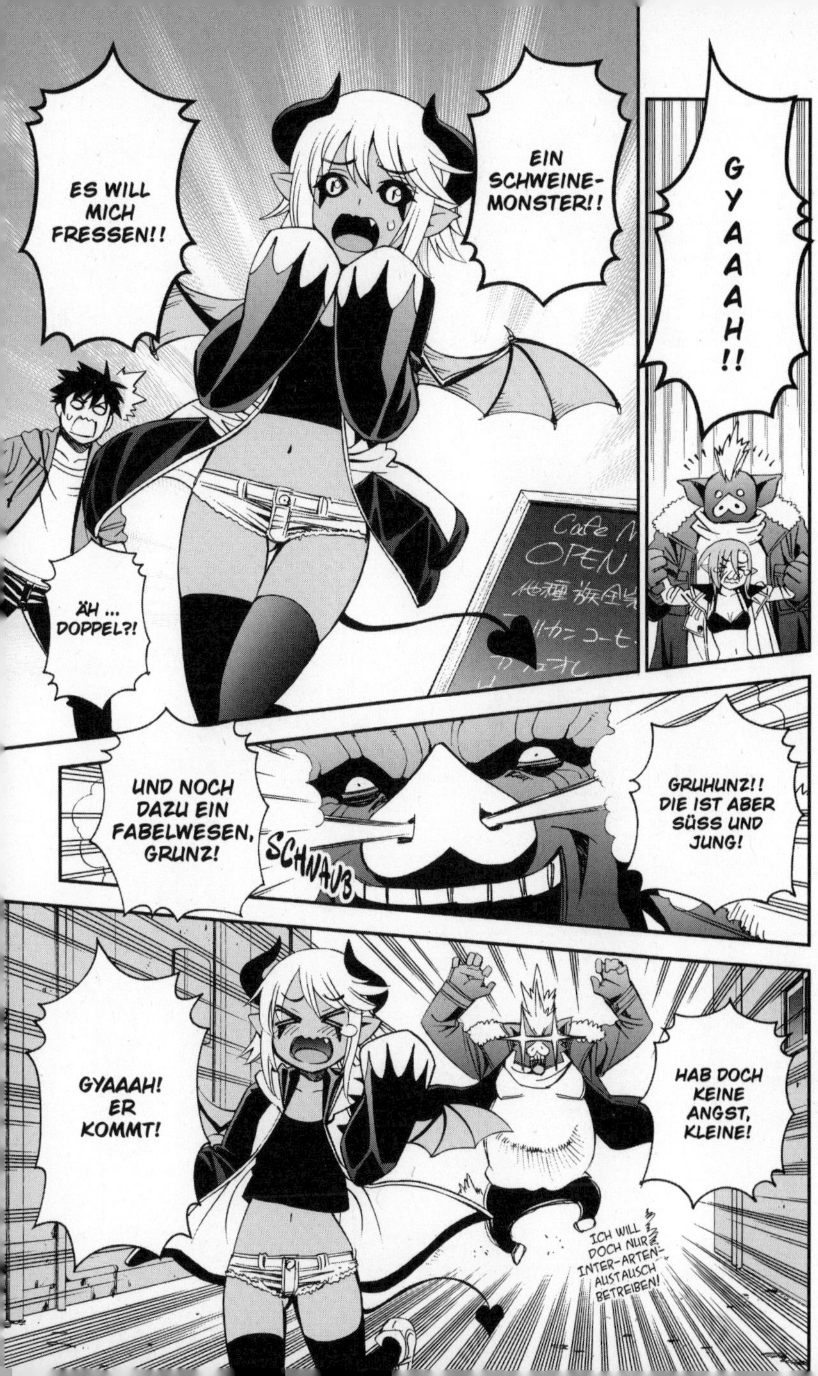

GYAAAAH!!
EIN SCHWEINE-MONSTER!!
ES WILL MICH FRESSEN!!
ÄH ... DOPPEL?!
OPEN
GRUHUNZ!! DIE IST ABER SÜSS UND JUNG!
SCHNAUB
UND NOCH DAZU EIN FABELWESEN, GRUNZ!
HAB DOCH KEINE ANGST, KLEINE!
ICH WILL DOCH NUR INTER-ARTEN-AUSTAUSCH BETREIBEN!
GYAAAH! ER KOMMT!

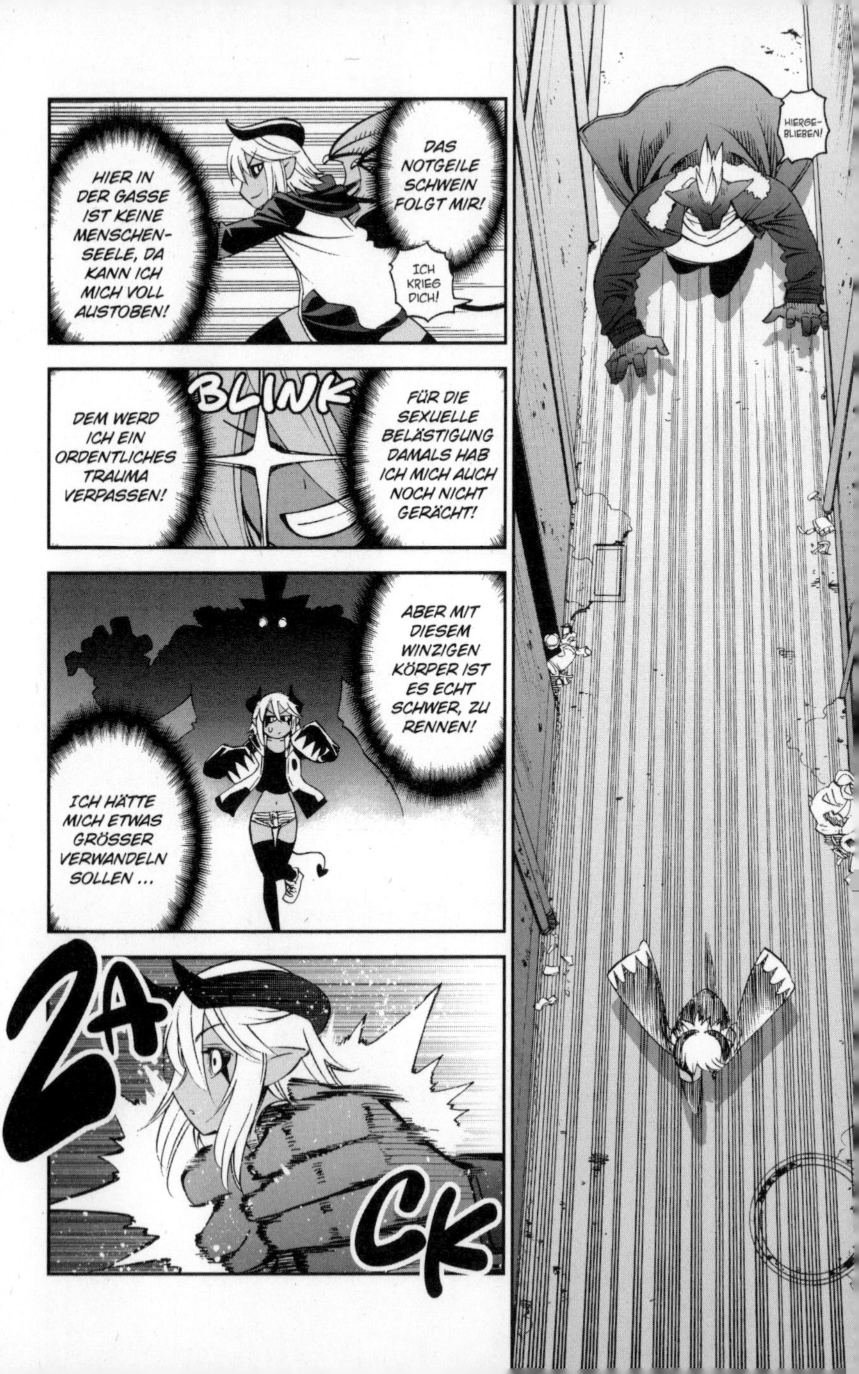
HIERGE-BLIEBEN!
DAS NOTGEILE SCHWEIN FOLGT MIR!
ICH KRIEG DICH!
HIER IN DER GASSE IST KEINE MENSCHEN-SEELE, DA KANN ICH MICH VOLL AUSTOBEN!
BLINK
FÜR DIE SEXUELLE BELÄSTIGUNG DAMALS HAB ICH MICH AUCH NOCH NICHT GERÄCHT!
DEM WERD ICH EIN ORDENTLICHES TRAUMA VERPASSEN!
ABER MIT DIESEM WINZIGEN KÖRPER IST ES ECHT SCHWER, ZU RENNEN!
ICH HÄTTE MICH ETWAS GRÖSSER VERWANDELN SOLLEN …
ZACK

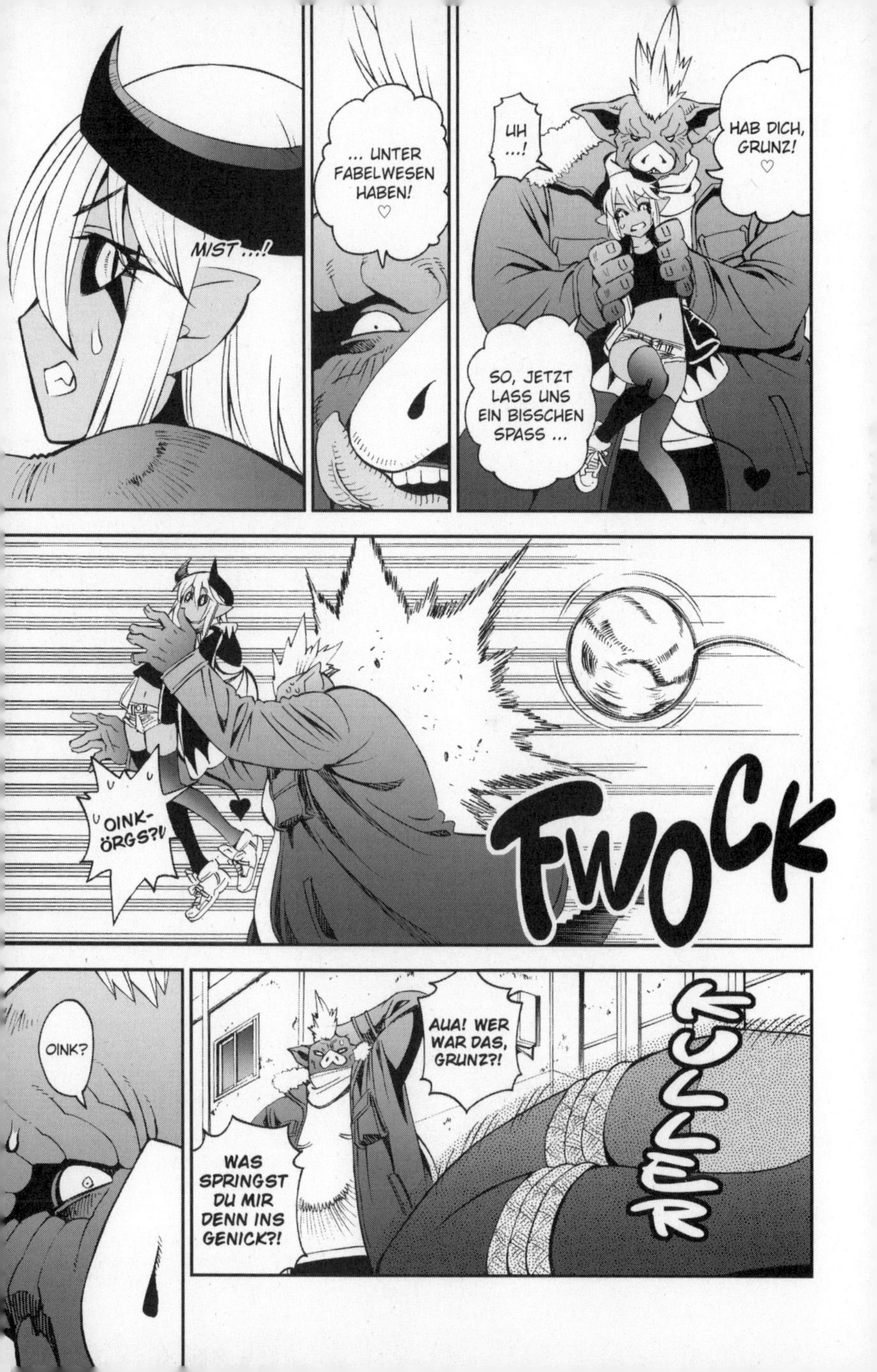
HAB DICH, GRUNZ! ♡
UH ...!
SO, JETZT LASS UNS EIN BISSCHEN SPASS ...
... UNTER FABELWESEN HABEN! ♡
MIST ...!
FWOCK
OINK-ÖRGS?!
KULLER
AUA! WER WAR DAS, GRUNZ?!
WAS SPRINGST DU MIR DENN INS GENICK?!
OINK?

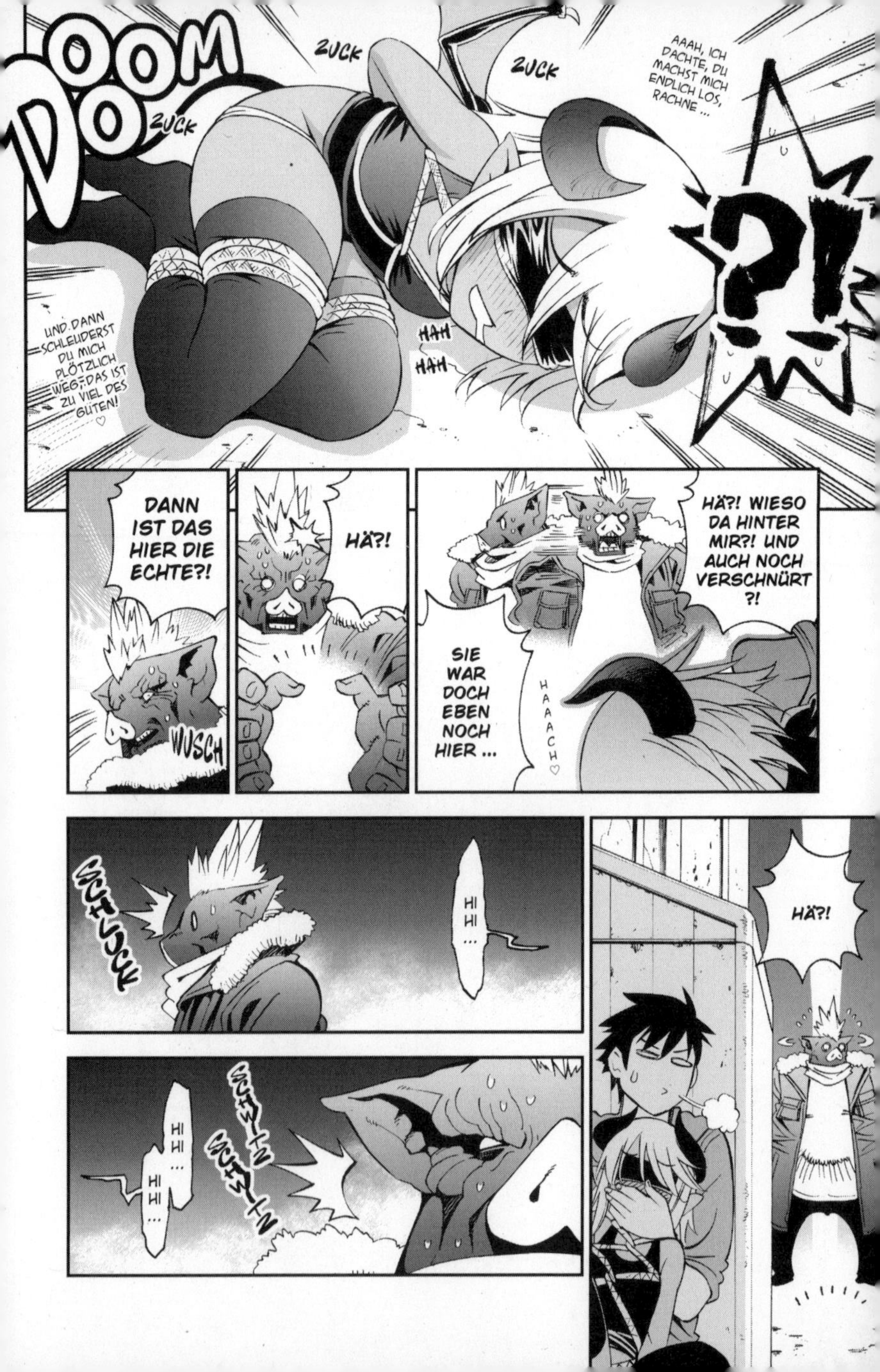
DOOM DOOM
ZUCK
ZUCK
ZUCK
AAAH, ICH DACHTE, DU MACHST MICH ENDLICH LOS, RACHNE ...
?!
UND DANN SCHLEUDERST DU MICH PLÖTZLICH WEG, DAS IST ZU VIEL DES GUTEN! ♡
HAH HAH
HÄ?! WIESO DA HINTER MIR?! UND AUCH NOCH VERSCHNÜRT ?!
HAAACH ♡
SIE WAR DOCH EBEN NOCH HIER ...
HÄ?!
DANN IST DAS HIER DIE ECHTE?!
WUSCH
HÄ?!
HI HI ...
SCHLUCK
SCHWITZ SCHWITZ
HI HI ... HI HI ...

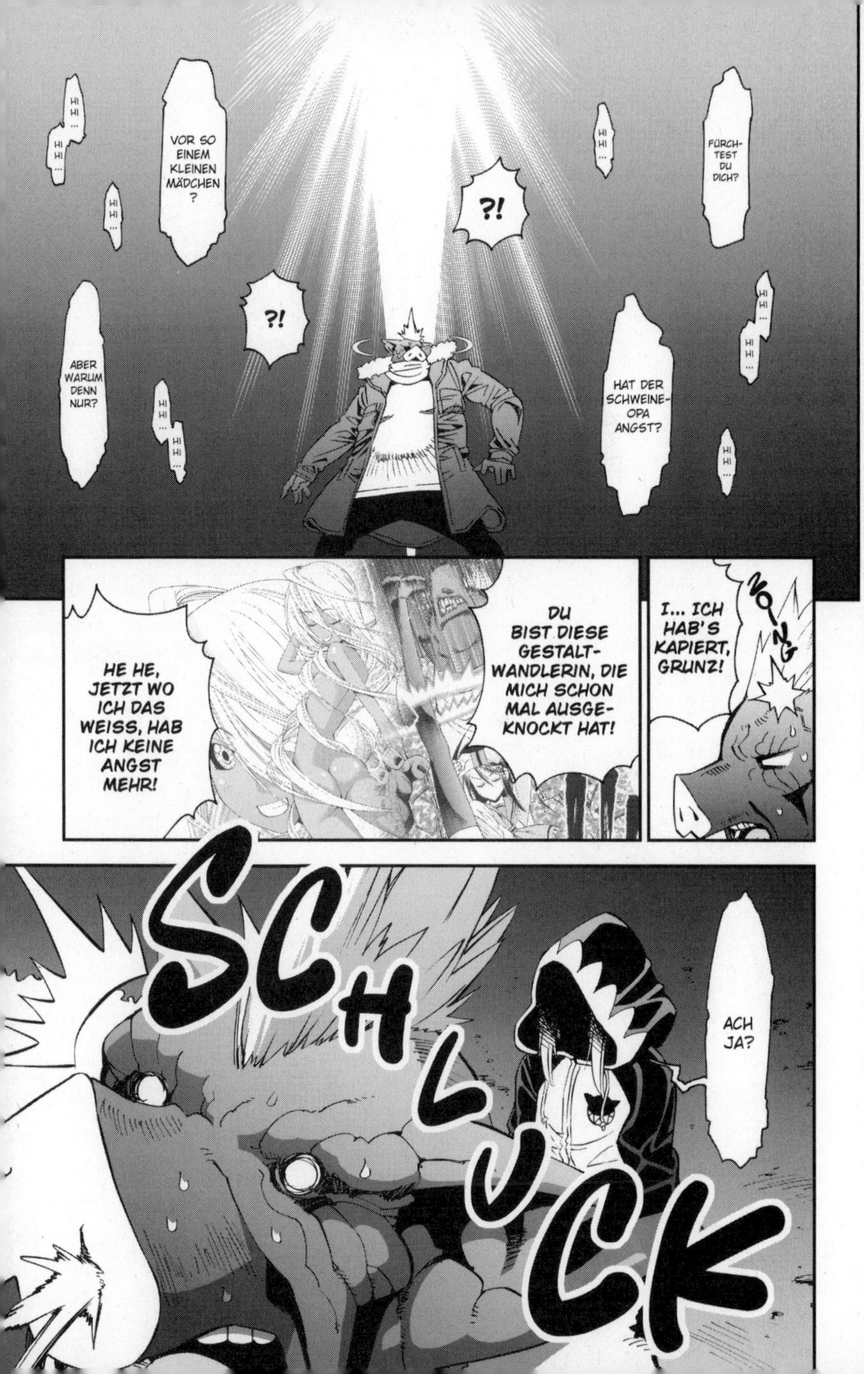
FÜRCHTEST DU DICH?
HI HI ...
?!
VOR SO EINEM KLEINEN MÄDCHEN?
HI HI ...
HI HI ...
HI HI ...
HI HI ...
HAT DER SCHWEINE-OPA ANGST?
HI HI ...
?!
ABER WARUM DENN NUR?
HI HI ...
HI HI ...
NO-NG
I... ICH HAB'S KAPIERT, GRUNZ!
DU BIST DIESE GESTALT-WANDLERIN, DIE MICH SCHON MAL AUSGE-KNOCKT HAT!
HE HE, JETZT WO ICH DAS WEISS, HAB ICH KEINE ANGST MEHR!
ACH JA?
SCHLUCK

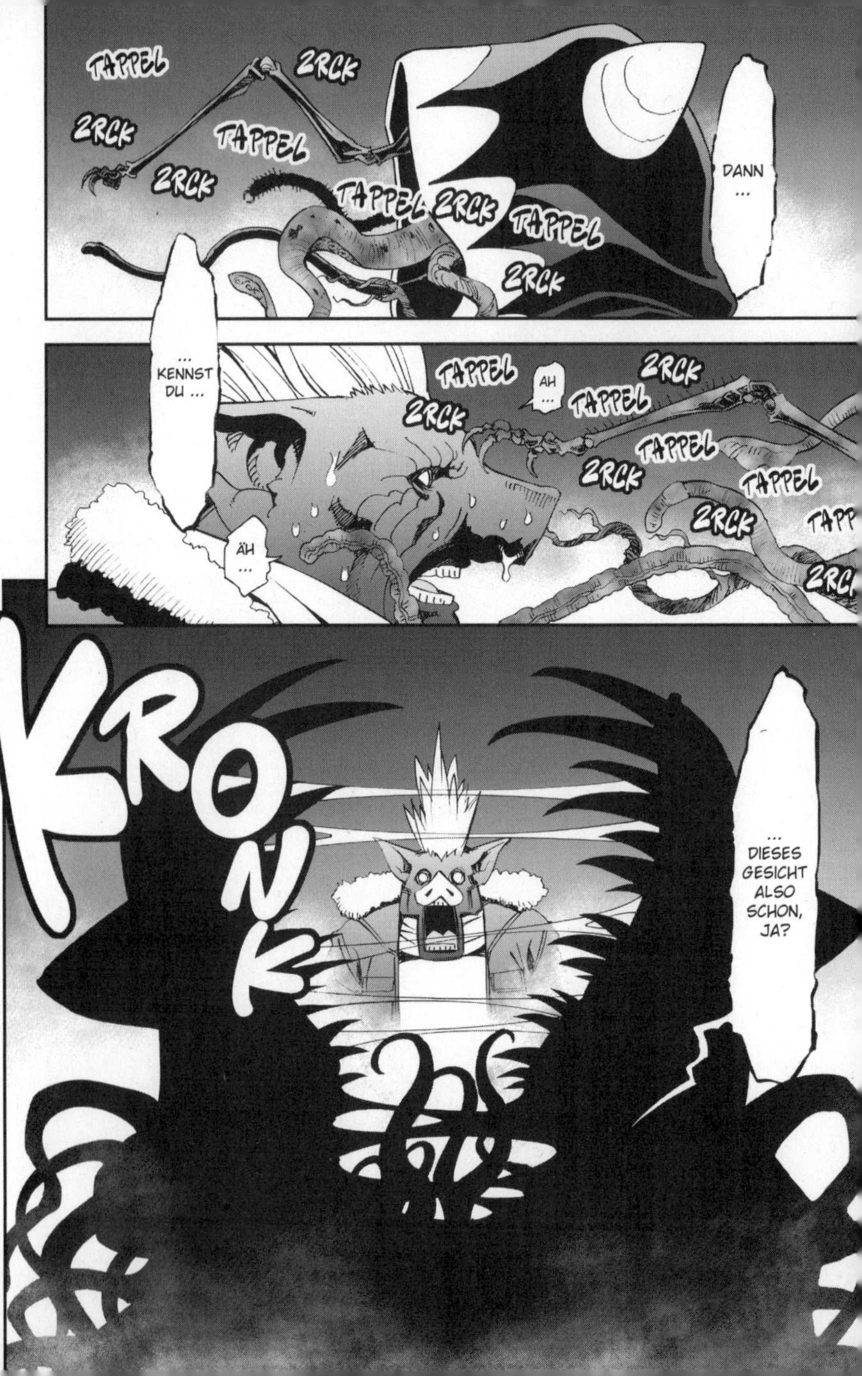
DANN ...
... KENNST DU ...
TAPPEL
ZRCK
TAPPEL
ZRCK
AH ...
ÄH ...
KRONK
... DIESES GESICHT ALSO SCHON, JA?

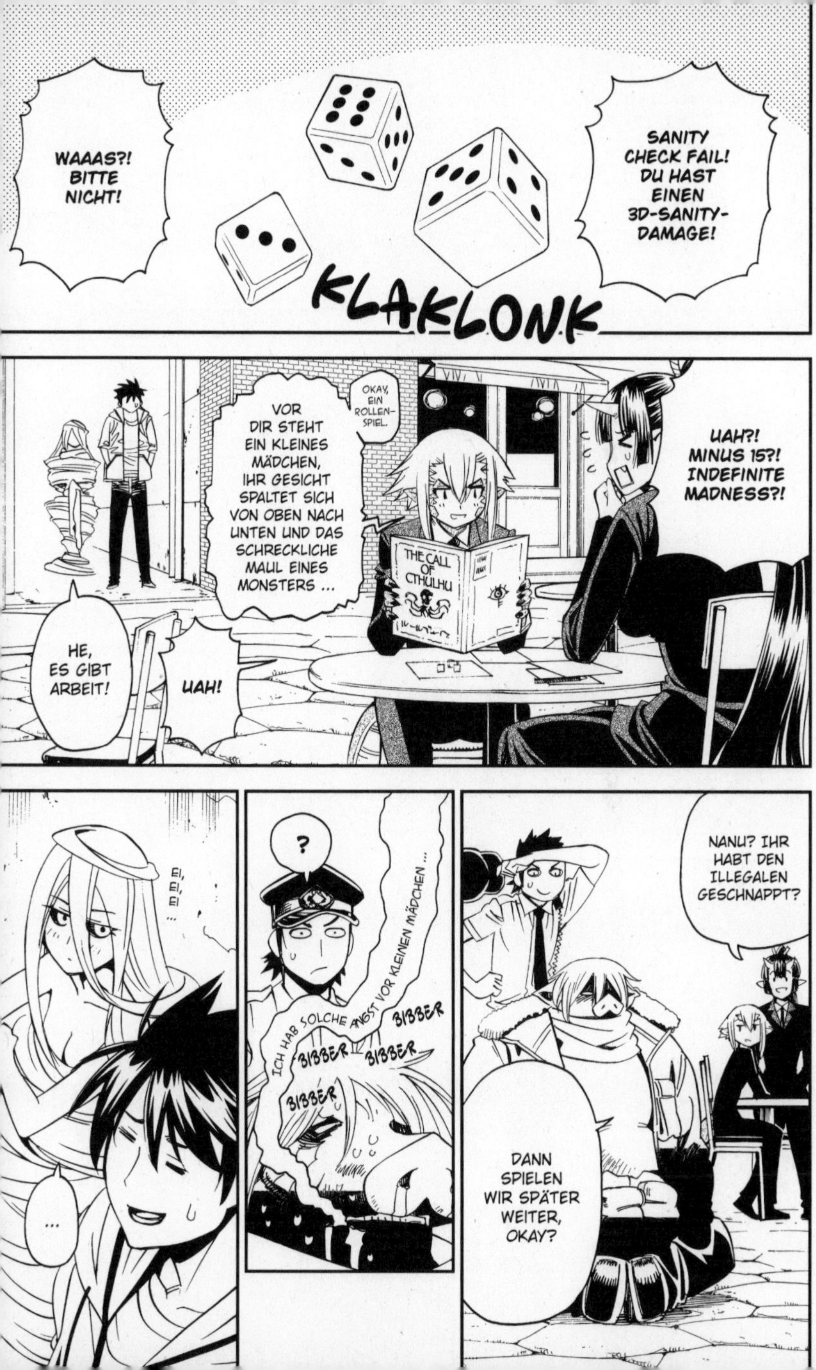
SANITY CHECK FAIL! DU HAST EINEN 3D-SANITY-DAMAGE!
WAAAS?! BITTE NICHT!
KLAKLONK
UAH?! MINUS 15?! INDEFINITE MADNESS?!
OKAY, EIN ROLLEN-SPIEL.
VOR DIR STEHT EIN KLEINES MÄDCHEN, IHR GESICHT SPALTET SICH VON OBEN NACH UNTEN UND DAS SCHRECKLICHE MAUL EINES MONSTERS ...
THE CALL OF CTHULHU
UAH!
HE, ES GIBT ARBEIT!
NANU? IHR HABT DEN ILLEGALEN GESCHNAPPT?
DANN SPIELEN WIR SPÄTER WEITER, OKAY?
?
ICH HAB SOLCHE ANGST VOR KLEINEN MÄDCHEN ...
BIBBER
BIBBER
BIBBER
BIBBER
EI, EI, EI ...
...

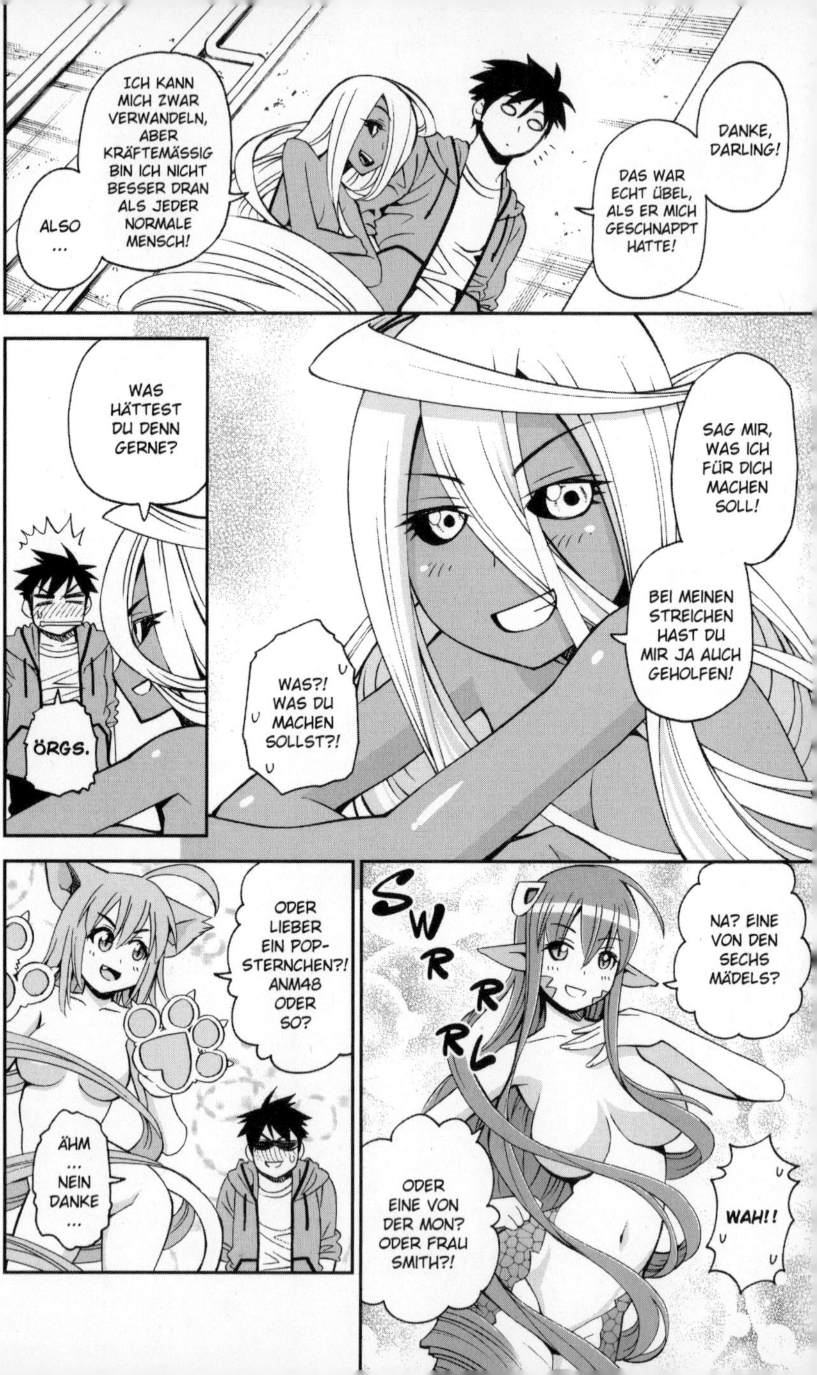
DANKE, DARLING!
DAS WAR ECHT ÜBEL, ALS ER MICH GESCHNAPPT HATTE!
ICH KANN MICH ZWAR VERWANDELN, ABER KRÄFTEMÄSSIG BIN ICH NICHT BESSER DRAN ALS JEDER NORMALE MENSCH!
ALSO ...
SAG MIR, WAS ICH FÜR DICH MACHEN SOLL!
BEI MEINEN STREICHEN HAST DU MIR JA AUCH GEHOLFEN!
WAS?! WAS DU MACHEN SOLLST?!
WAS HÄTTEST DU DENN GERNE?
ÖRGS.
SWRRRRL
NA? EINE VON DEN SECHS MÄDELS?
WAH!!
ODER EINE VON DER MON? ODER FRAU SMITH?!
ODER LIEBER EIN POP-STERNCHEN?! ANM48 ODER SO?
ÄHM ... NEIN DANKE ...

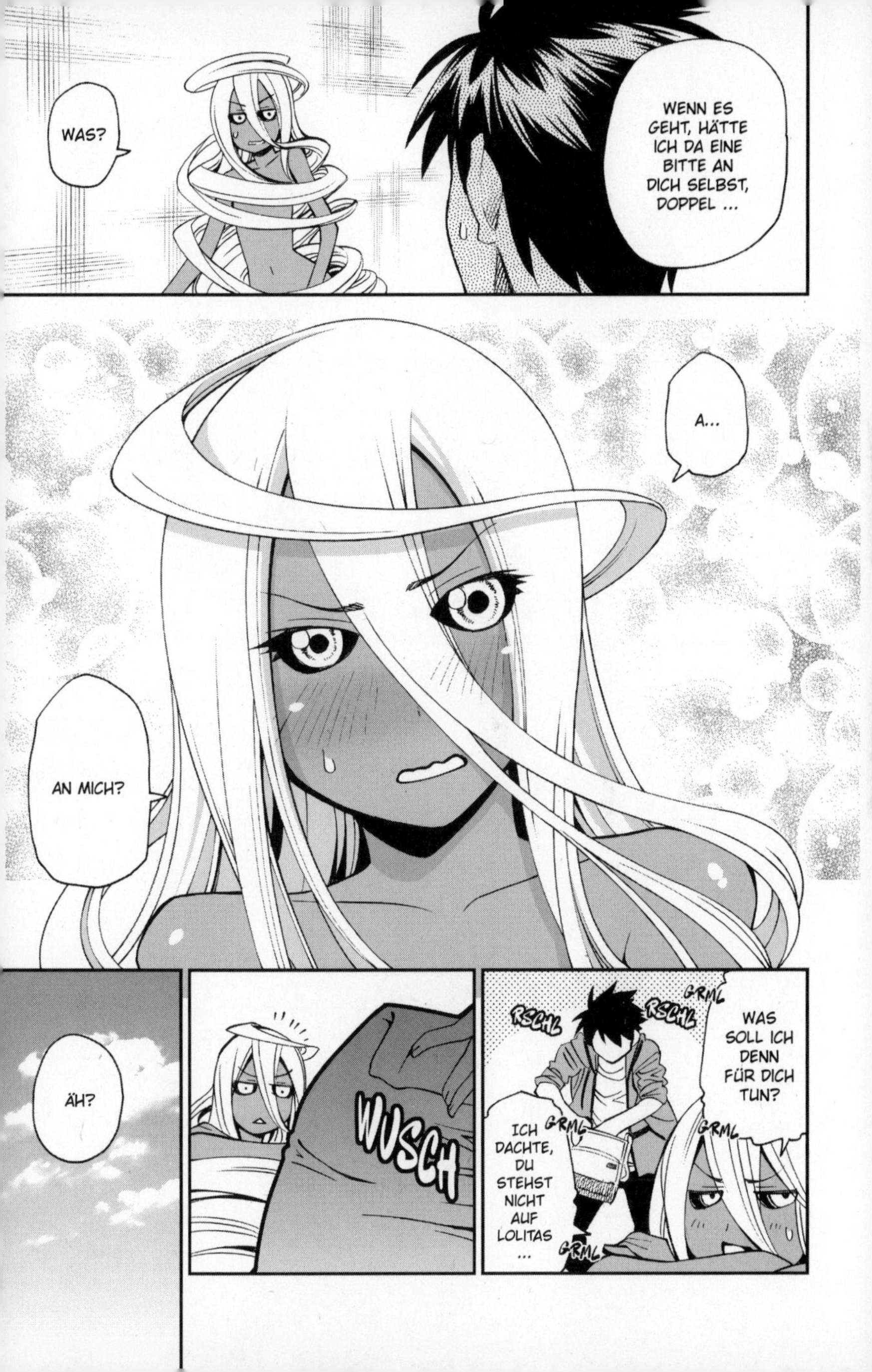
WENN ES GEHT, HÄTTE ICH DA EINE BITTE AN DICH SELBST, DOPPEL …
WAS?
A…
AN MICH?
RSCHL
RSCHL
GRML
WAS SOLL ICH DENN FÜR DICH TUN?
GRML
GRML
ICH DACHTE, DU STEHST NICHT AUF LOLITAS …
GRML
WUSCH
ÄH?

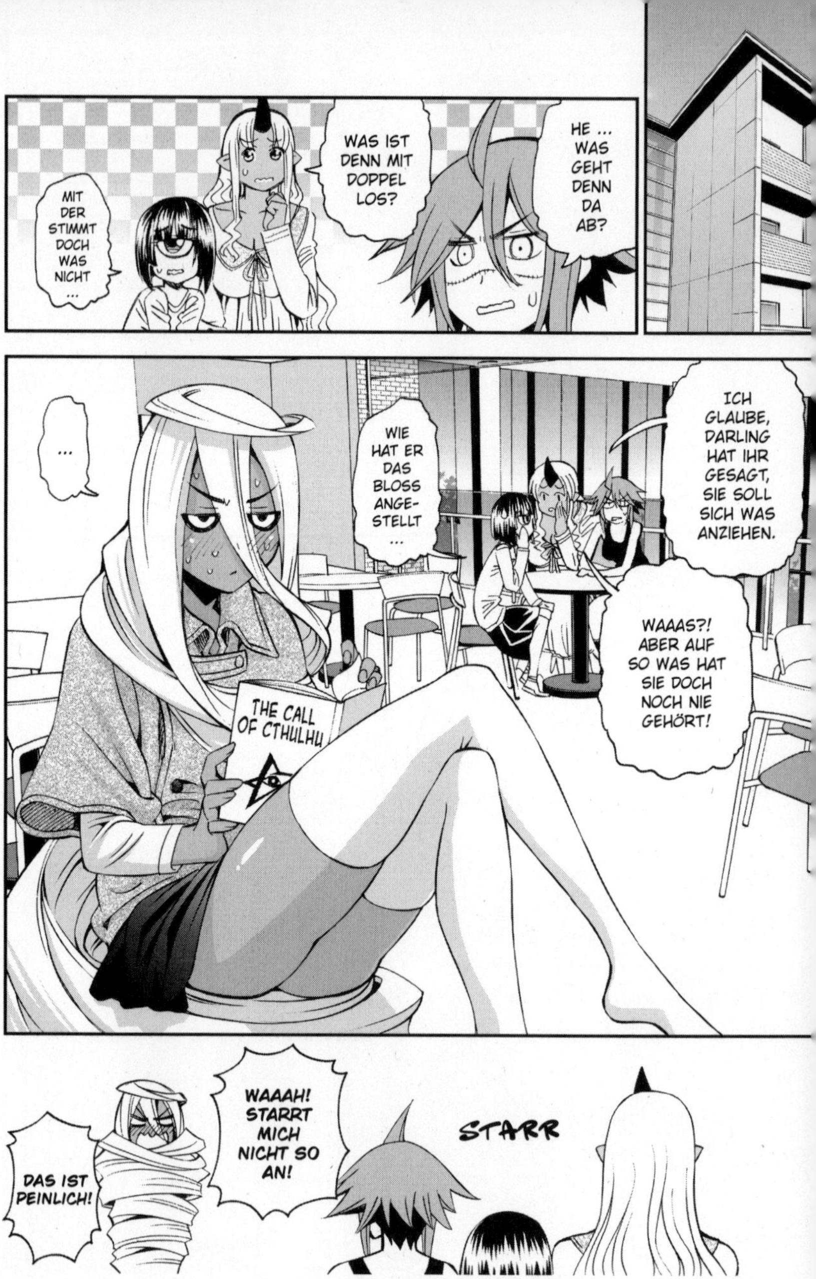
HE ... WAS GEHT DENN DA AB?
WAS IST DENN MIT DOPPEL LOS?
MIT DER STIMMT DOCH WAS NICHT ...
ICH GLAUBE, DARLING HAT IHR GESAGT, SIE SOLL SICH WAS ANZIEHEN.
WAAAS?! ABER AUF SO WAS HAT SIE DOCH NOCH NIE GEHÖRT!
WIE HAT ER DAS BLOSS ANGE-STELLT ...
...
THE CALL OF CTHULHU
STARR
WAAAH! STARRT MICH NICHT SO AN!
DAS IST PEINLICH!

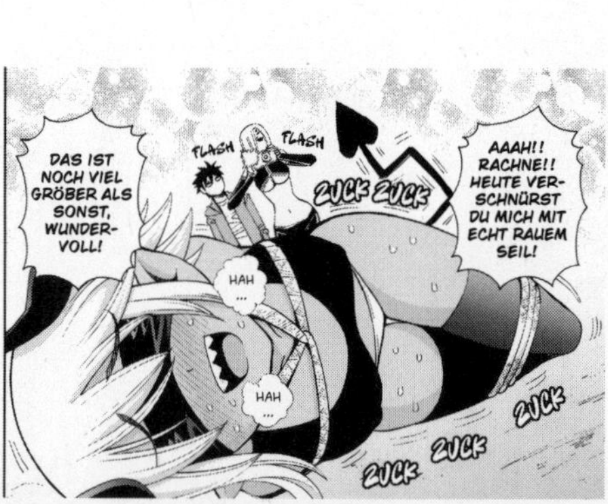
AAAH!! RACHNE!! HEUTE VER-SCHNÜRST DU MICH MIT ECHT RAUEM SEIL!
ZUCK ZUCK
FLASH
FLASH
DAS IST NOCH VIEL GRÖBER ALS SONST, WUNDER-VOLL!
HAH ...
HAH ...
ZUCK
ZUCK
ZUCK

Kapitel 41

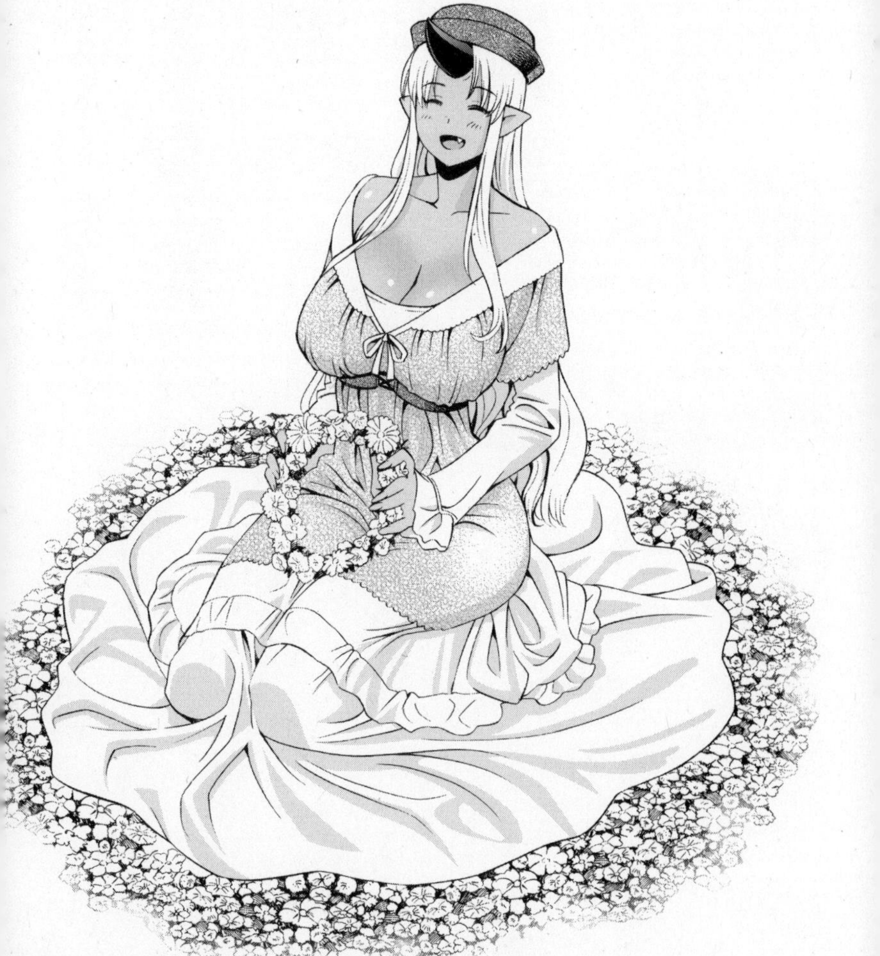

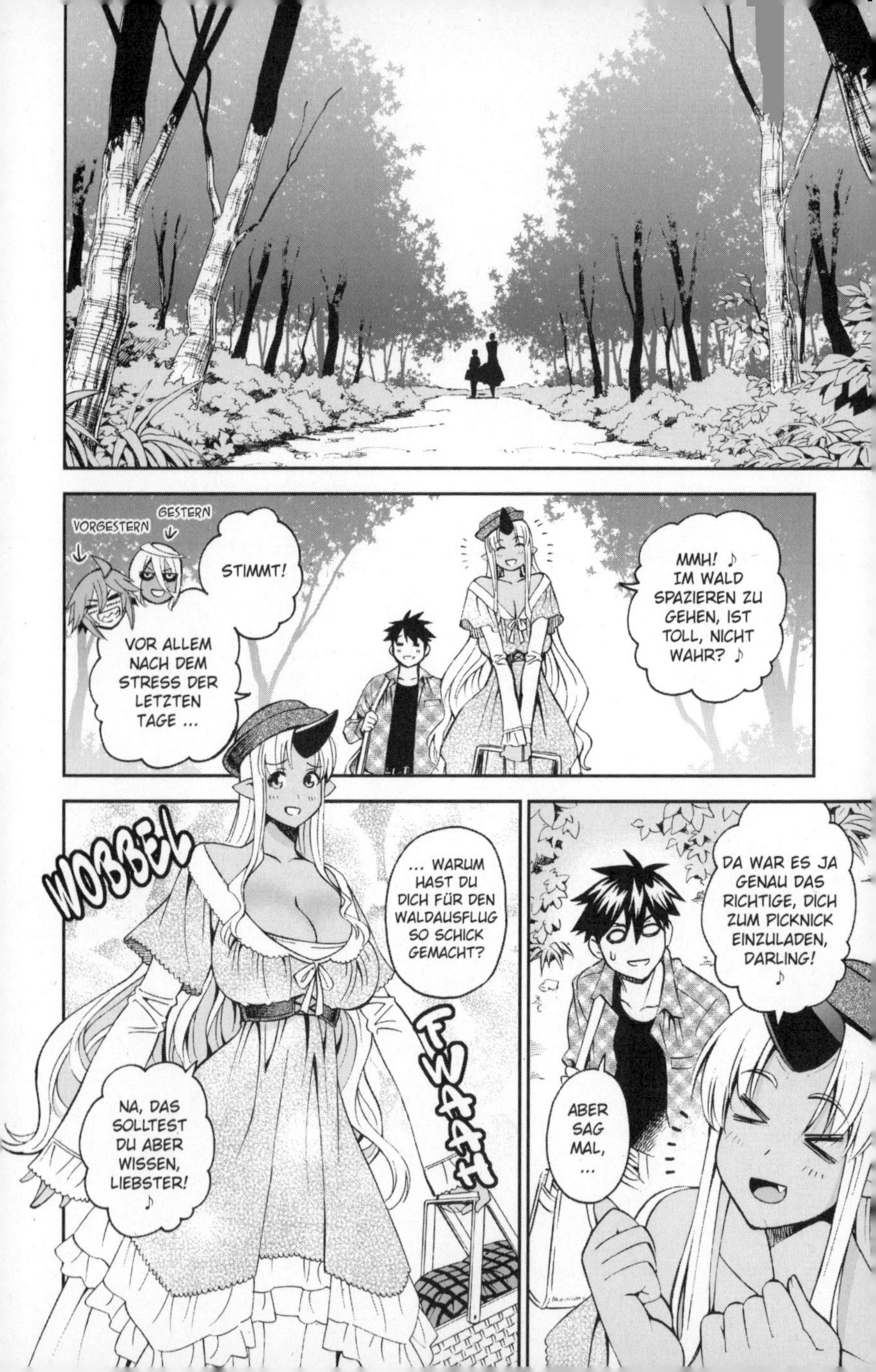
MMH! ♪ IM WALD SPAZIEREN ZU GEHEN, IST TOLL, NICHT WAHR? ♪
STIMMT!
VOR ALLEM NACH DEM STRESS DER LETZTEN TAGE ...
GESTERN
VORGESTERN
DA WAR ES JA GENAU DAS RICHTIGE, DICH ZUM PICKNICK EINZULADEN, DARLING! ♪
ABER SAG MAL, ...
... WARUM HAST DU DICH FÜR DEN WALDAUSFLUG SO SCHICK GEMACHT?
WOBBEL
FWAAH
NA, DAS SOLLTEST DU ABER WISSEN, LIEBSTER! ♪

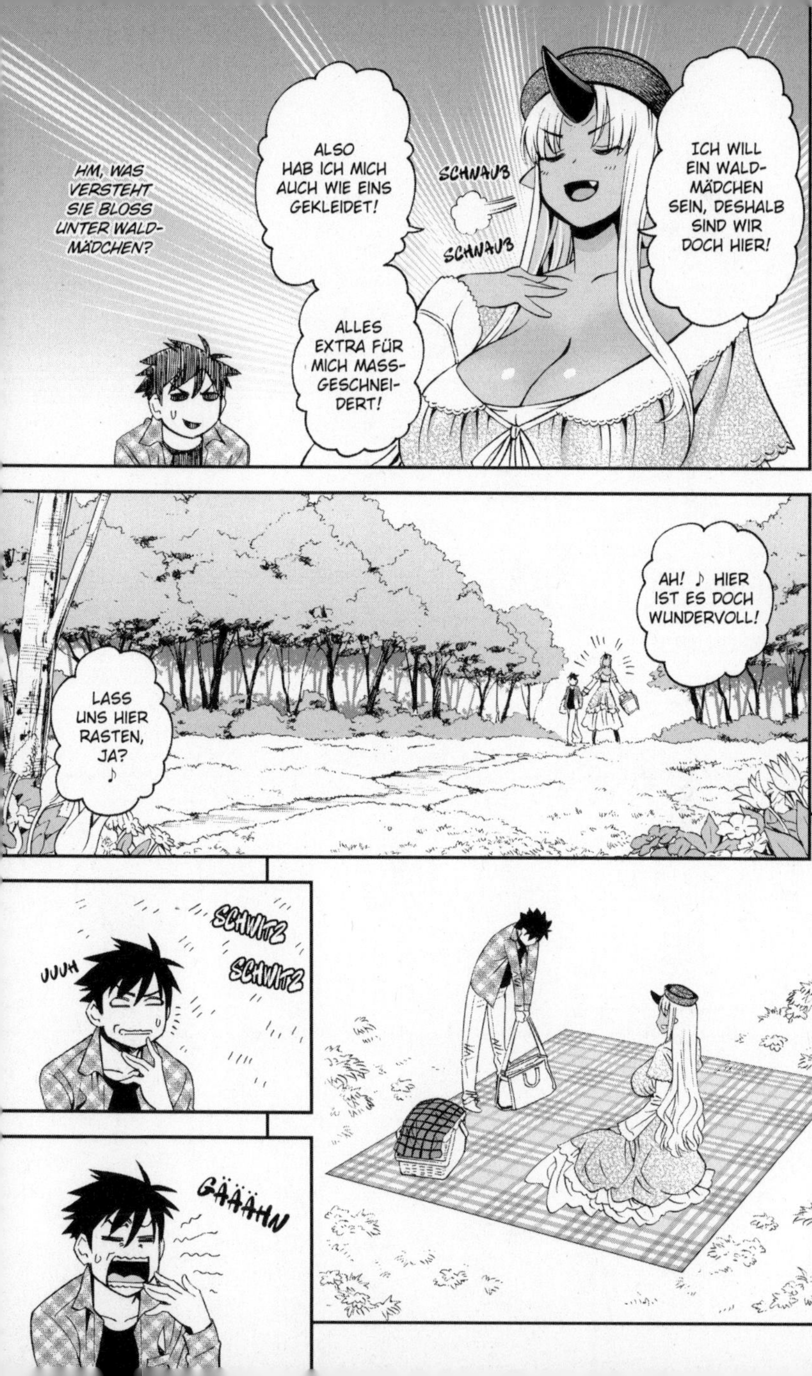
ICH WILL EIN WALD-MÄDCHEN SEIN, DESHALB SIND WIR DOCH HIER!
SCHNAUB
SCHNAUB
ALSO HAB ICH MICH AUCH WIE EINS GEKLEIDET!
ALLES EXTRA FÜR MICH MASS-GESCHNEI-DERT!
HM, WAS VERSTEHT SIE BLOSS UNTER WALD-MÄDCHEN?
AH! ♪ HIER IST ES DOCH WUNDERVOLL!
LASS UNS HIER RASTEN, JA? ♪
SCHWITZ
SCHWITZ
UUUH
GÄÄÄHN

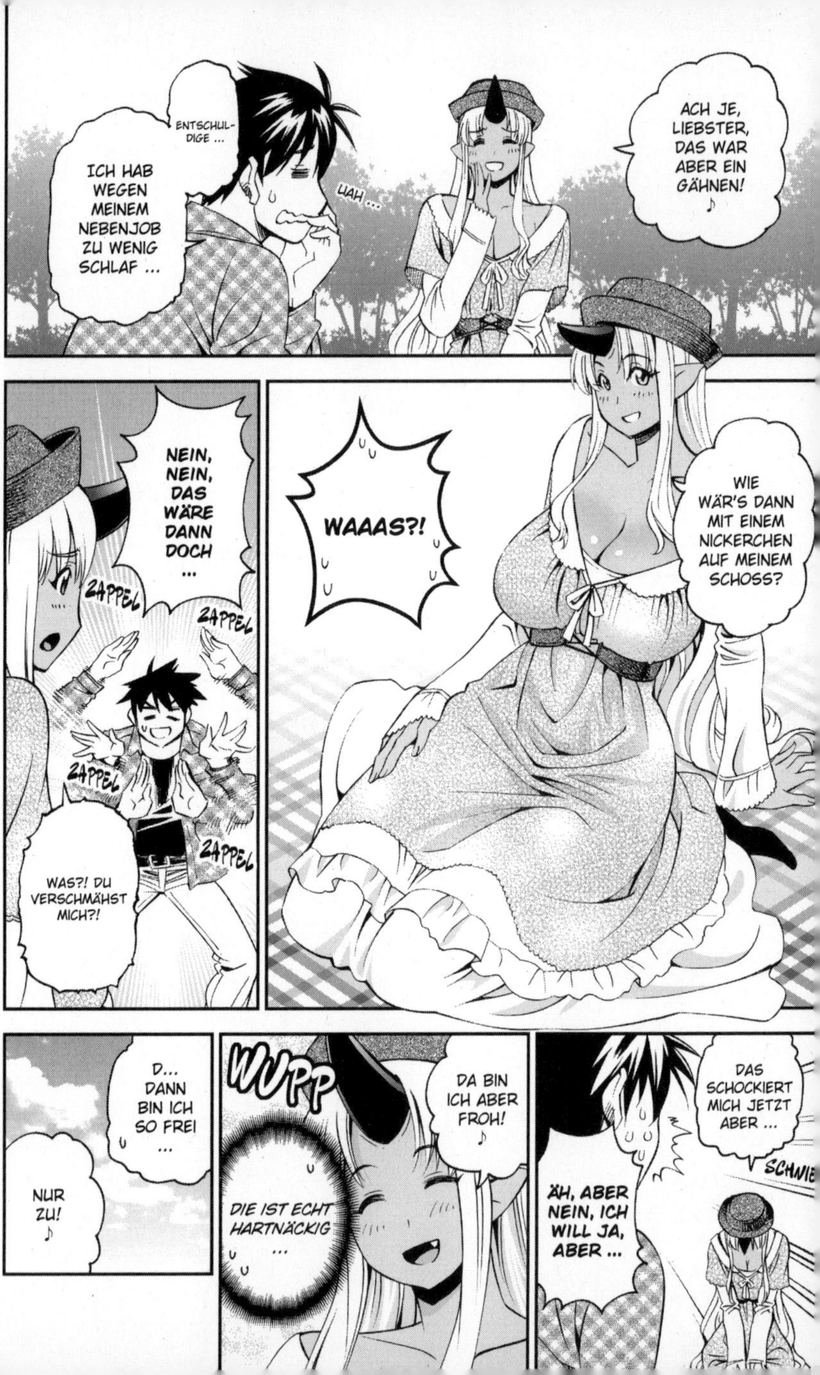
ACH JE, LIEBSTER, DAS WAR ABER EIN GÄHNEN! ♪
UAH ...
ENTSCHULDIGE ...
ICH HAB WEGEN MEINEM NEBENJOB ZU WENIG SCHLAF ...
WIE WÄR'S DANN MIT EINEM NICKERCHEN AUF MEINEM SCHOSS?
WAAAS?!
NEIN, NEIN, DAS WÄRE DANN DOCH ...
ZAPPEL
ZAPPEL
ZAPPEL
ZAPPEL
WAS?! DU VERSCHMÄHST MICH?!
DAS SCHOCKIERT MICH JETZT ABER ...
SCHWIE
ÄH, ABER NEIN, ICH WILL JA, ABER ...
WUPP
DA BIN ICH ABER FROH! ♪
DIE IST ECHT HARTNÄCKIG ...
D... DANN BIN ICH SO FREI ...
NUR ZU! ♪

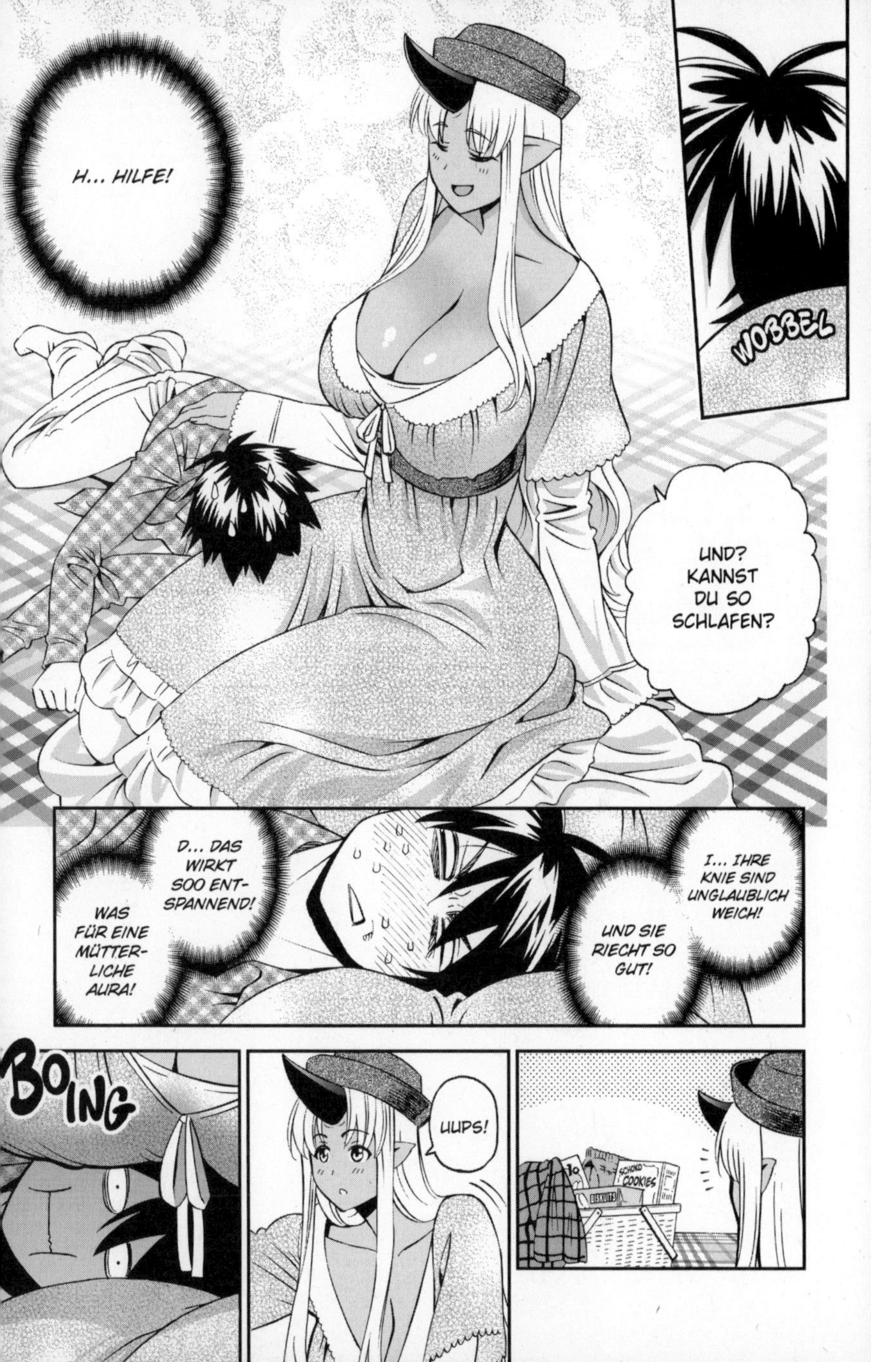
WOBBEL
UND? KANNST DU SO SCHLAFEN?
H... HILFE!
I... IHRE KNIE SIND UNGLAUBLICH WEICH!
UND SIE RIECHT SO GUT!
D... DAS WIRKT SOO ENT-SPANNEND!
WAS FÜR EINE MÜTTER-LICHE AURA!
SCHOKO COOKIES
BISKUITS
UUPS!
BOING

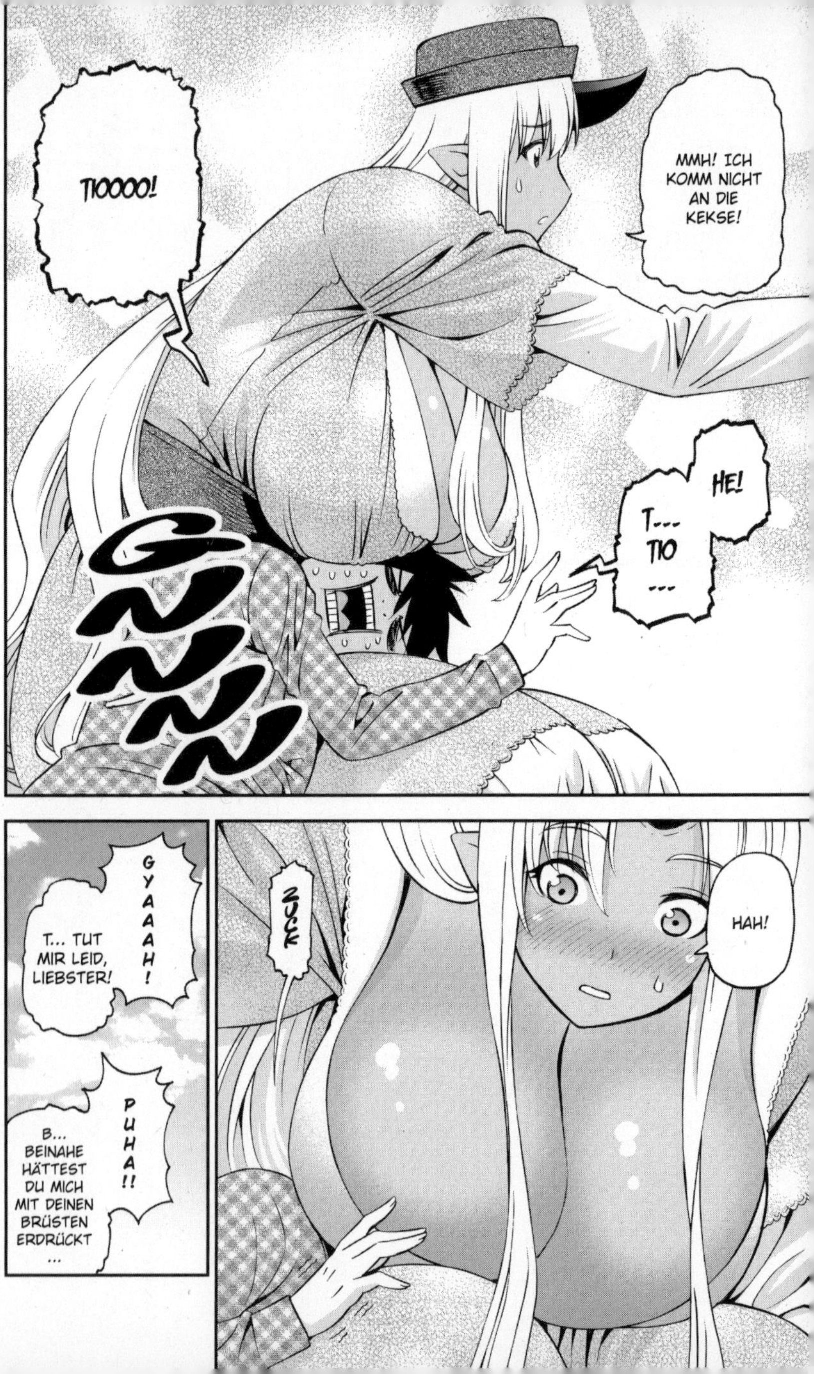
MMH! ICH KOMM NICHT AN DIE KEKSE!
TIOOOO!
HE!
T... TIO ...
GNNNN
HAH!
ZUCK
GYAAAAH!
T... TUT MIR LEID, LIEBSTER!
PUHA!!
B... BEINAHE HÄTTEST DU MICH MIT DEINEN BRÜSTEN ERDRÜCKT ...

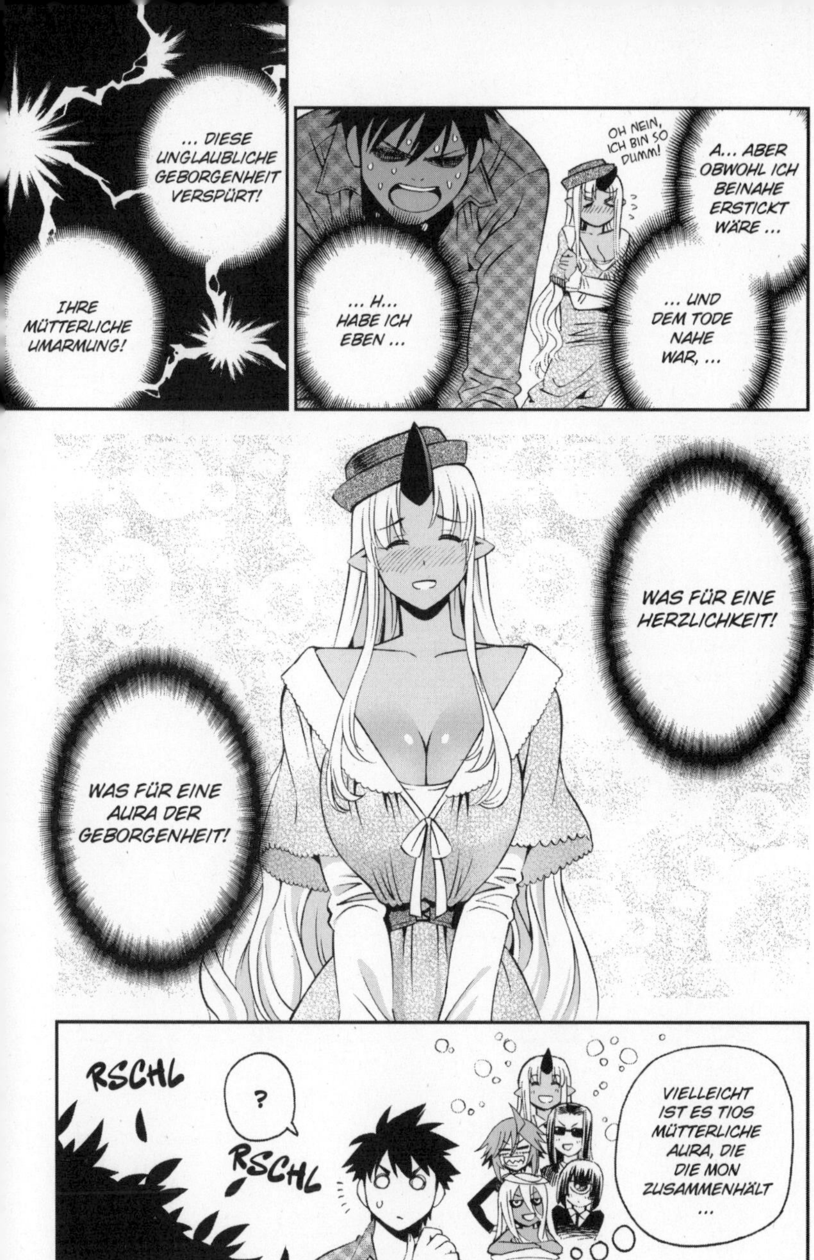

OH NEIN, ICH BIN SO DUMM!
A... ABER OBWOHL ICH BEINAHE ERSTICKT WÄRE ...
... UND DEM TODE NAHE WAR, ...
... H... HABE ICH EBEN ...
... DIESE UNGLAUBLICHE GEBORGENHEIT VERSPÜRT!
IHRE MÜTTERLICHE UMARMUNG!
WAS FÜR EINE HERZLICHKEIT!
WAS FÜR EINE AURA DER GEBORGENHEIT!
VIELLEICHT IST ES TIOS MÜTTERLICHE AURA, DIE DIE MON ZUSAMMENHÄLT ...
?
RSCHL
RSCHL

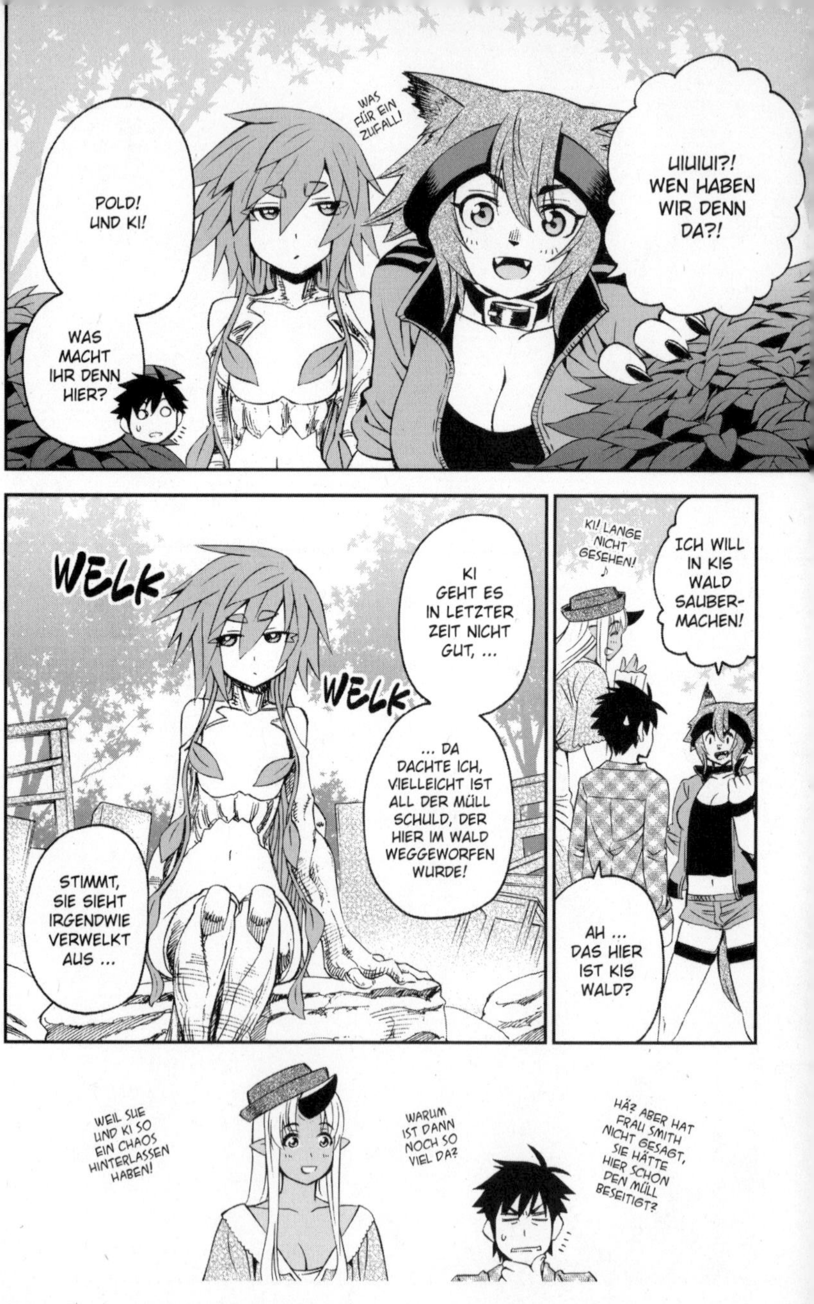
UIUIUI?! WEN HABEN WIR DENN DA?!
WAS FÜR EIN ZUFALL!
POLD! UND KI!
WAS MACHT IHR DENN HIER?
ICH WILL IN KIS WALD SAUBER-MACHEN!
KI! LANGE NICHT GESEHEN! ♪
AH ... DAS HIER IST KIS WALD?
KI GEHT ES IN LETZTER ZEIT NICHT GUT, ...
... DA DACHTE ICH, VIELLEICHT IST ALL DER MÜLL SCHULD, DER HIER IM WALD WEGGEWORFEN WURDE!
WELK
WELK
STIMMT, SIE SIEHT IRGENDWIE VERWELKT AUS ...
HÄ? ABER HAT FRAU SMITH NICHT GESAGT, SIE HÄTTE HIER SCHON DEN MÜLL BESEITIGT?
WARUM IST DANN NOCH SO VIEL DA?
WEIL SUE UND KI SO EIN CHAOS HINTERLASSEN HABEN!

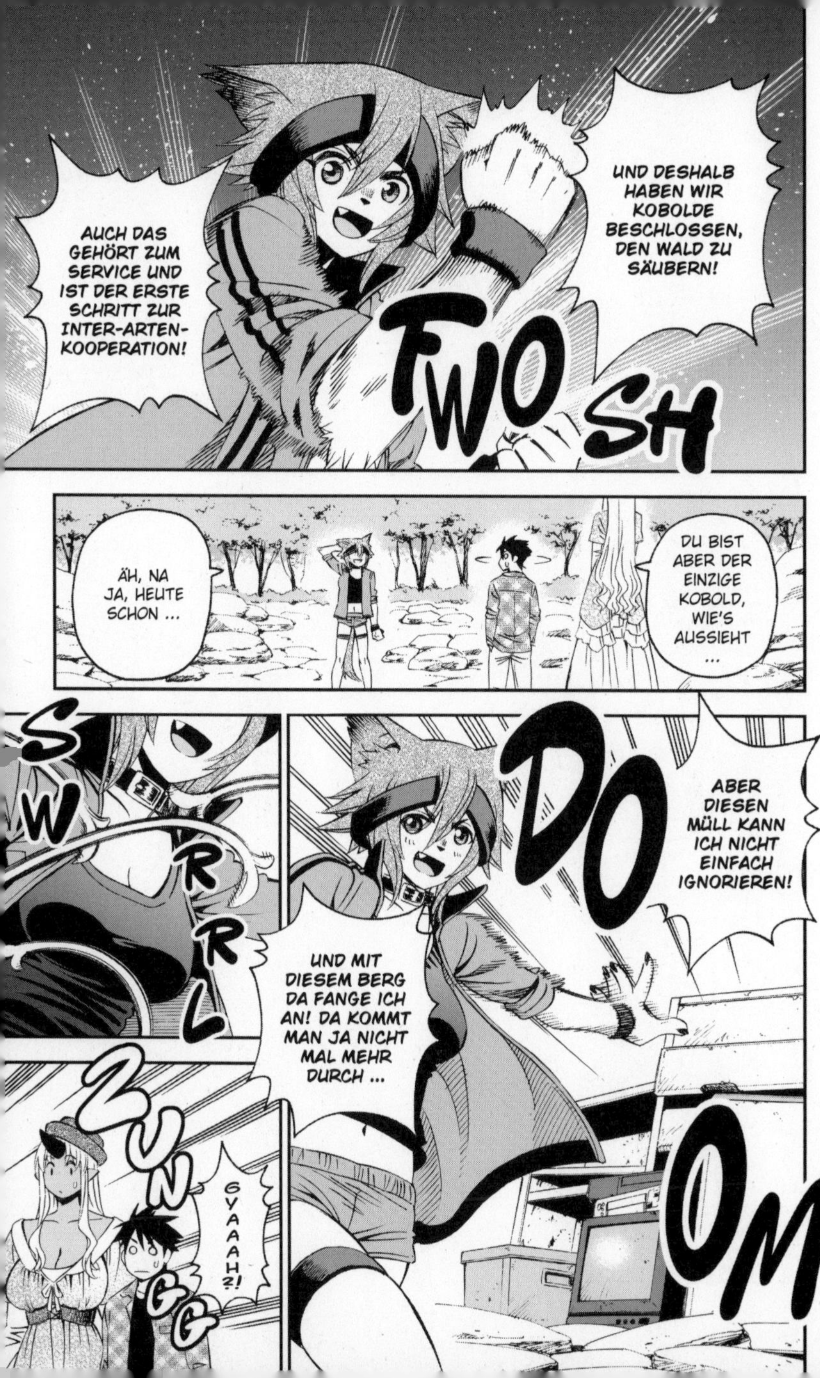
UND DESHALB HABEN WIR KOBOLDE BESCHLOSSEN, DEN WALD ZU SÄUBERN!
AUCH DAS GEHÖRT ZUM SERVICE UND IST DER ERSTE SCHRITT ZUR INTER-ARTEN-KOOPERATION!
FWOSH
DU BIST ABER DER EINZIGE KOBOLD, WIE'S AUSSIEHT ...
ÄH, NA JA, HEUTE SCHON ...
DOOOM
ABER DIESEN MÜLL KANN ICH NICHT EINFACH IGNORIEREN!
UND MIT DIESEM BERG DA FANGE ICH AN! DA KOMMT MAN JA NICHT MAL MEHR DURCH ...
SWRRRL
ZUNGG
GYAAAAH?!

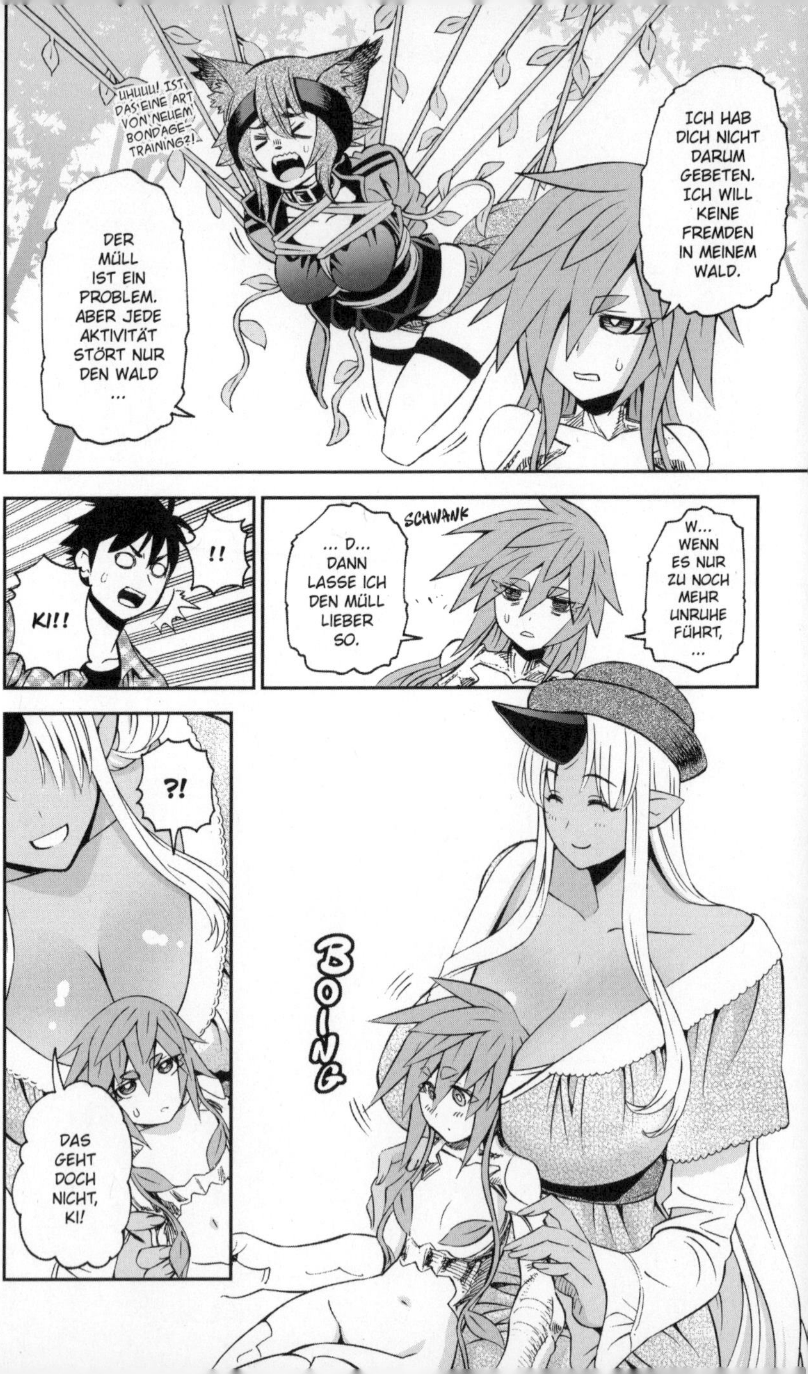
ICH HAB DICH NICHT DARUM GEBETEN. ICH WILL KEINE FREMDEN IN MEINEM WALD.
UHUUU! IST DAS EINE ART VON NEUEM BONDAGE-TRAINING?!
DER MÜLL IST EIN PROBLEM. ABER JEDE AKTIVITÄT STÖRT NUR DEN WALD ...
W... WENN ES NUR ZU NOCH MEHR UNRUHE FÜHRT, ...
SCHWANK
... D... DANN LASSE ICH DEN MÜLL LIEBER SO.
!!
KI!!
BOING
?!
DAS GEHT DOCH NICHT, KI!

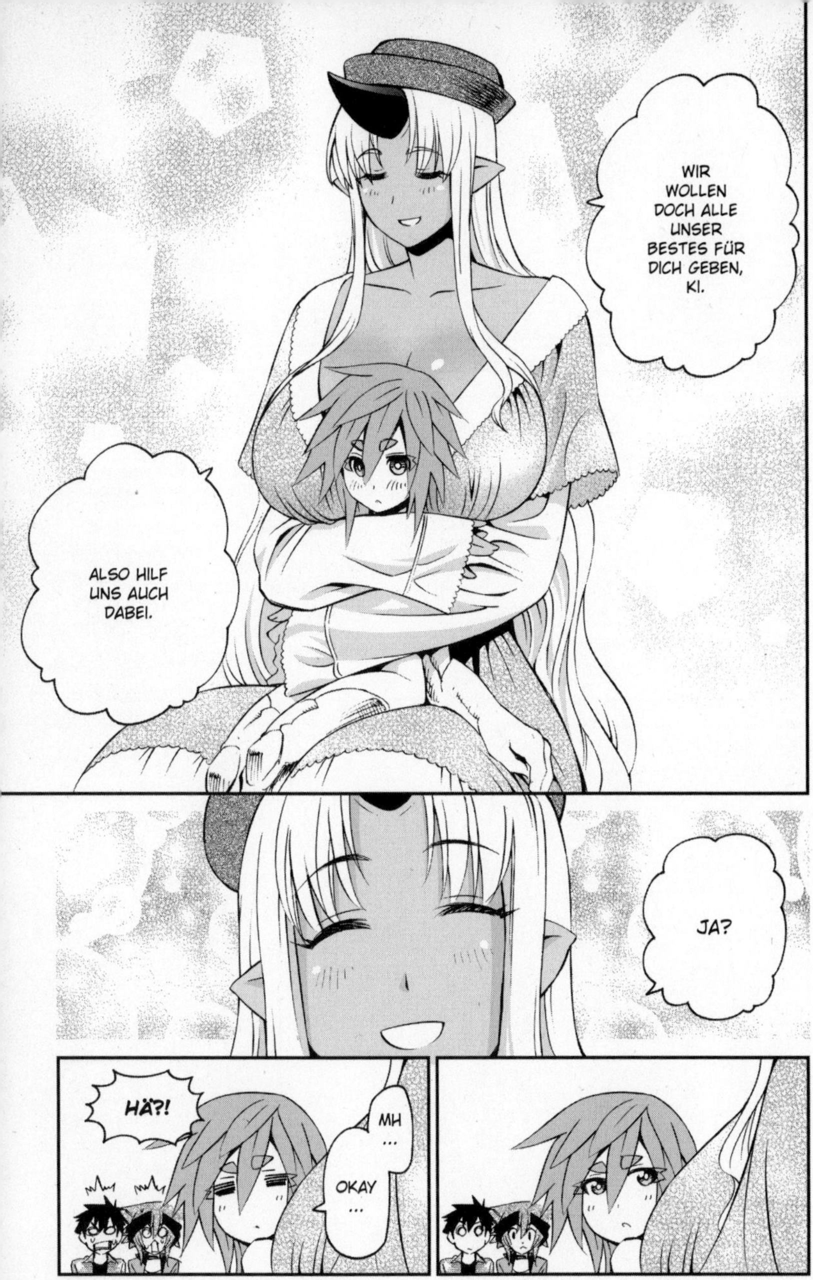
WIR WOLLEN DOCH ALLE UNSER BESTES FÜR DICH GEBEN, KI.
ALSO HILF UNS AUCH DABEI.
JA?
MH ... OKAY ...
HÄ?!

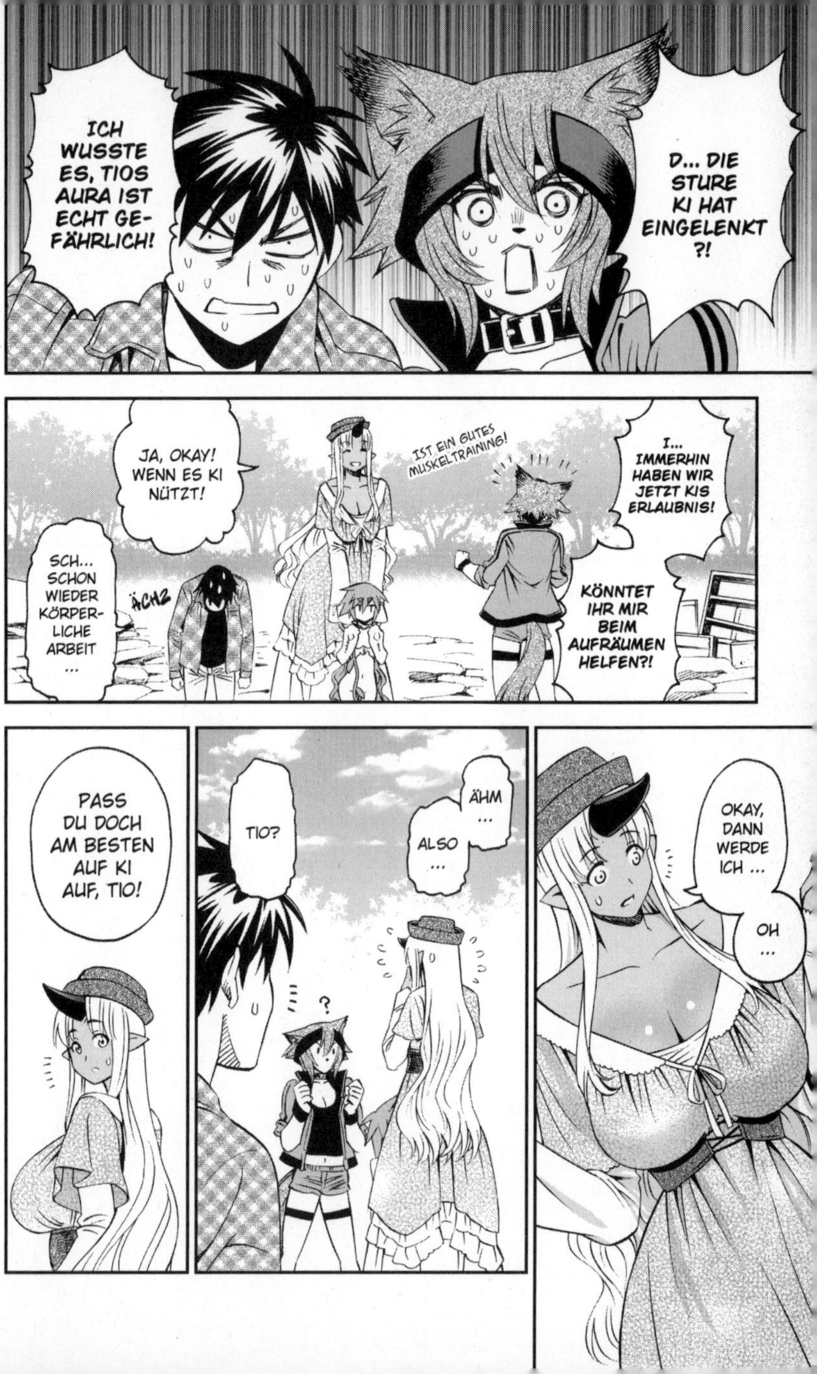
D... DIE STURE KI HAT EINGELENKT ?!
ICH WUSSTE ES, TIOS AURA IST ECHT GE-FÄHRLICH!
I... IMMERHIN HABEN WIR JETZT KIS ERLAUBNIS!
KÖNNTET IHR MIR BEIM AUFRÄUMEN HELFEN?!
IST EIN GUTES MUSKELTRAINING!
JA, OKAY! WENN ES KI NÜTZT!
SCH... SCHON WIEDER KÖRPER-LICHE ARBEIT ...
ÄCHZ
OKAY, DANN WERDE ICH ...
OH ...
ÄHM ...
ALSO ...
TIO?
PASS DU DOCH AM BESTEN AUF KI AUF, TIO!

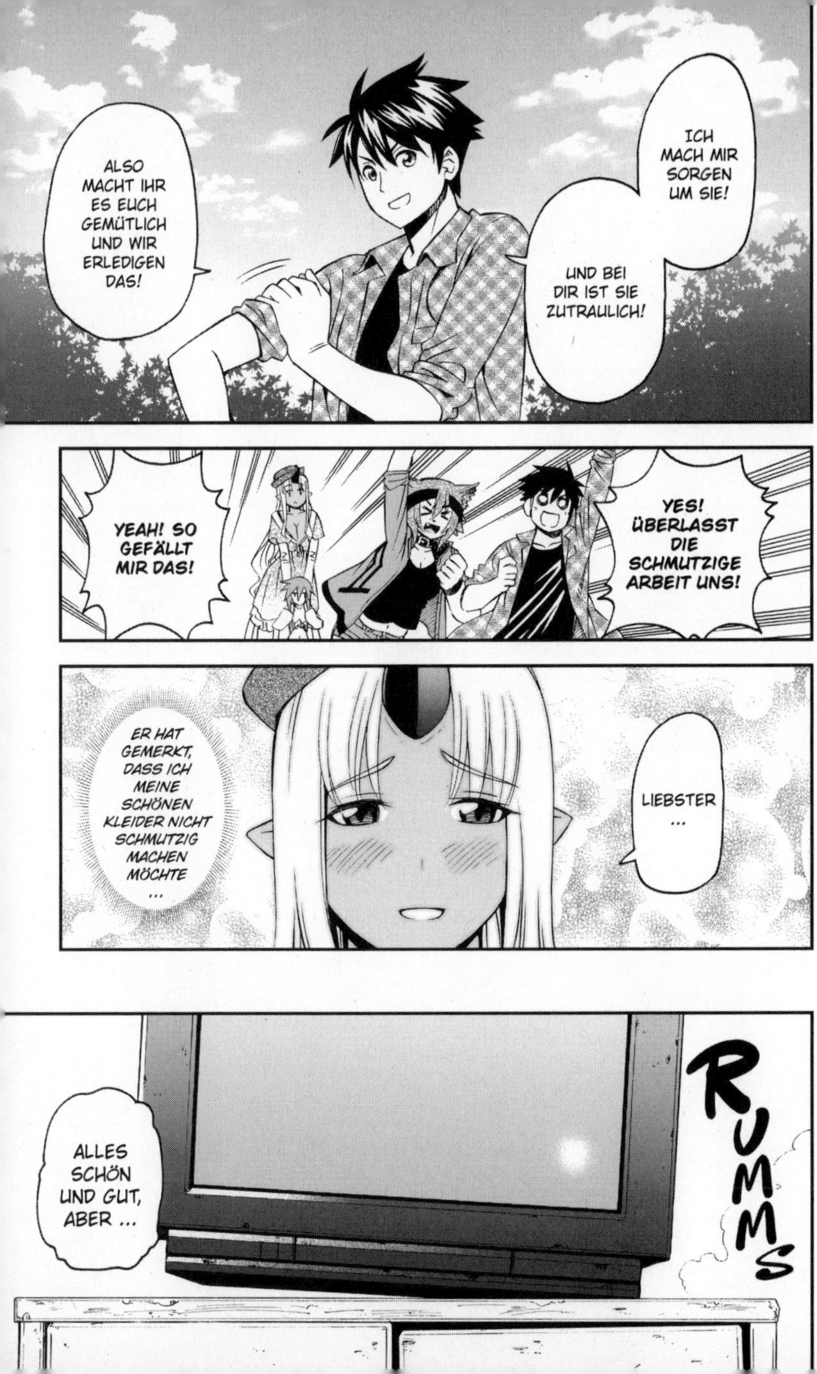
ICH MACH MIR SORGEN UM SIE!
UND BEI DIR IST SIE ZUTRAULICH!
ALSO MACHT IHR ES EUCH GEMÜTLICH UND WIR ERLEDIGEN DAS!
YES! ÜBERLASST DIE SCHMUTZIGE ARBEIT UNS!
YEAH! SO GEFÄLLT MIR DAS!
LIEBSTER …
ER HAT GEMERKT, DASS ICH MEINE SCHÖNEN KLEIDER NICHT SCHMUTZIG MACHEN MÖCHTE …
RUMMS
ALLES SCHÖN UND GUT, ABER …

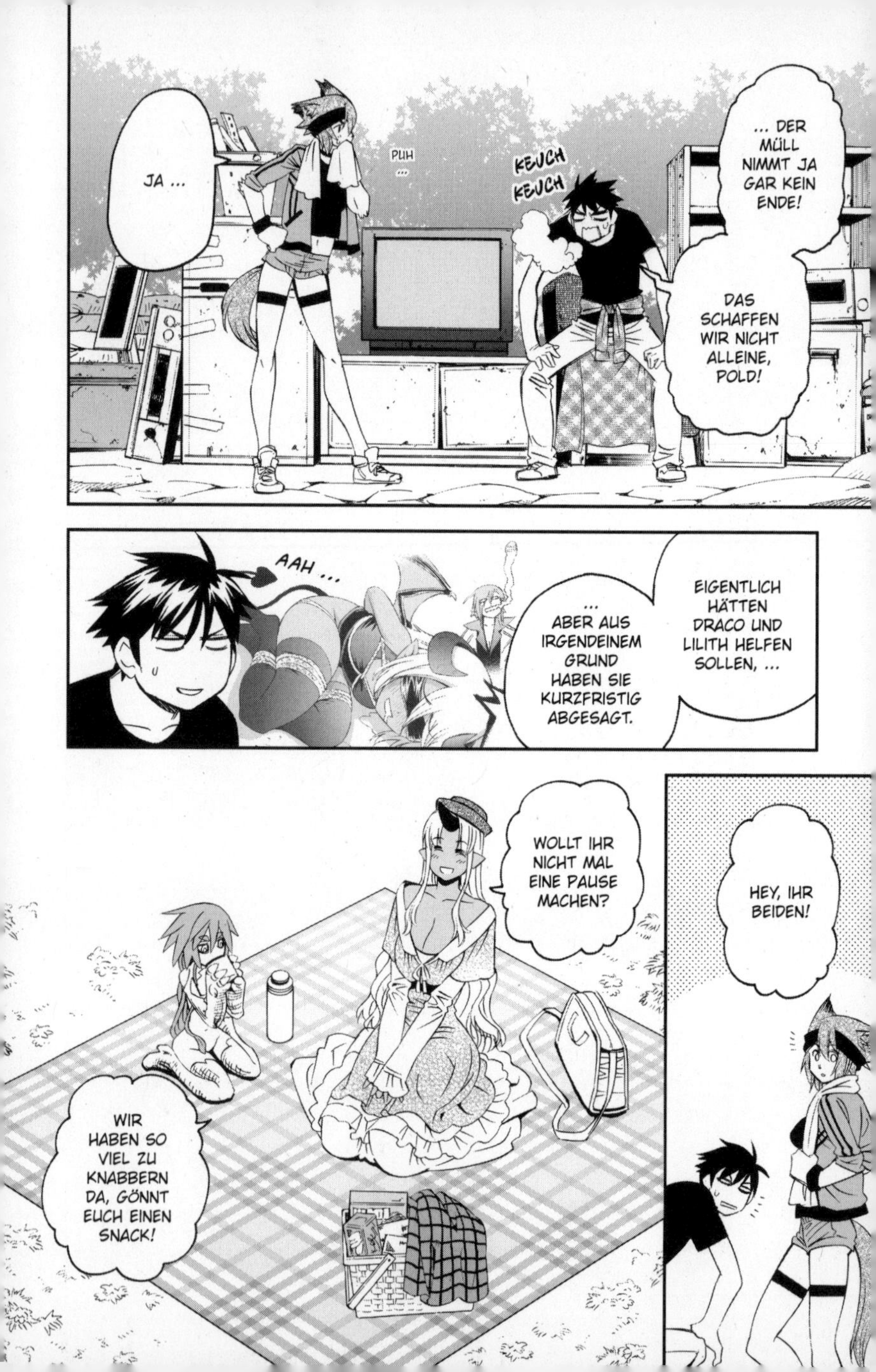

... DER MÜLL NIMMT JA GAR KEIN ENDE!
DAS SCHAFFEN WIR NICHT ALLEINE, POLD!
KEUCH KEUCH
PUH ...
JA ...
EIGENTLICH HÄTTEN DRACO UND LILITH HELFEN SOLLEN, ...
... ABER AUS IRGENDEINEM GRUND HABEN SIE KURZFRISTIG ABGESAGT.
AAH ...
HEY, IHR BEIDEN!
WOLLT IHR NICHT MAL EINE PAUSE MACHEN?
WIR HABEN SO VIEL ZU KNABBERN DA, GÖNNT EUCH EINEN SNACK!

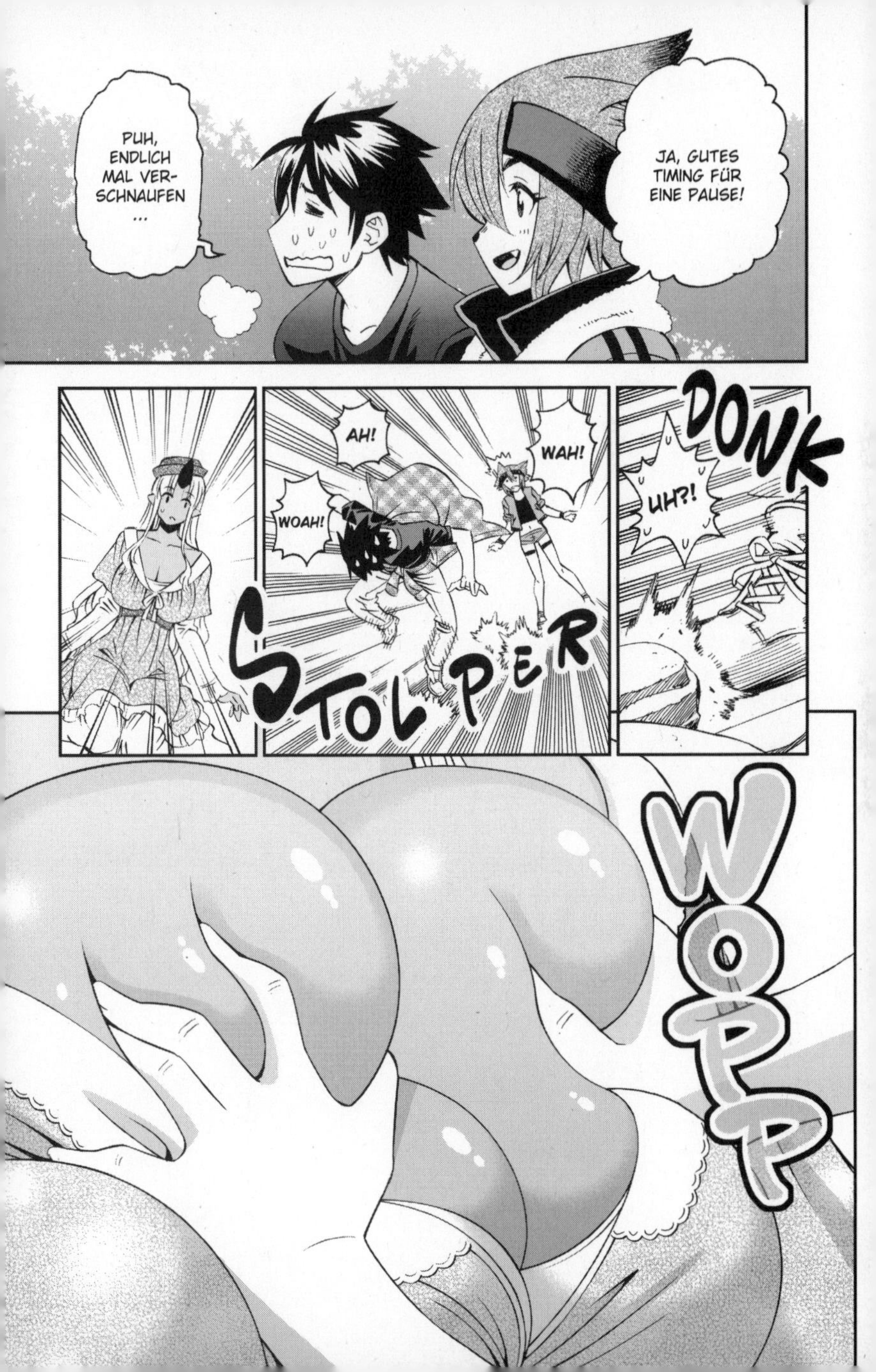
JA, GUTES TIMING FÜR EINE PAUSE!
PUH, ENDLICH MAL VER-SCHNAUFEN ...
DONK
UH?!
WAH!
AH!
WOAH!
STOLPER
WOPP

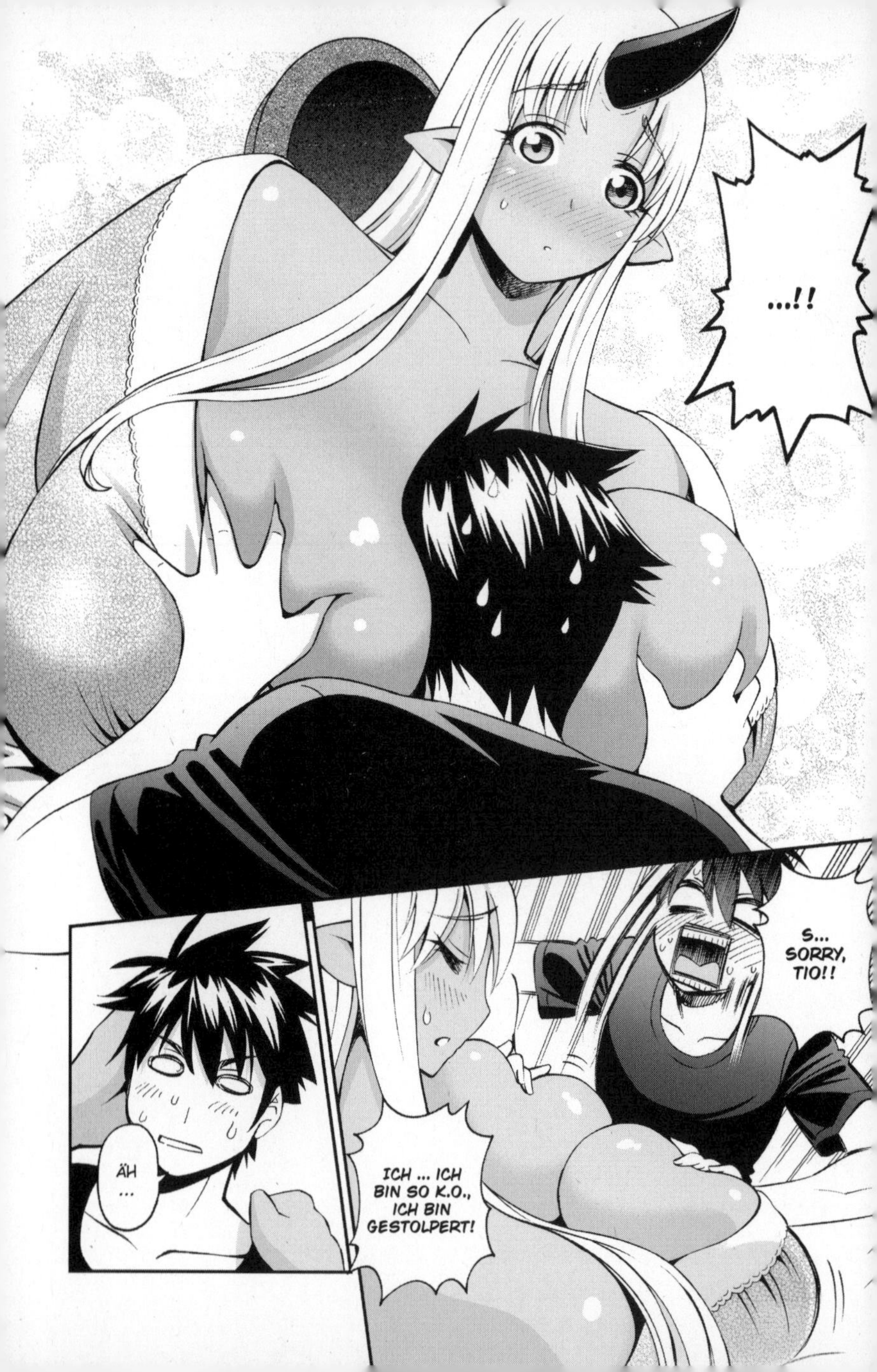
...!!
S... SORRY, TIO!!
ICH ... ICH BIN SO K.O., ICH BIN GESTOLPERT!
ÄH ...

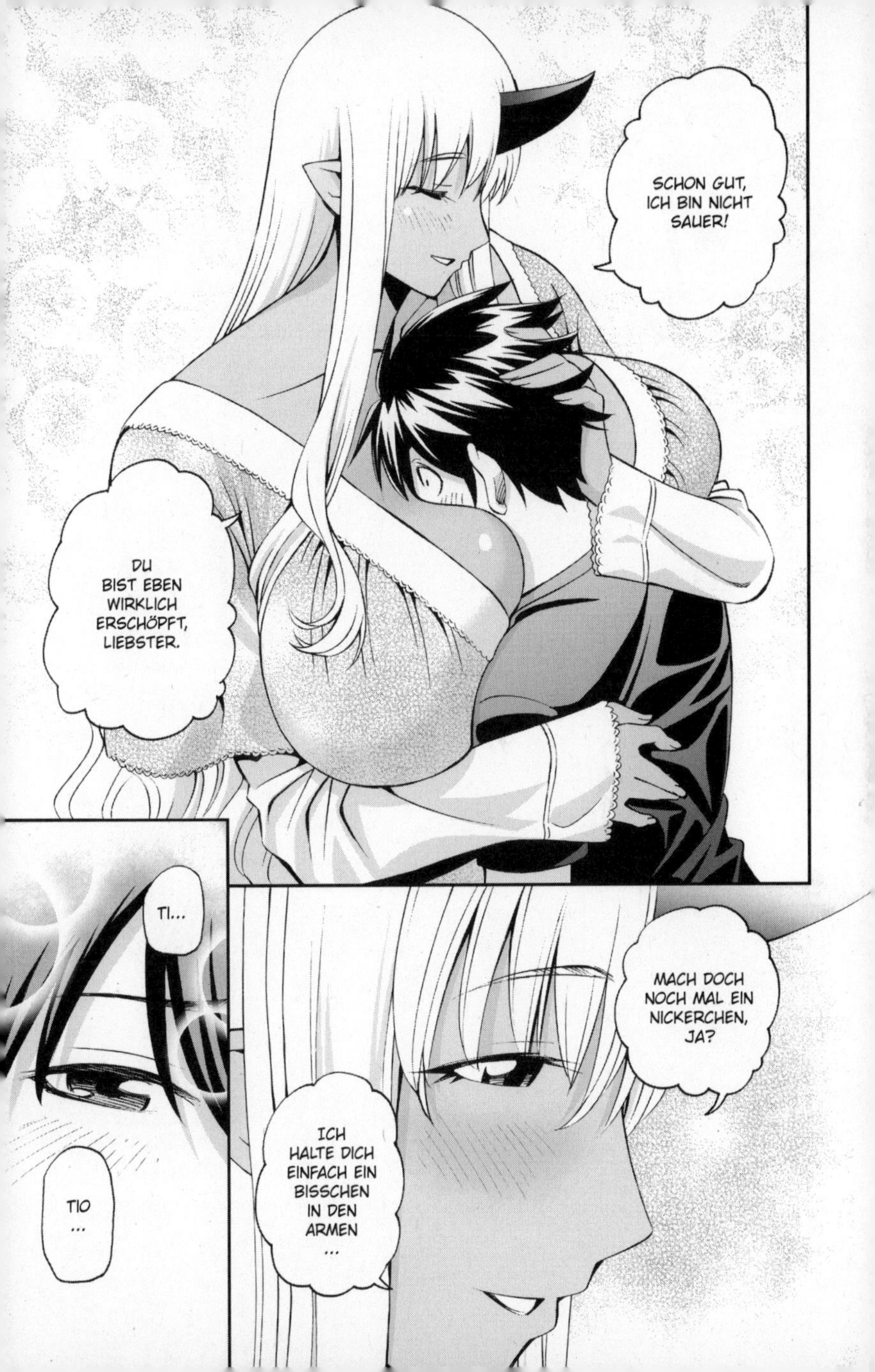
SCHON GUT, ICH BIN NICHT SAUER!
DU BIST EBEN WIRKLICH ERSCHÖPFT, LIEBSTER.
MACH DOCH NOCH MAL EIN NICKERCHEN, JA?
ICH HALTE DICH EINFACH EIN BISSCHEN IN DEN ARMEN …
TI…
TIO …

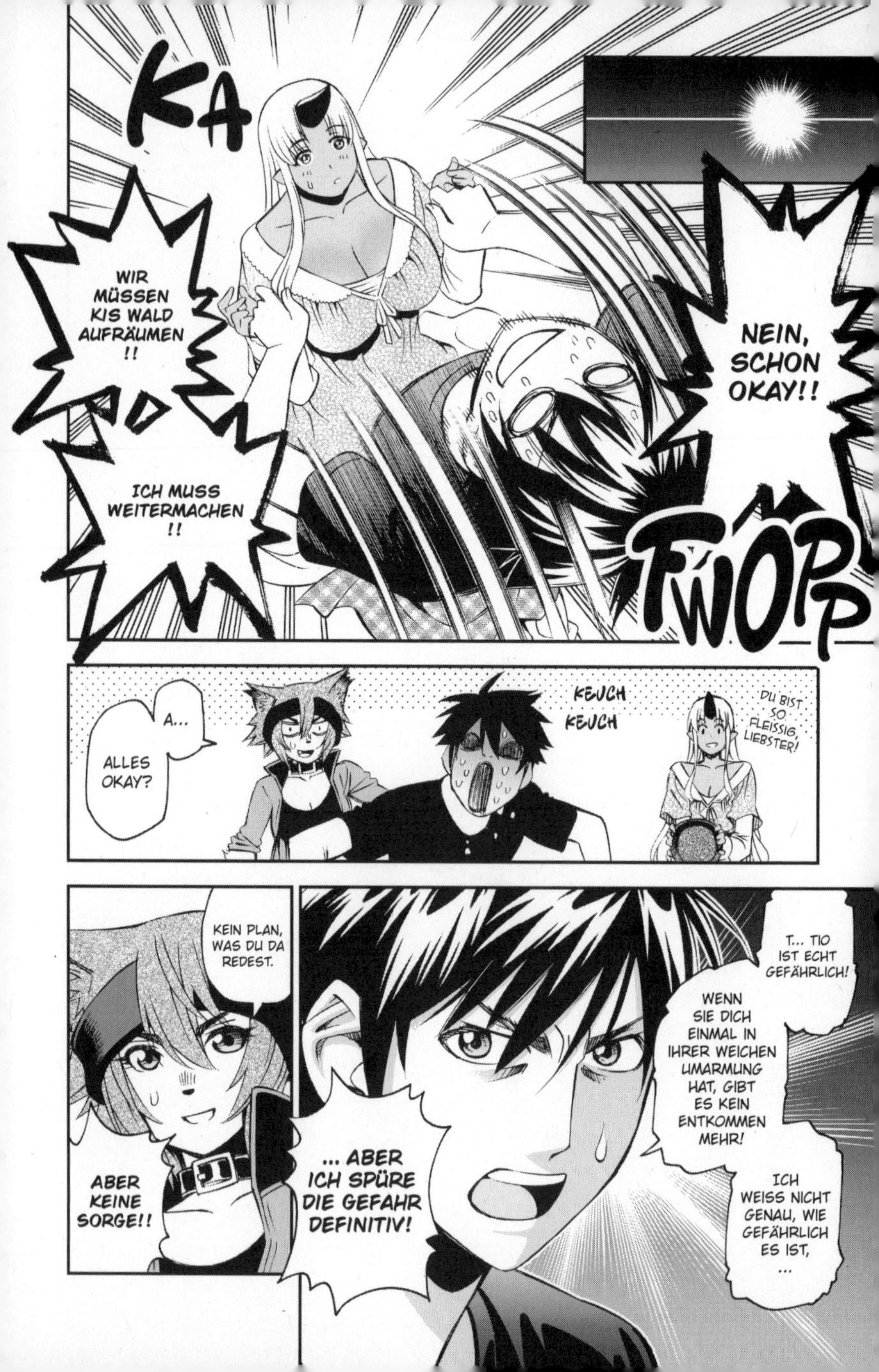

KA
WIR MÜSSEN KIS WALD AUFRÄUMEN !!
NEIN, SCHON OKAY!!
PO
ICH MUSS WEITERMACHEN !!
FWOPP
DU BIST SO FLEISSIG, LIEBSTER!
KEUCH KEUCH
A... ALLES OKAY?
T... TIO IST ECHT GEFÄHRLICH!
WENN SIE DICH EINMAL IN IHRER WEICHEN UMARMUNG HAT, GIBT ES KEIN ENTKOMMEN MEHR!
KEIN PLAN, WAS DU DA REDEST.
ICH WEISS NICHT GENAU, WIE GEFÄHRLICH ES IST, ...
... ABER ICH SPÜRE DIE GEFAHR DEFINITIV!
ABER KEINE SORGE!!

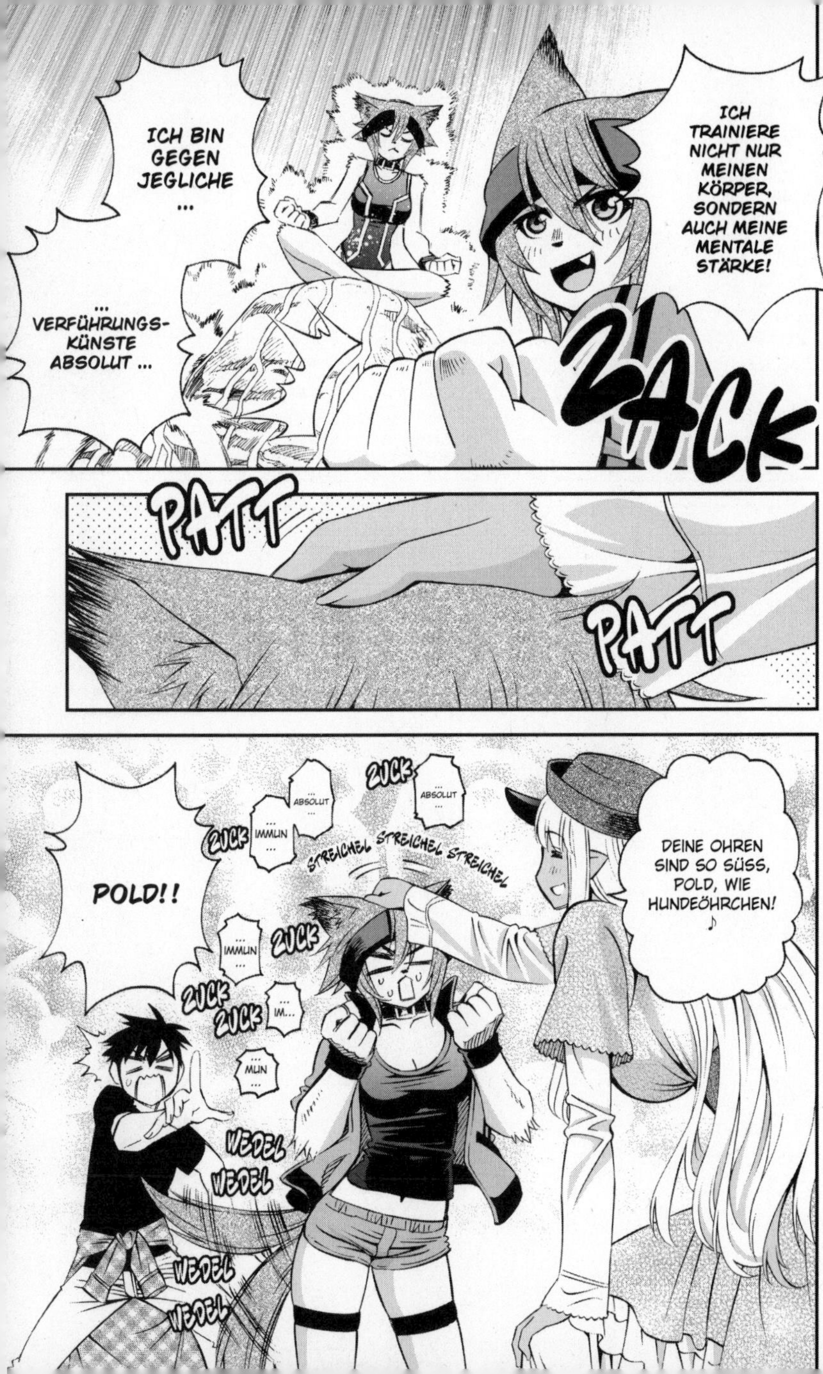
ICH TRAINIERE NICHT NUR MEINEN KÖRPER, SONDERN AUCH MEINE MENTALE STÄRKE!
ICH BIN GEGEN JEGLICHE ...
... VERFÜHRUNGS-KÜNSTE ABSOLUT ...
ZACK
PATT
PATT
DEINE OHREN SIND SO SÜSS, POLD, WIE HUNDEÖHRCHEN! ♪
STREICHEL STREICHEL STREICHEL
ZUCK
... ABSOLUT ...
... ABSOLUT ...
ZUCK
... IMMUN ...
ZUCK
... IMMUN ...
ZUCK
ZUCK
... IM...
... MUN ...
POLD!!
WEDEL
WEDEL
WEDEL
WEDEL

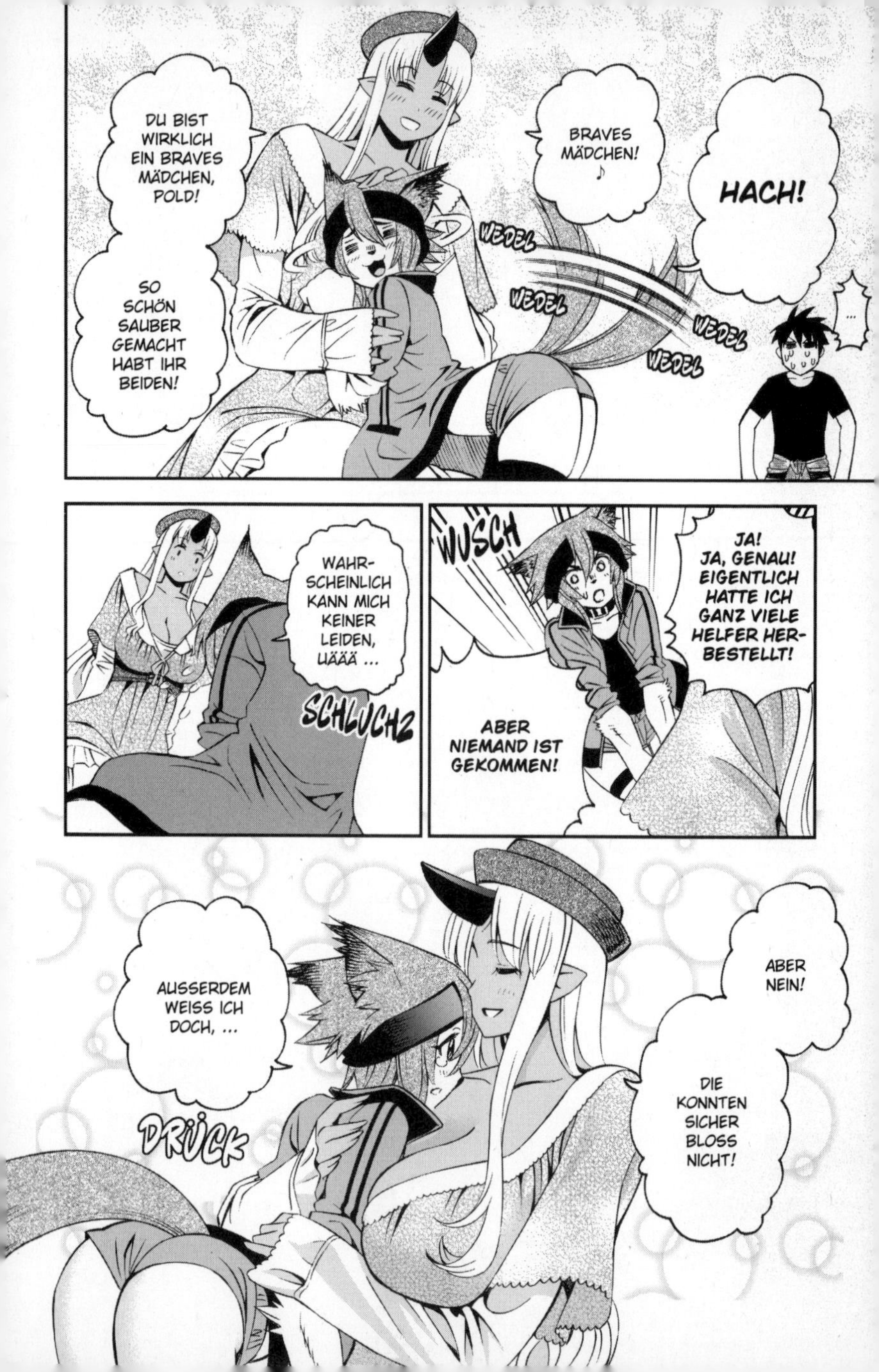
HACH!
BRAVES MÄDCHEN! ♪
DU BIST WIRKLICH EIN BRAVES MÄDCHEN, POLD!
SO SCHÖN SAUBER GEMACHT HABT IHR BEIDEN!
WEDEL
WEDEL
WEDEL
WEDEL
...
JA! JA, GENAU! EIGENTLICH HATTE ICH GANZ VIELE HELFER HER-BESTELLT!
WUSCH
ABER NIEMAND IST GEKOMMEN!
WAHR-SCHEINLICH KANN MICH KEINER LEIDEN, UÄÄÄ ...
SCHLUCHZ
ABER NEIN!
DIE KONNTEN SICHER BLOSS NICHT!
AUSSERDEM WEISS ICH DOCH, ...
DRÜCK

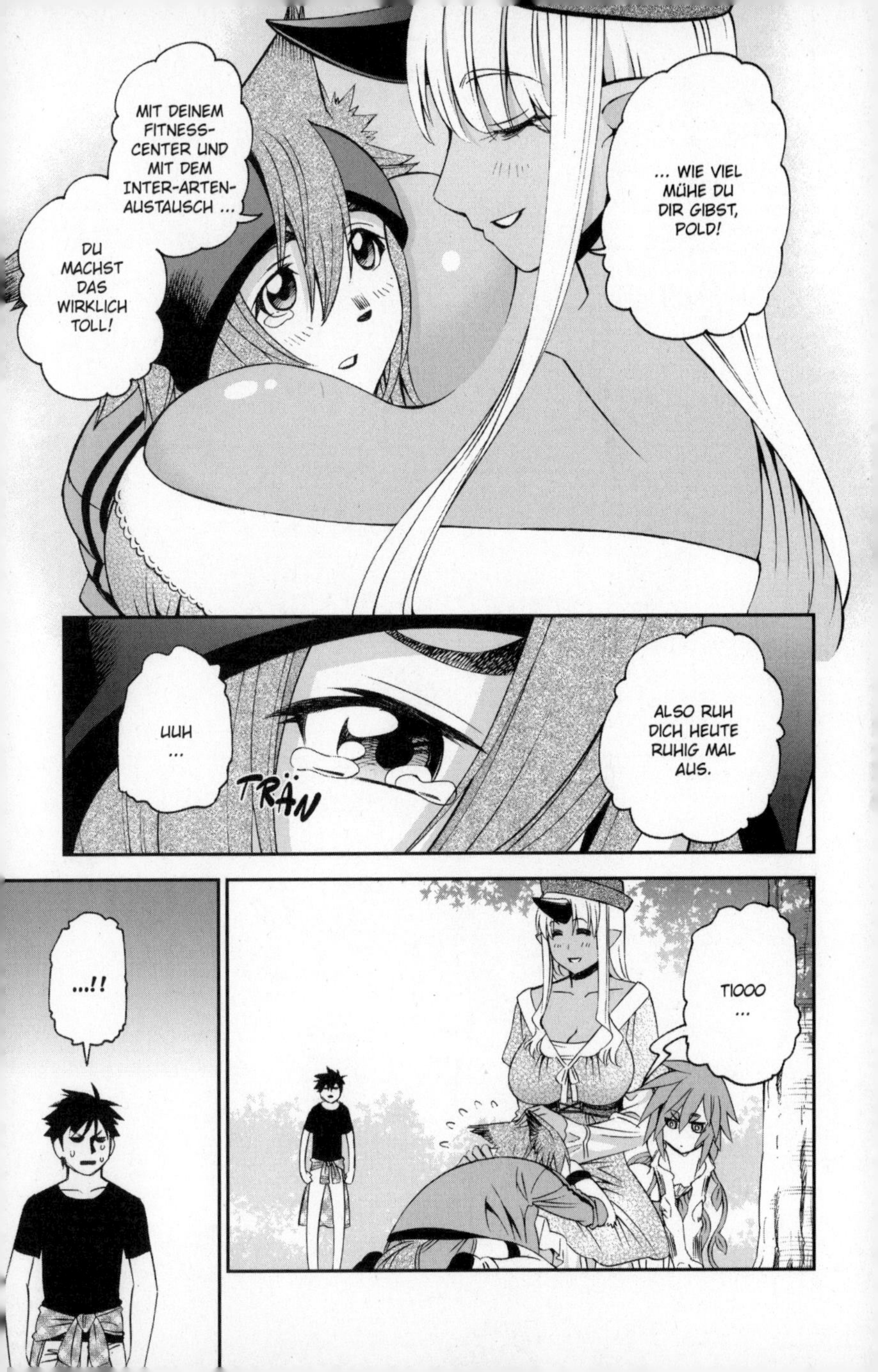
... WIE VIEL MÜHE DU DIR GIBST, POLD!
MIT DEINEM FITNESS-CENTER UND MIT DEM INTER-ARTEN-AUSTAUSCH ...
DU MACHST DAS WIRKLICH TOLL!
ALSO RUH DICH HEUTE RUHIG MAL AUS.
UUH ...
TRÄN
TIOOO ...
...!!

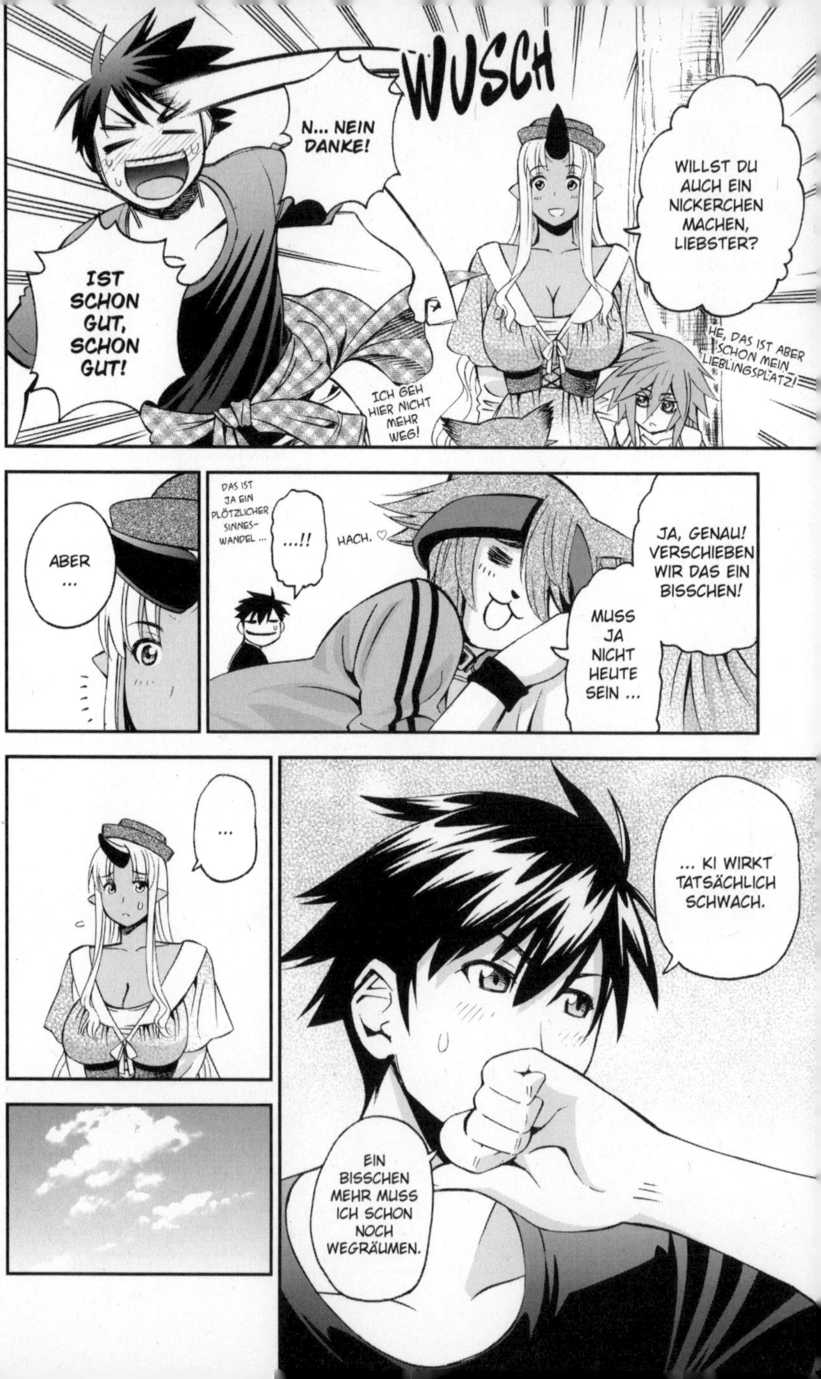
WILLST DU AUCH EIN NICKERCHEN MACHEN, LIEBSTER?
HE, DAS IST ABER SCHON MEIN LIEBLINGSPLATZ!
ICH GEH HIER NICHT MEHR WEG!
WUSCH
N... NEIN DANKE!
IST SCHON GUT, SCHON GUT!
JA, GENAU! VERSCHIEBEN WIR DAS EIN BISSCHEN!
MUSS JA NICHT HEUTE SEIN ...
HACH. ♡
...!!
DAS IST JA EIN PLÖTZLICHER SINNES-WANDEL ...
ABER ...
... KI WIRKT TATSÄCHLICH SCHWACH.
EIN BISSCHEN MEHR MUSS ICH SCHON NOCH WEGRÄUMEN.
...

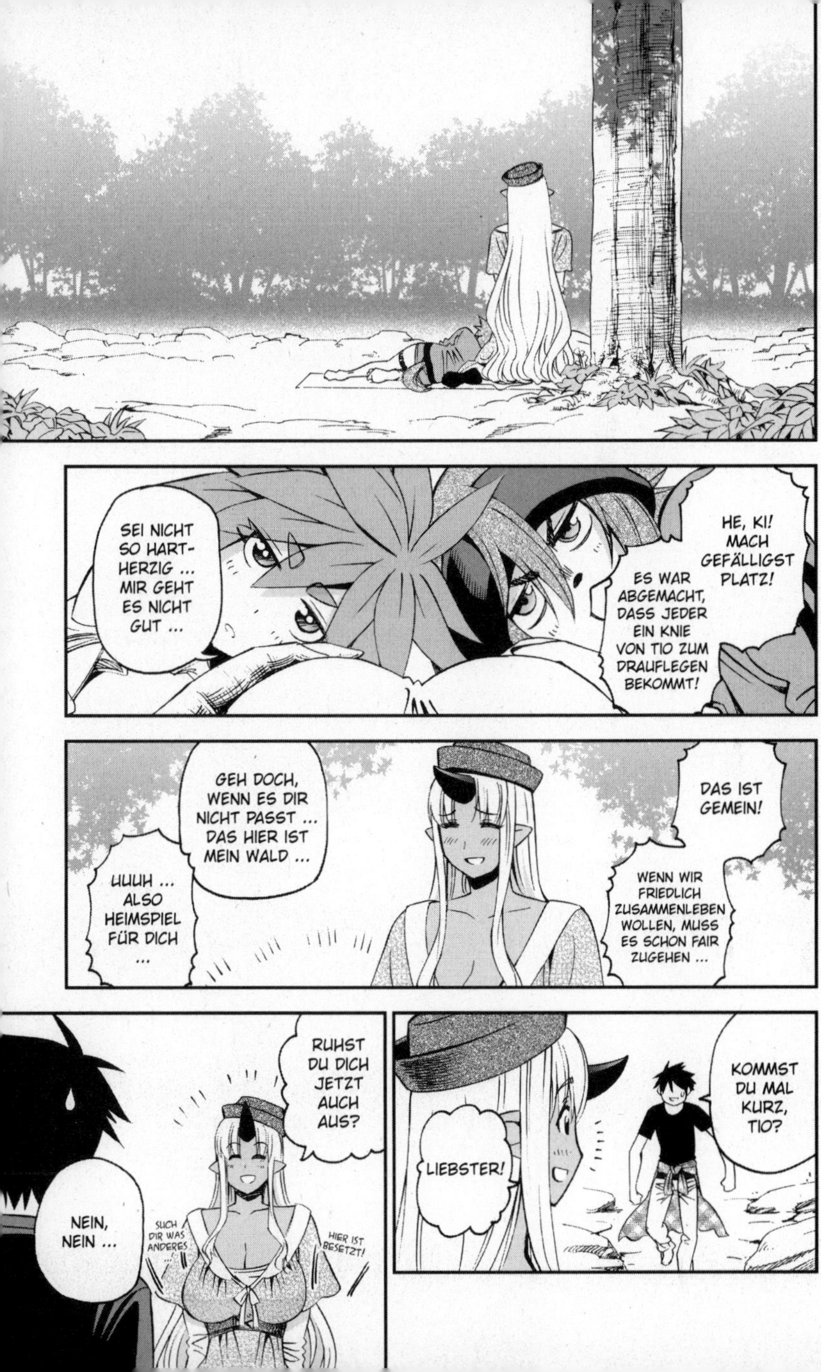
HE, KI! MACH GEFÄLLIGST PLATZ!
ES WAR ABGEMACHT, DASS JEDER EIN KNIE VON TIO ZUM DRAUFLEGEN BEKOMMT!
SEI NICHT SO HART-HERZIG ... MIR GEHT ES NICHT GUT ...
DAS IST GEMEIN!
WENN WIR FRIEDLICH ZUSAMMENLEBEN WOLLEN, MUSS ES SCHON FAIR ZUGEHEN ...
GEH DOCH, WENN ES DIR NICHT PASST ... DAS HIER IST MEIN WALD ...
UUUH ... ALSO HEIMSPIEL FÜR DICH ...
KOMMST DU MAL KURZ, TIO?
LIEBSTER!
RUHST DU DICH JETZT AUCH AUS?
HIER IST BESETZT!
SUCH DIR WAS ANDERES ...
NEIN, NEIN ...

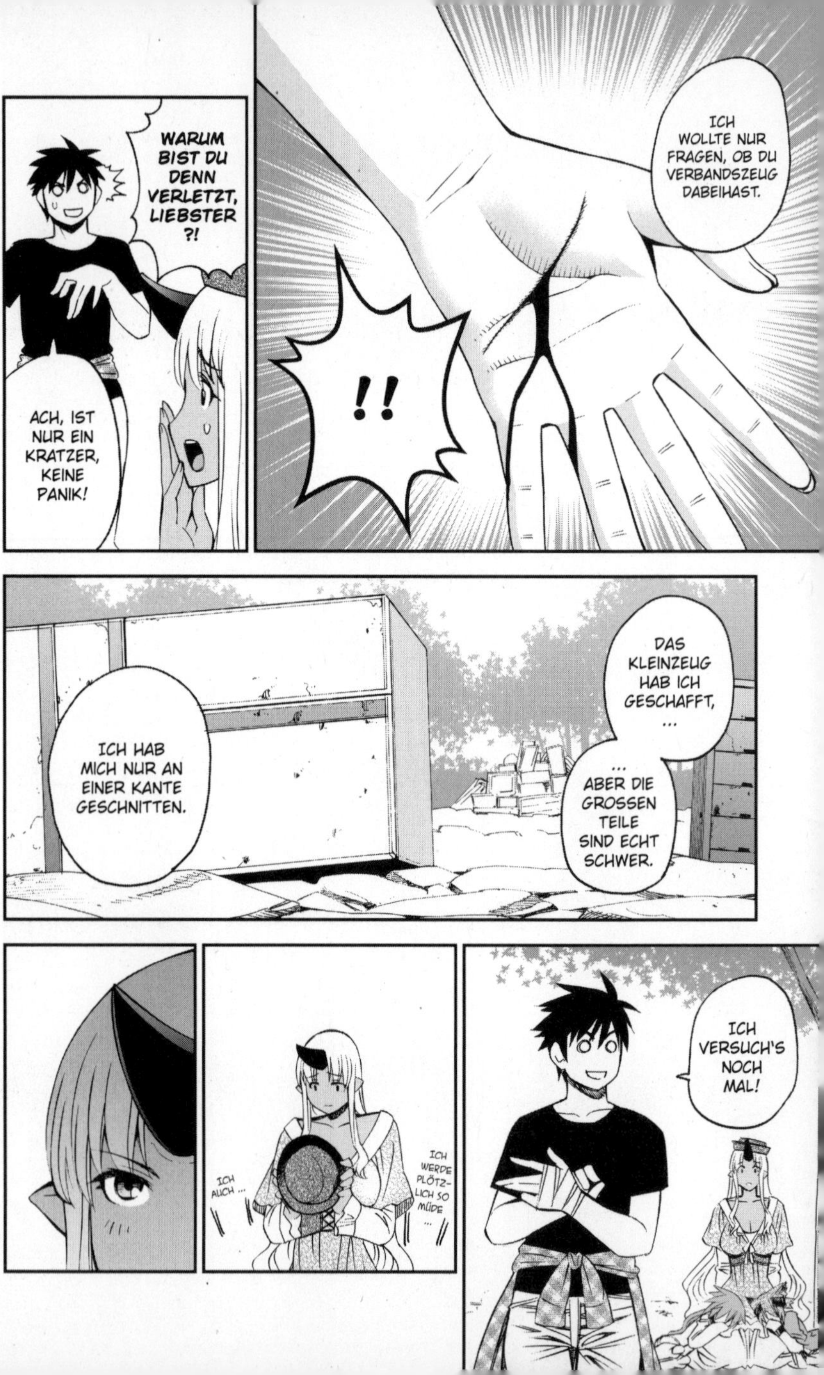
ICH WOLLTE NUR FRAGEN, OB DU VERBANDSZEUG DABEIHAST.
!!
WARUM BIST DU DENN VERLETZT, LIEBSTER ?!
ACH, IST NUR EIN KRATZER, KEINE PANIK!
DAS KLEINZEUG HAB ICH GESCHAFFT, ...
... ABER DIE GROSSEN TEILE SIND ECHT SCHWER.
ICH HAB MICH NUR AN EINER KANTE GESCHNITTEN.
ICH VERSUCH'S NOCH MAL!
ICH WERDE PLÖTZLICH SO MÜDE ...
ICH AUCH ...

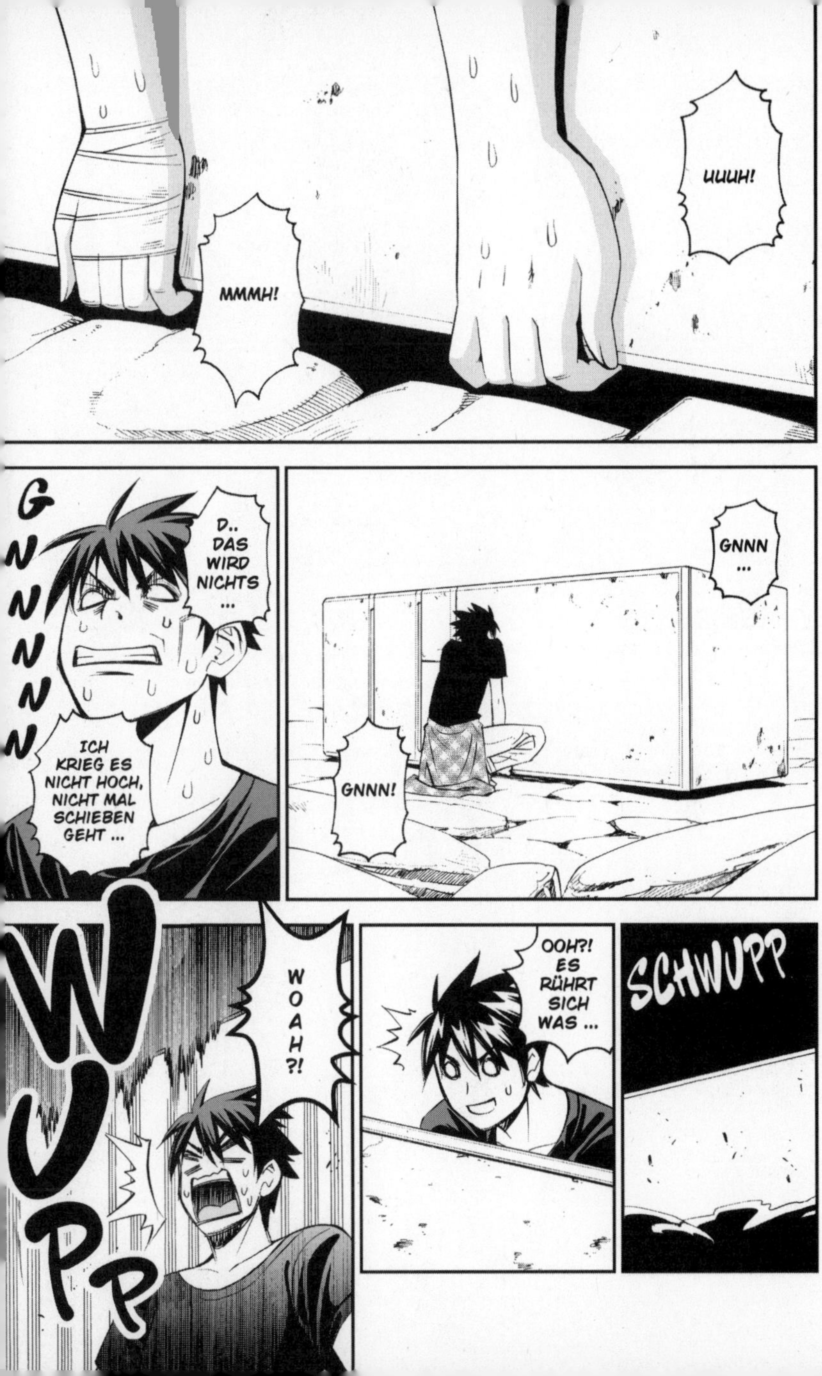
UUUH!
MMMH!
GNNN ...
GNNN!
D.. DAS WIRD NICHTS ...
ICH KRIEG ES NICHT HOCH, NICHT MAL SCHIEBEN GEHT ...
GNNNNNN
SCHWUPP
OOH?! ES RÜHRT SICH WAS ...
WOAH?!
WUPP

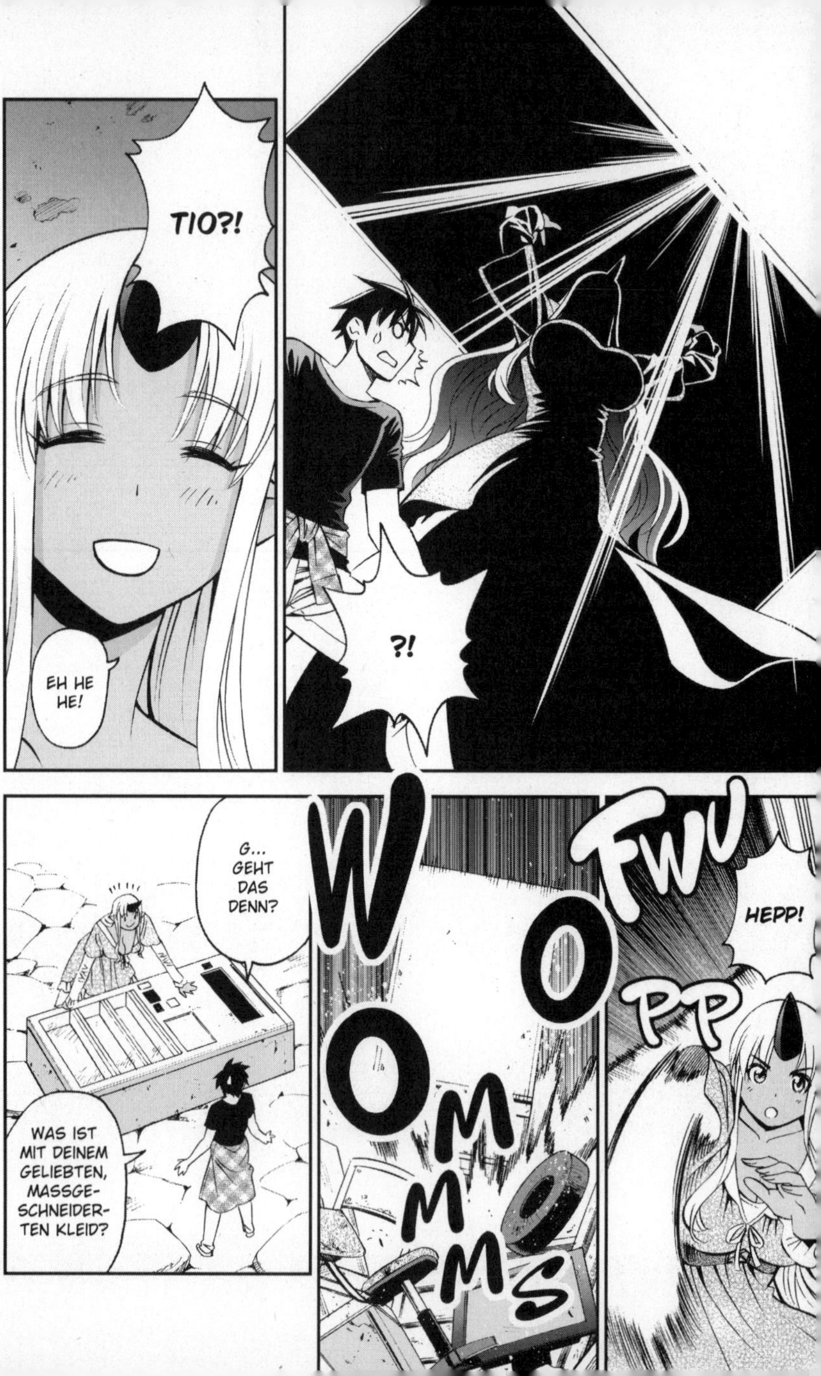
?!
TIO?!
EH HE HE!
FWUPP
HEPP!
WOMMMS
WOO
G... GEHT DAS DENN?
WAS IST MIT DEINEM GELIEBTEN, MASSGE-SCHNEIDER-TEN KLEID?

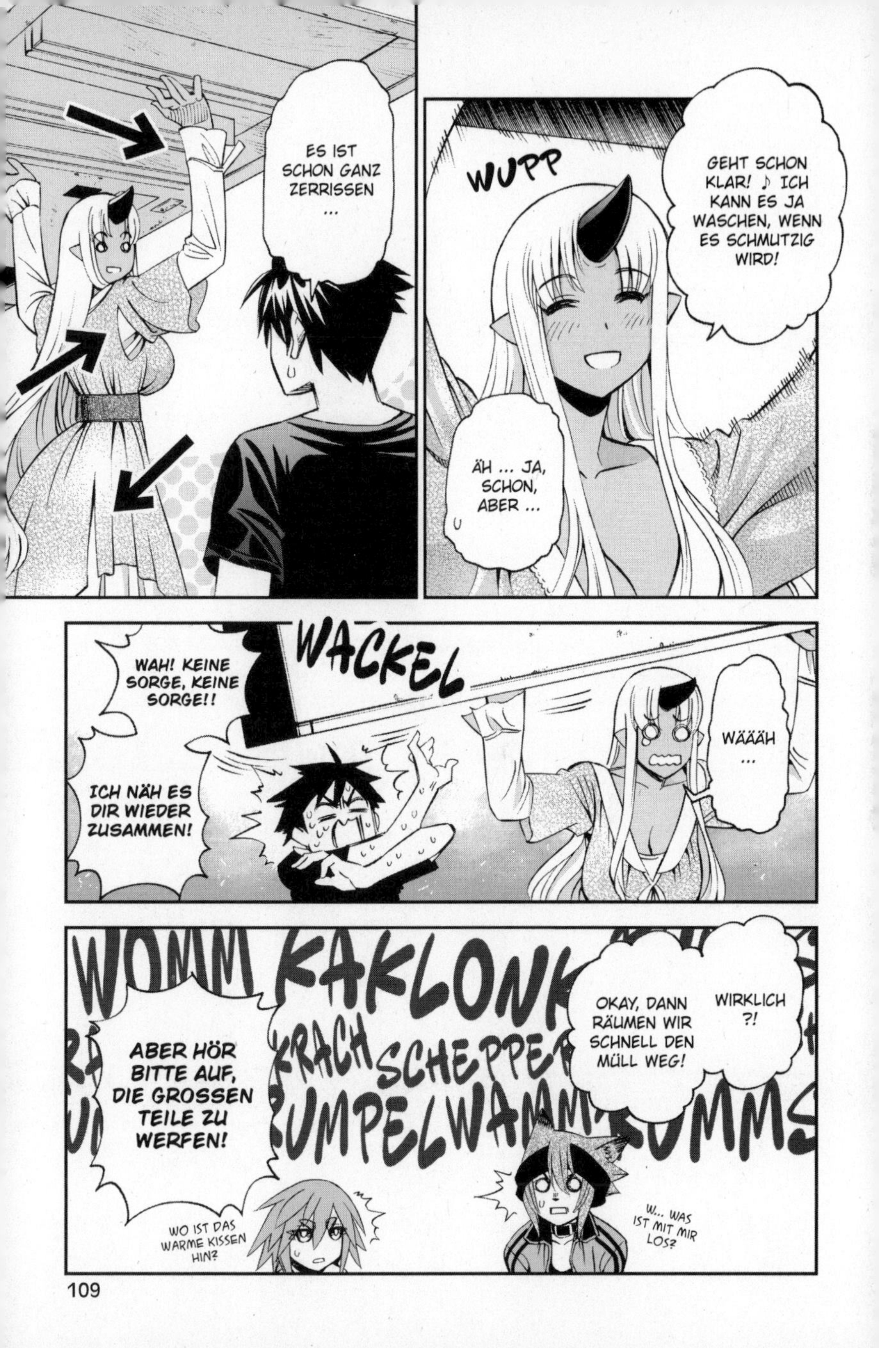
WUPP
GEHT SCHON KLAR! ♪ ICH KANN ES JA WASCHEN, WENN ES SCHMUTZIG WIRD!
ÄH ... JA, SCHON, ABER ...
ES IST SCHON GANZ ZERRISSEN ...
WACKEL
WÄÄÄH ...
WAH! KEINE SORGE, KEINE SORGE!!
ICH NÄH ES DIR WIEDER ZUSAMMEN!
WIRKLICH ?!
OKAY, DANN RÄUMEN WIR SCHNELL DEN MÜLL WEG!
WOMM
KAKLONK
KRACH
SCHEPPER
RUMPELWAMM
RUMMS
ABER HÖR BITTE AUF, DIE GROSSEN TEILE ZU WERFEN!
W... WAS IST MIT MIR LOS?
WO IST DAS WARME KISSEN HIN?

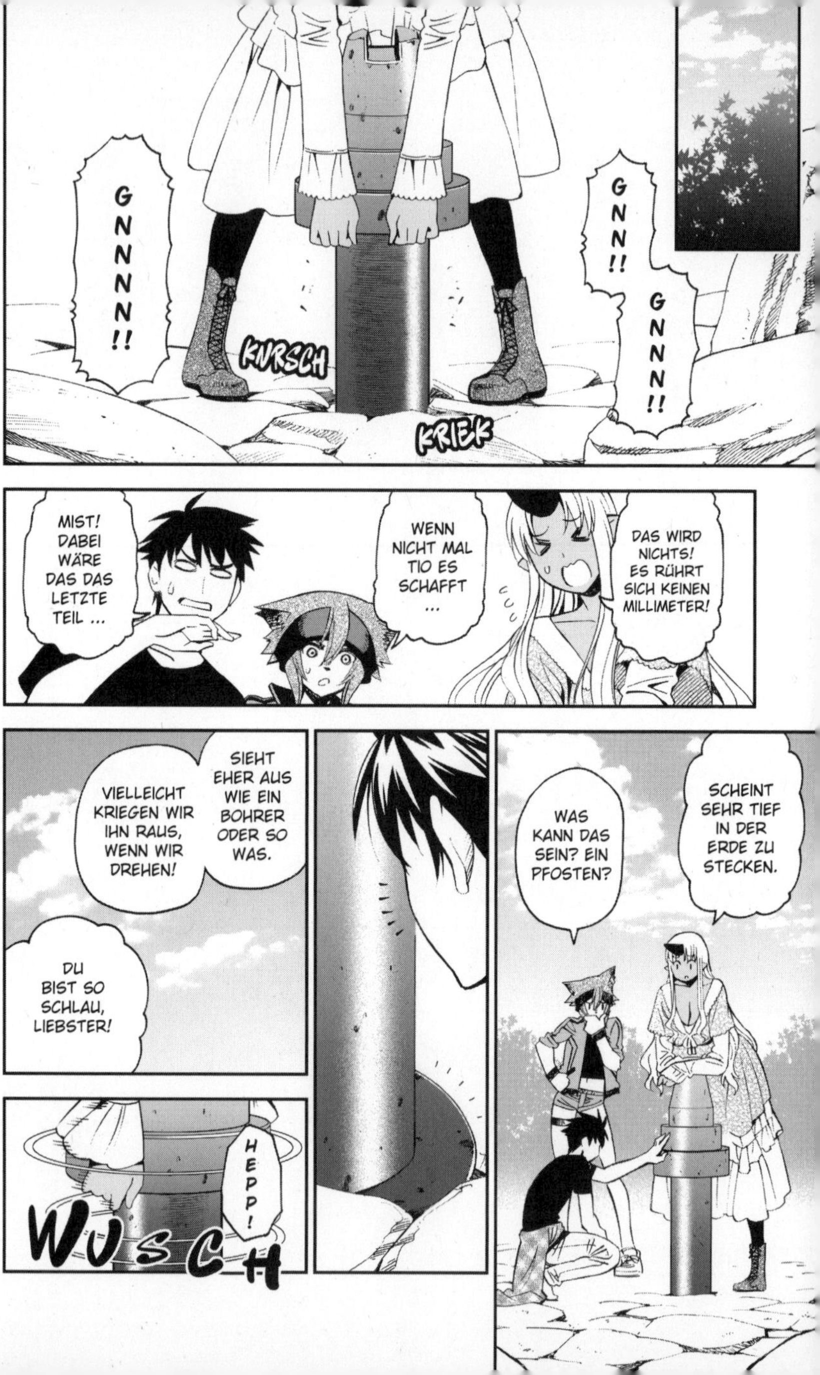
GNN!!
GNNNN!!
GNNNNN!!
KNRSCH
KRIEK
DAS WIRD NICHTS! ES RÜHRT SICH KEINEN MILLIMETER!
WENN NICHT MAL TIO ES SCHAFFT ...
MIST! DABEI WÄRE DAS DAS LETZTE TEIL ...
SCHEINT SEHR TIEF IN DER ERDE ZU STECKEN.
WAS KANN DAS SEIN? EIN PFOSTEN?
SIEHT EHER AUS WIE EIN BOHRER ODER SO WAS.
VIELLEICHT KRIEGEN WIR IHN RAUS, WENN WIR DREHEN!
DU BIST SO SCHLAU, LIEBSTER!
HEPP!
WUSCH

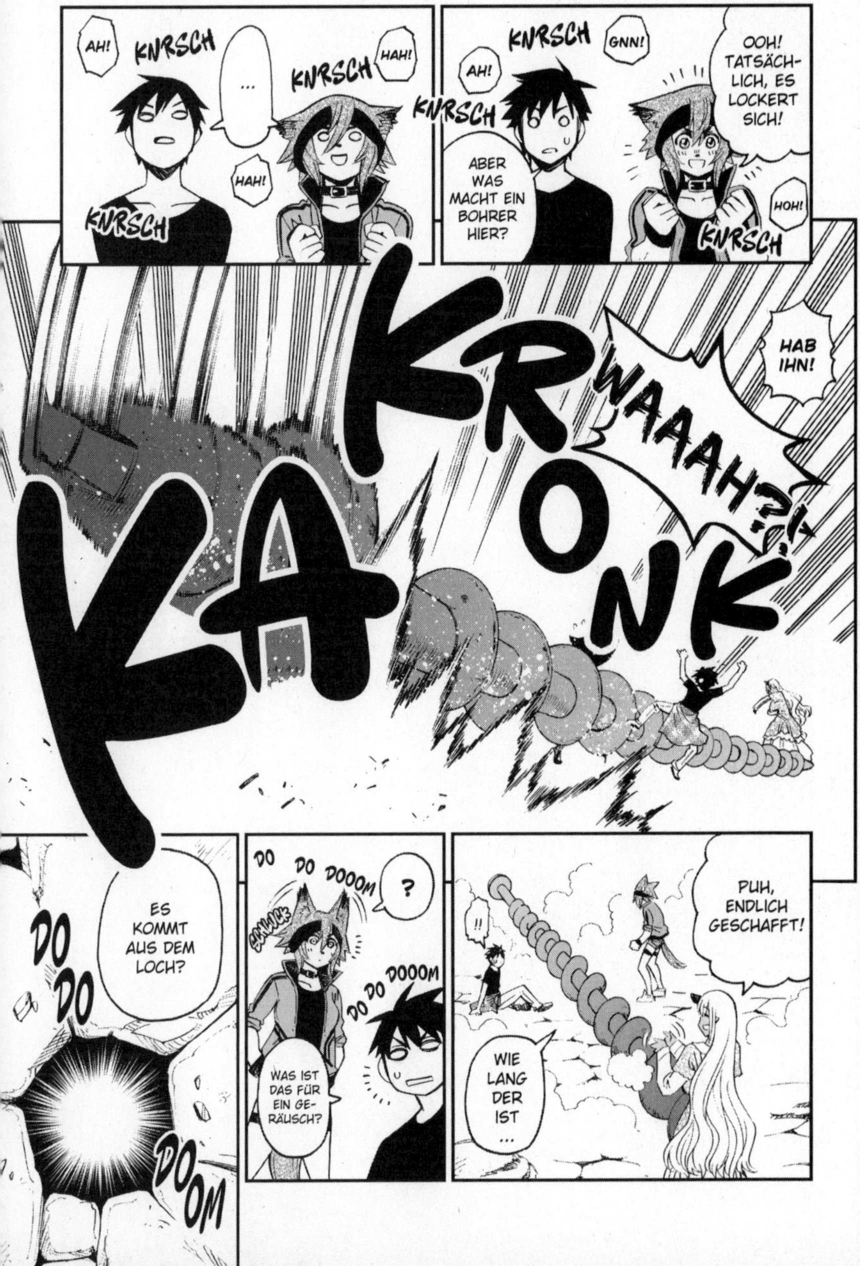
OOH! TATSÄCH-LICH, ES LOCKERT SICH!
GNN!
KNRSCH
AH!
KNRSCH
HOH!
KNRSCH
ABER WAS MACHT EIN BOHRER HIER?
HAH!
KNRSCH
AH!
...
KNRSCH
HAH!
KNRSCH
HAB IHN!
WAAAH?!
KAKRONK
PUH, ENDLICH GESCHAFFT!
!!
WIE LANG DER IST ...
?
DO DO DOOOM
DO DO DOOOM
WAS IST DAS FÜR EIN GE-RÄUSCH?
ES KOMMT AUS DEM LOCH?
DO DO DOOM

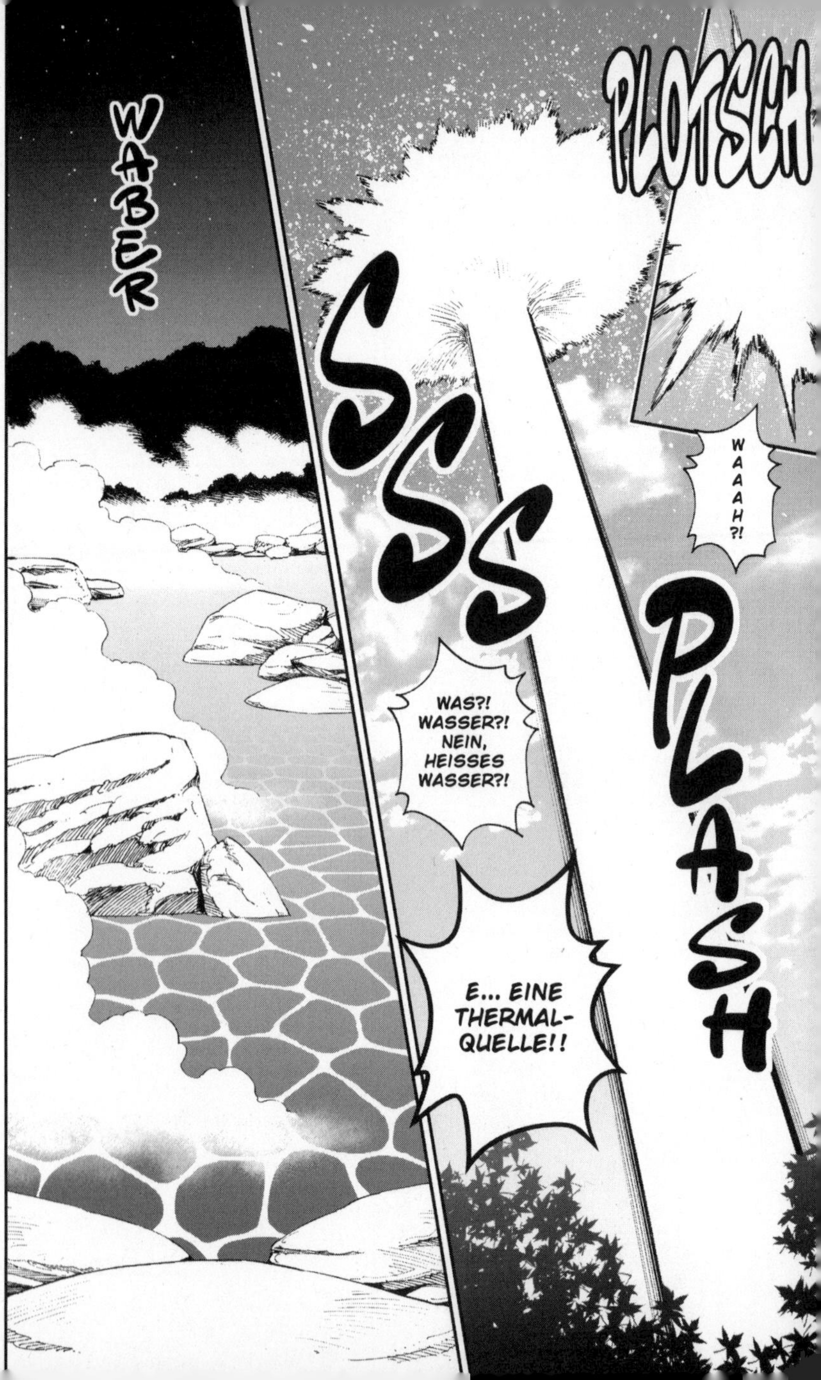
PLOTSCH
WAAAAH?!
SPLASH
SSS
WAS?! WASSER?! NEIN, HEISSES WASSER?!
E... EINE THERMAL-QUELLE!!
WABER

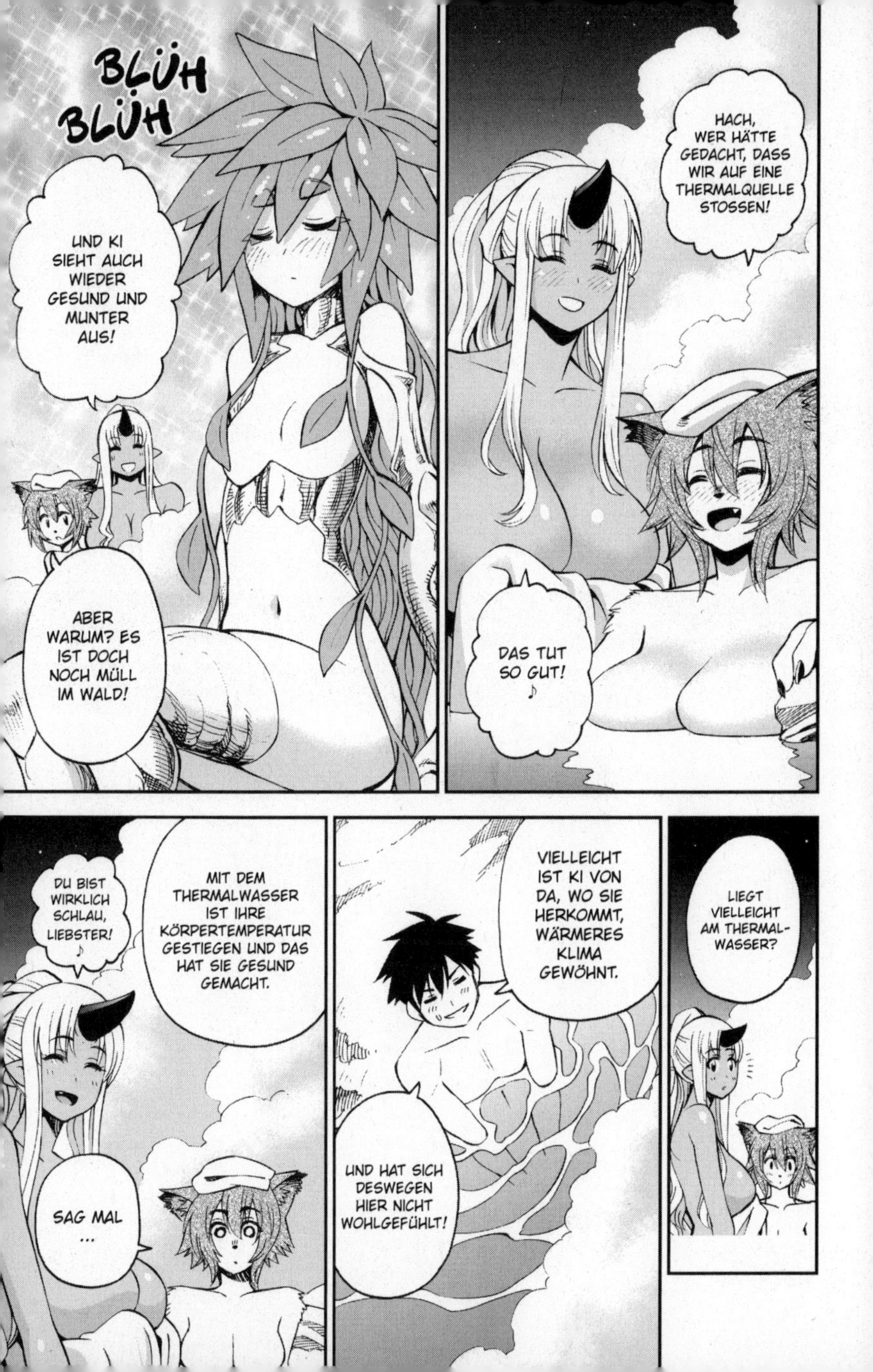

HACH, WER HÄTTE GEDACHT, DASS WIR AUF EINE THERMALQUELLE STOSSEN!
DAS TUT SO GUT! ♪
BLÜH BLÜH
UND KI SIEHT AUCH WIEDER GESUND UND MUNTER AUS!
ABER WARUM? ES IST DOCH NOCH MÜLL IM WALD!
LIEGT VIELLEICHT AM THERMAL-WASSER?
VIELLEICHT IST KI VON DA, WO SIE HERKOMMT, WÄRMERES KLIMA GEWÖHNT.
UND HAT SICH DESWEGEN HIER NICHT WOHLGEFÜHLT!
MIT DEM THERMALWASSER IST IHRE KÖRPERTEMPERATUR GESTIEGEN UND DAS HAT SIE GESUND GEMACHT.
DU BIST WIRKLICH SCHLAU, LIEBSTER! ♪
SAG MAL ...

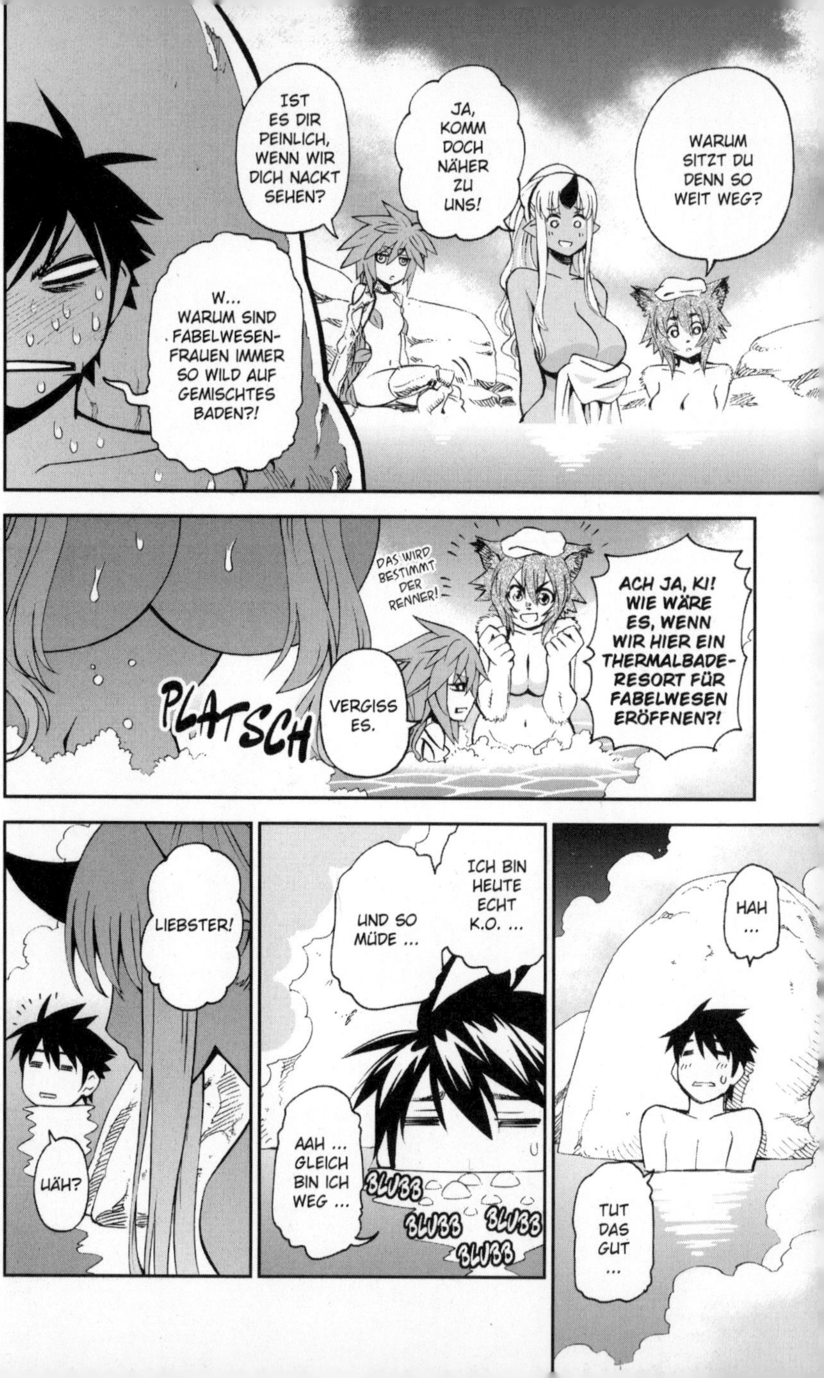
WARUM SITZT DU DENN SO WEIT WEG?
JA, KOMM DOCH NÄHER ZU UNS!
IST ES DIR PEINLICH, WENN WIR DICH NACKT SEHEN?
W... WARUM SIND FABELWESEN-FRAUEN IMMER SO WILD AUF GEMISCHTES BADEN?!
ACH JA, KI! WIE WÄRE ES, WENN WIR HIER EIN THERMALBADE-RESORT FÜR FABELWESEN ERÖFFNEN?!
DAS WIRD BESTIMMT DER RENNER!
VERGISS ES.
PLATSCH
HAH ...
TUT DAS GUT ...
ICH BIN HEUTE ECHT K.O. ...
UND SO MÜDE ...
AAH ... GLEICH BIN ICH WEG ...
BLUBB
BLUBB
BLUBB
BLUBB
LIEBSTER!
HÄH?

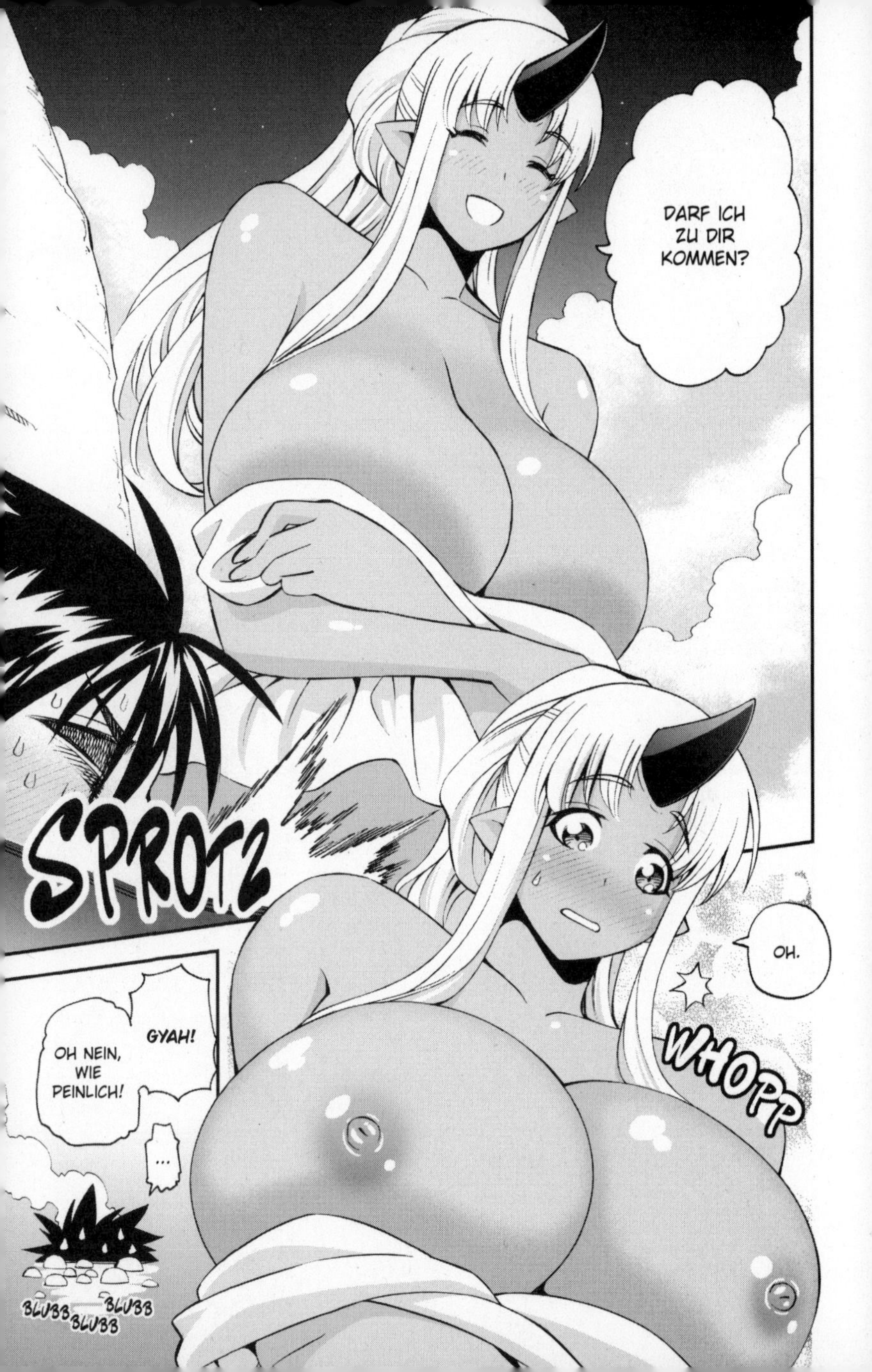
DARF ICH ZU DIR KOMMEN?
SPROTZ
OH.
WHOPP
GYAH!
OH NEIN, WIE PEINLICH!
...
BLUBB BLUBB BLUBB

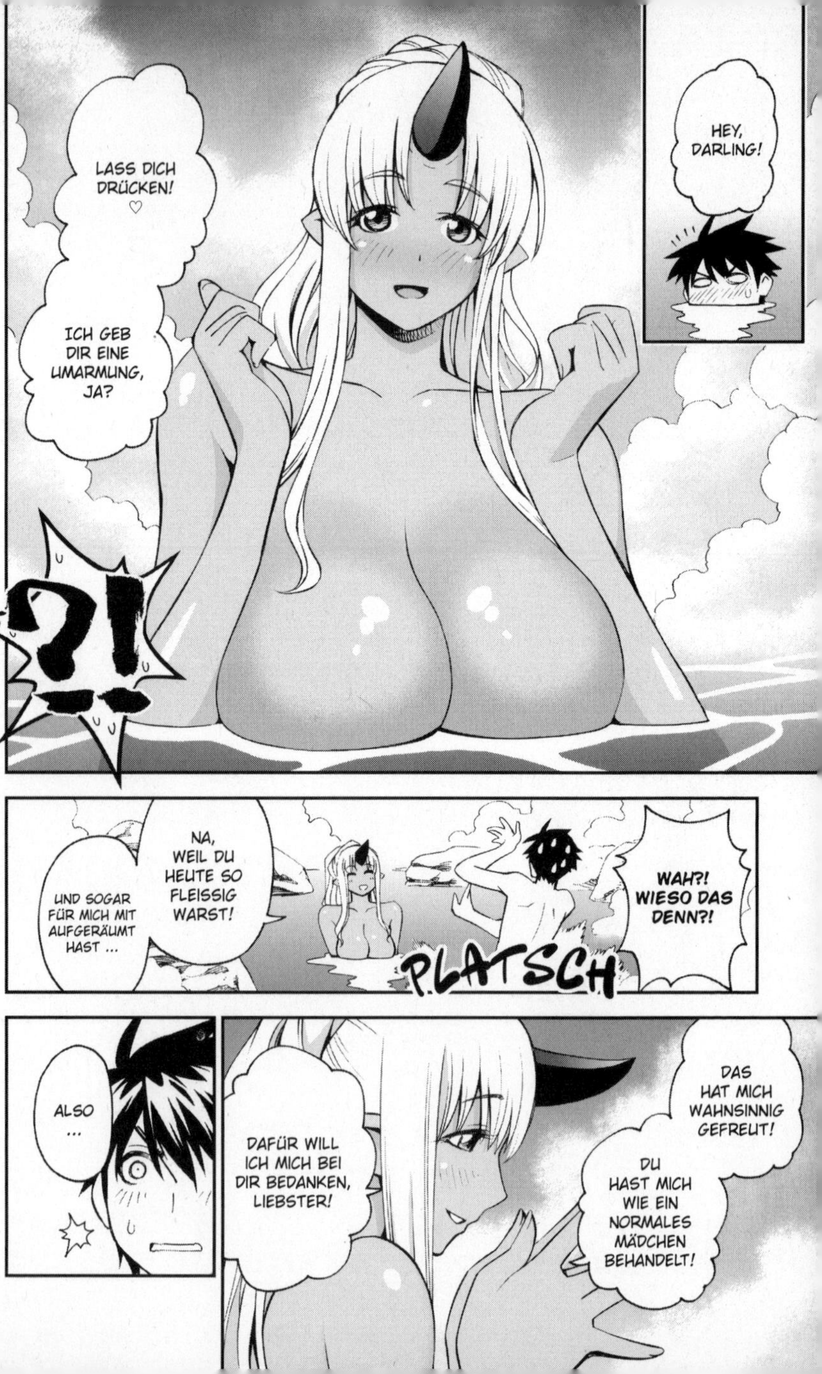
HEY, DARLING!
LASS DICH DRÜCKEN! ♡
ICH GEB DIR EINE UMARMUNG, JA?
?!
WAH?! WIESO DAS DENN?!
PLATSCH
NA, WEIL DU HEUTE SO FLEISSIG WARST!
UND SOGAR FÜR MICH MIT AUFGERÄUMT HAST ...
DAS HAT MICH WAHNSINNIG GEFREUT!
DU HAST MICH WIE EIN NORMALES MÄDCHEN BEHANDELT!
DAFÜR WILL ICH MICH BEI DIR BEDANKEN, LIEBSTER!
ALSO ...

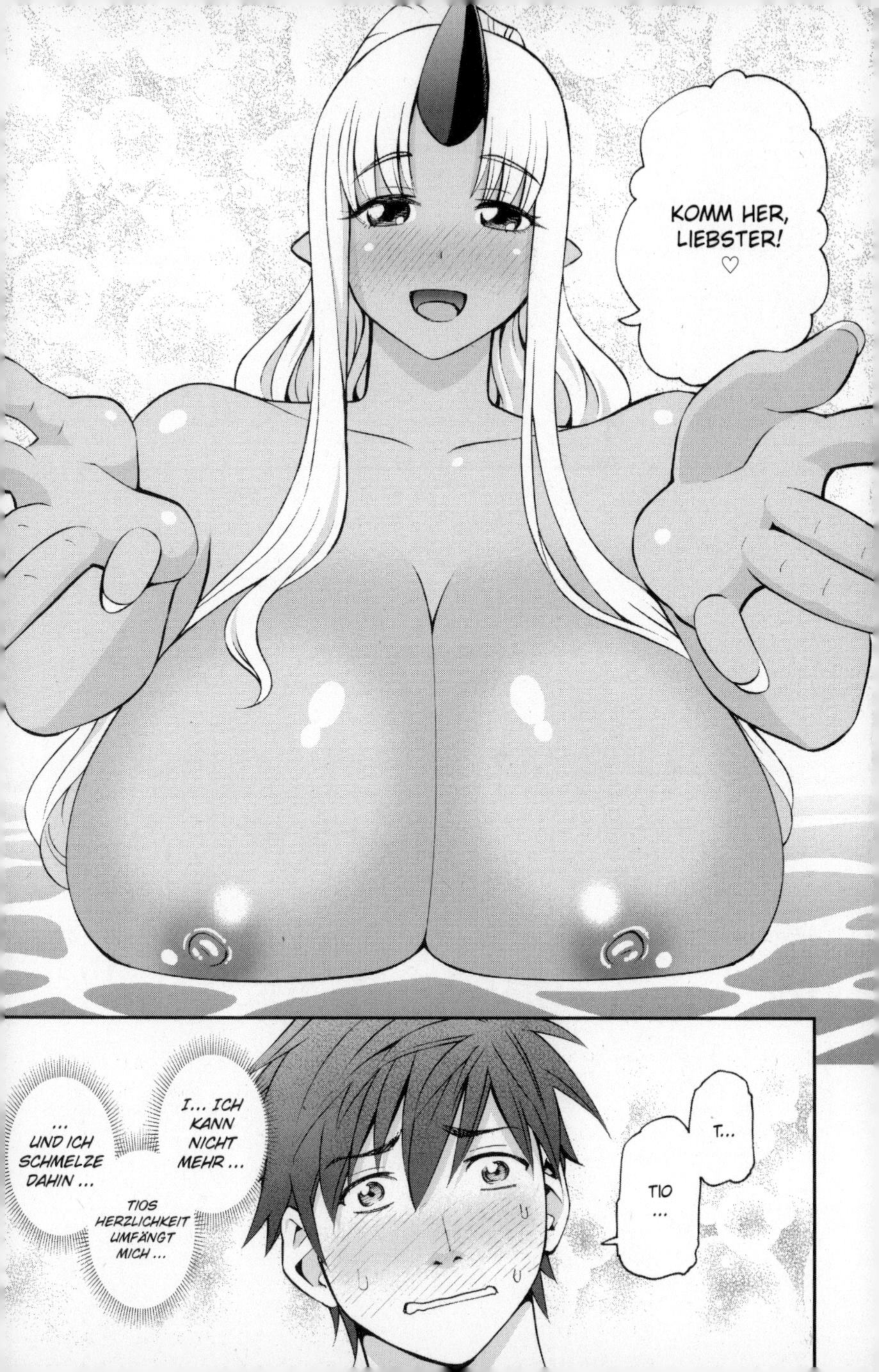
KOMM HER, LIEBSTER! ♡
T... TIO ...
I... ICH KANN NICHT MEHR ...
TIOS HERZLICHKEIT UMFÄNGT MICH ...
... UND ICH SCHMELZE DAHIN ...

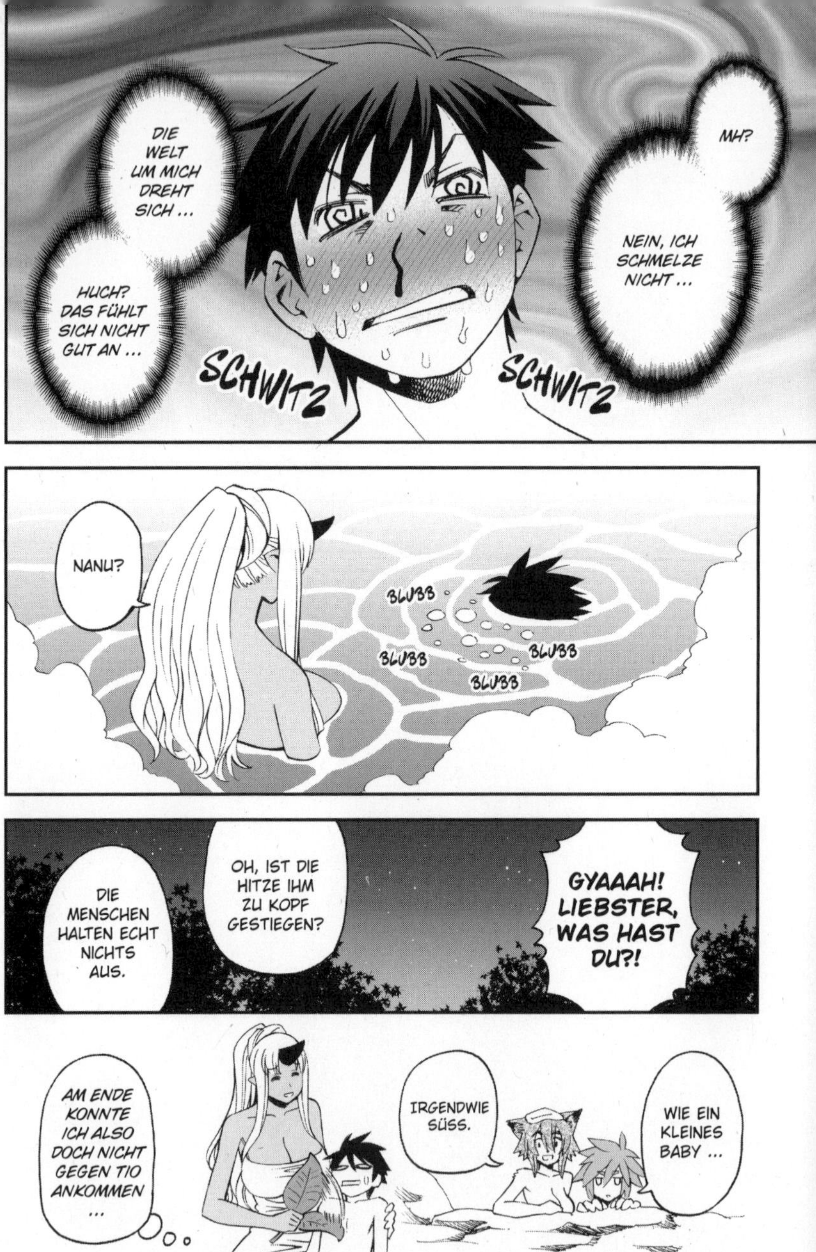
MH?
DIE WELT UM MICH DREHT SICH ...
NEIN, ICH SCHMELZE NICHT ...
HUCH? DAS FÜHLT SICH NICHT GUT AN ...
SCHWITZ
SCHWITZ
NANU?
BLUBB
BLUBB
BLUBB
BLUBB
GYAAAH! LIEBSTER, WAS HAST DU?!
OH, IST DIE HITZE IHM ZU KOPF GESTIEGEN?
DIE MENSCHEN HALTEN ECHT NICHTS AUS.
WIE EIN KLEINES BABY ...
IRGENDWIE SÜSS.
AM ENDE KONNTE ICH ALSO DOCH NICHT GEGEN TIO ANKOMMEN ...

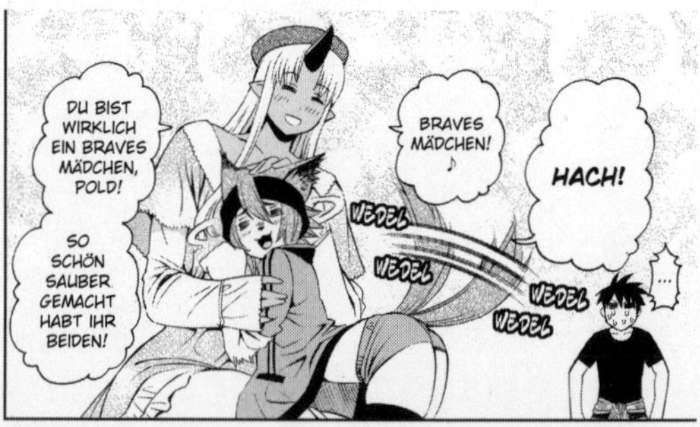
HACH!
...
BRAVES MÄDCHEN! ♪
WEDEL
WEDEL
WEDEL
WEDEL
DU BIST WIRKLICH EIN BRAVES MÄDCHEN, POLD!
SO SCHÖN SAUBER GEMACHT HABT IHR BEIDEN!

Kapitel 42

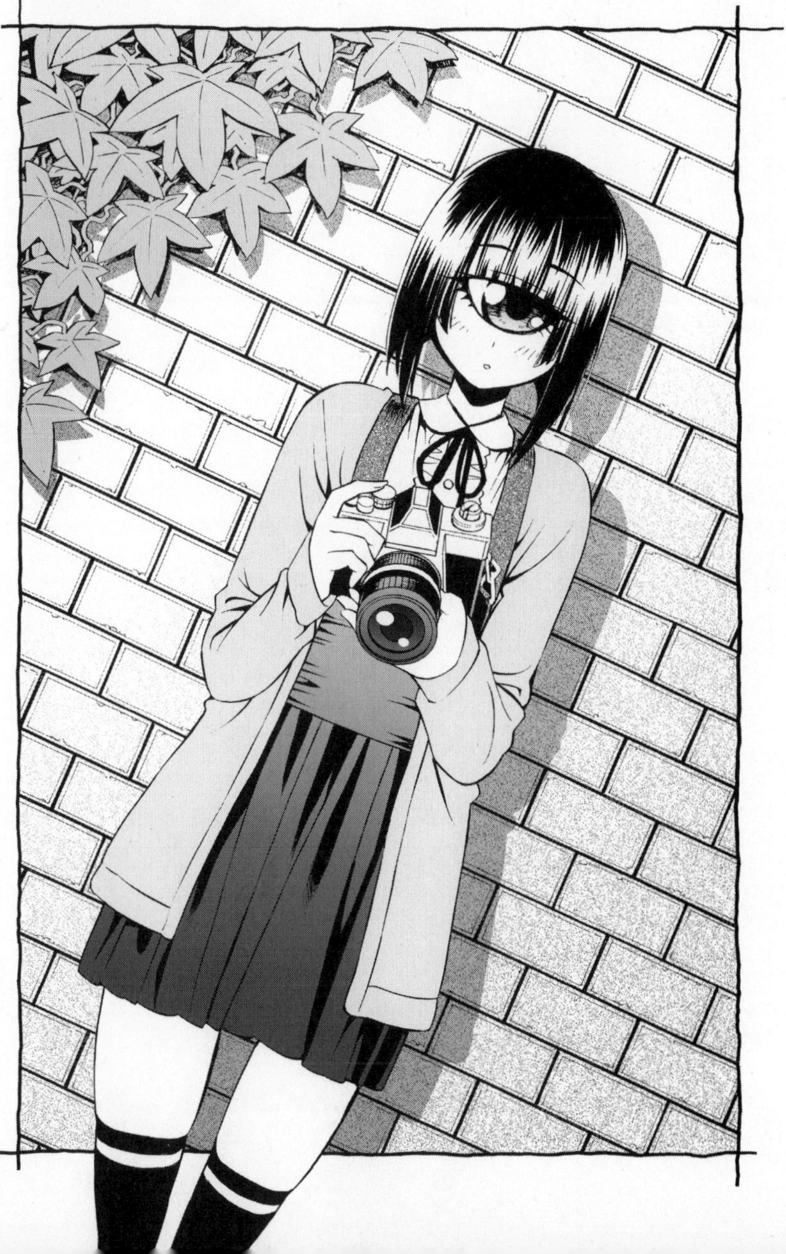

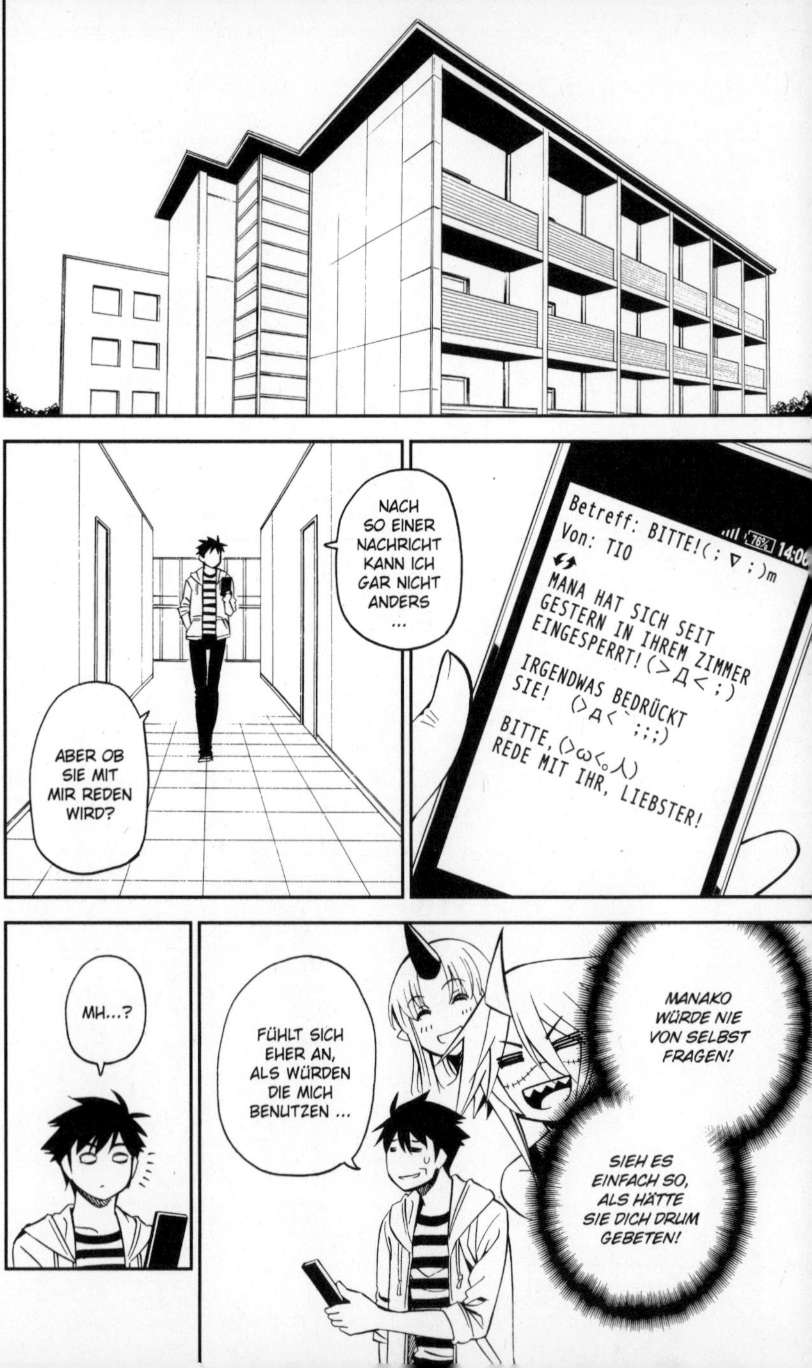
Betreff: BITTE!(; ∇ ;)m
Von: TIO
MANA HAT SICH SEIT GESTERN IN IHREM ZIMMER EINGESPERRT! (>Д< ;)
IRGENDWAS BEDRÜCKT SIE! (>д<`;;;)
BITTE, (>ω<。人) REDE MIT IHR, LIEBSTER!
NACH SO EINER NACHRICHT KANN ICH GAR NICHT ANDERS ...
ABER OB SIE MIT MIR REDEN WIRD?
MANAKO WÜRDE NIE VON SELBST FRAGEN!
SIEH ES EINFACH SO, ALS HÄTTE SIE DICH DRUM GEBETEN!
FÜHLT SICH EHER AN, ALS WÜRDEN DIE MICH BENUTZEN ...
MH...?

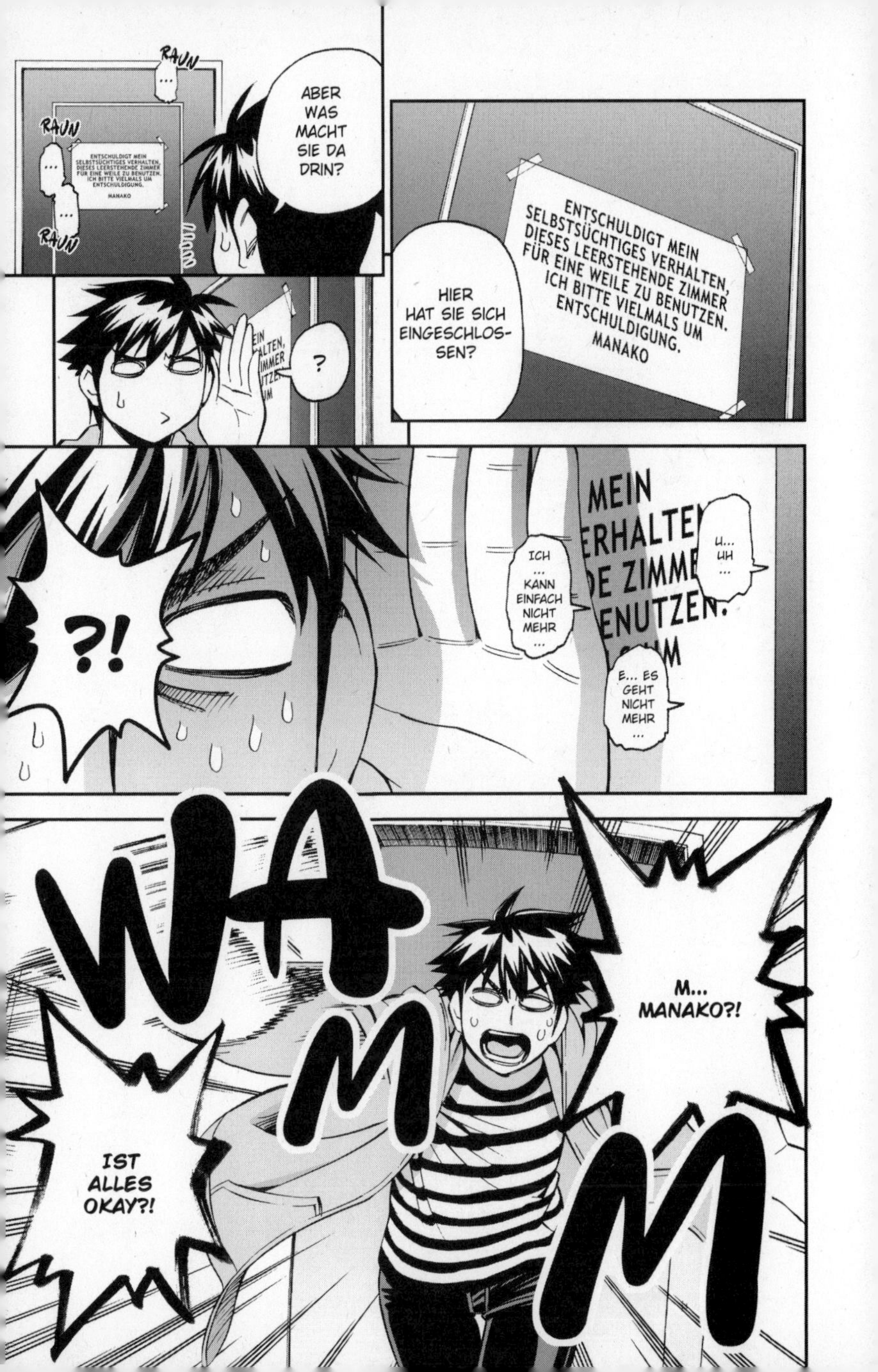
ENTSCHULDIGT MEIN SELBSTSÜCHTIGES VERHALTEN, DIESES LEERSTEHENDE ZIMMER FÜR EINE WEILE ZU BENUTZEN. ICH BITTE VIELMALS UM ENTSCHULDIGUNG. MANAKO
HIER HAT SIE SICH EINGESCHLOSSEN?
RAUN
...
RAUN
...
...
RAUN
ENTSCHULDIGT MEIN SELBSTSÜCHTIGES VERHALTEN, DIESES LEERSTEHENDE ZIMMER FÜR EINE WEILE ZU BENUTZEN. ICH BITTE VIELMALS UM ENTSCHULDIGUNG. MANAKO
ABER WAS MACHT SIE DA DRIN?
?
U... UH ...
ICH ... KANN EINFACH NICHT MEHR ...
E... ES GEHT NICHT MEHR ...
?!
WAMMM
M... MANAKO?!
IST ALLES OKAY?!

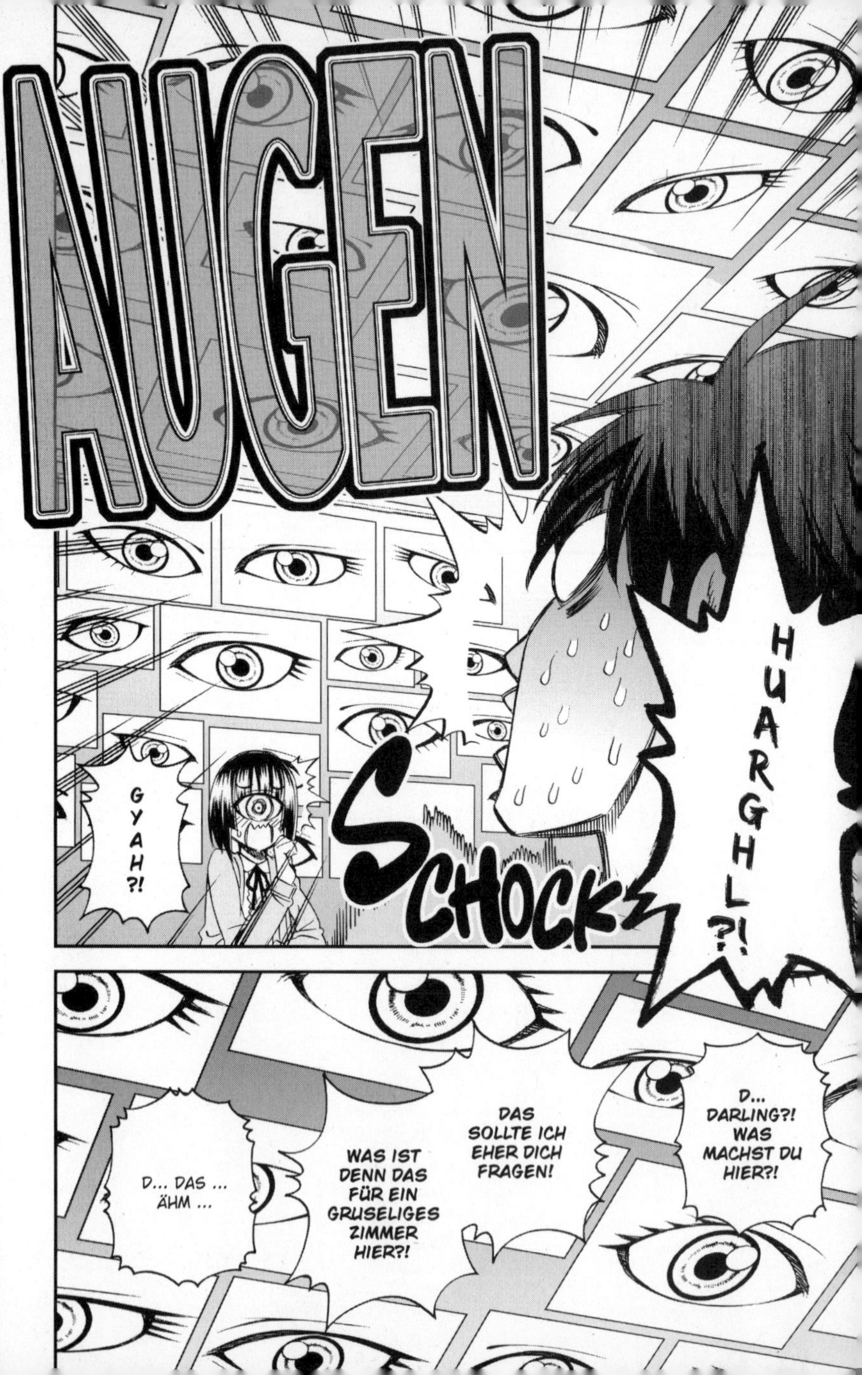
AUGEN
HUARGHLL?!
SCHOCK
GYAH?!
D... DARLING?! WAS MACHST DU HIER?!
DAS SOLLTE ICH EHER DICH FRAGEN!
WAS IST DENN DAS FÜR EIN GRUSELIGES ZIMMER HIER?!
D... DAS ... ÄHM ...

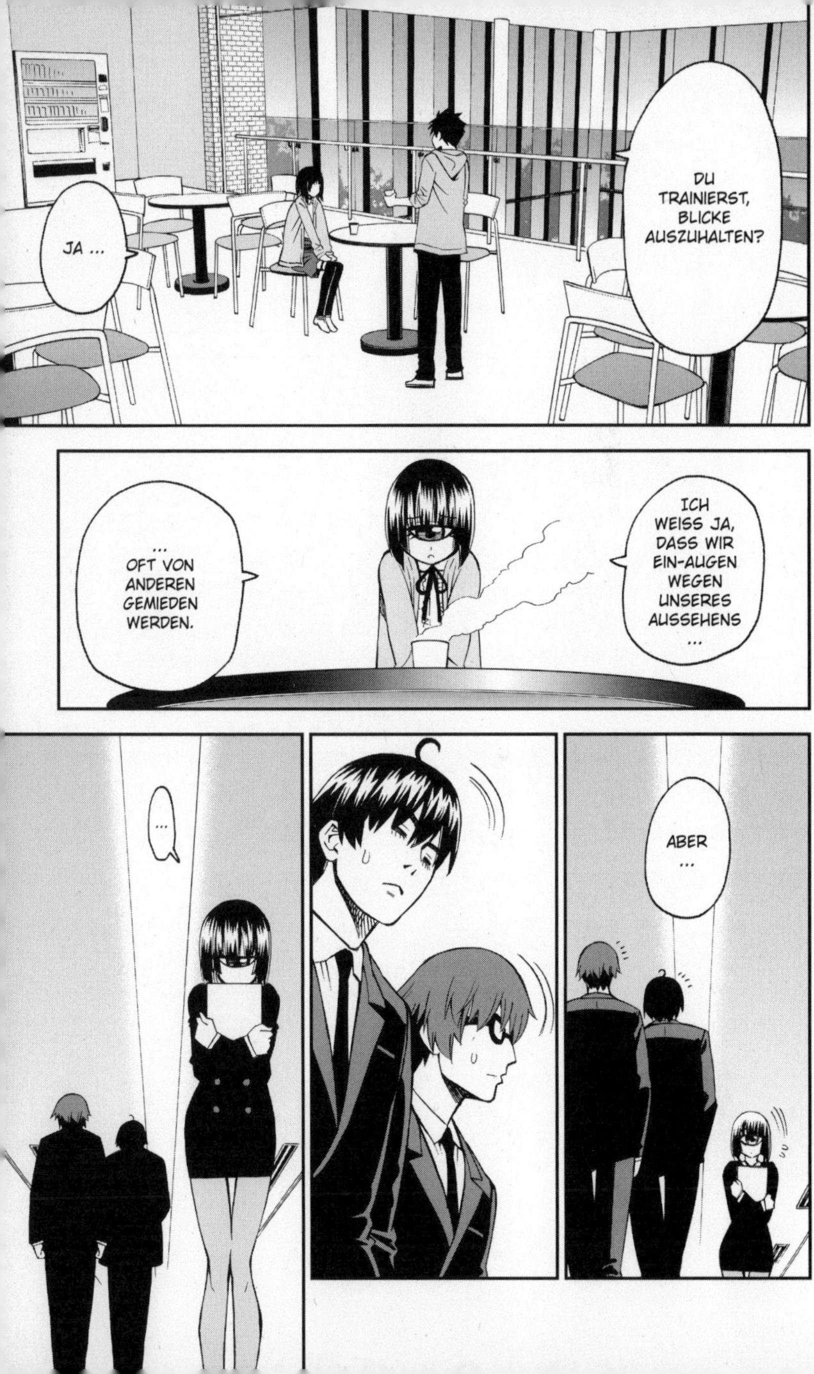
DU TRAINIERST, BLICKE AUSZUHALTEN?
JA ...
ICH WEISS JA, DASS WIR EIN-AUGEN WEGEN UNSERES AUSSEHENS ...
... OFT VON ANDEREN GEMIEDEN WERDEN.
ABER ...
...

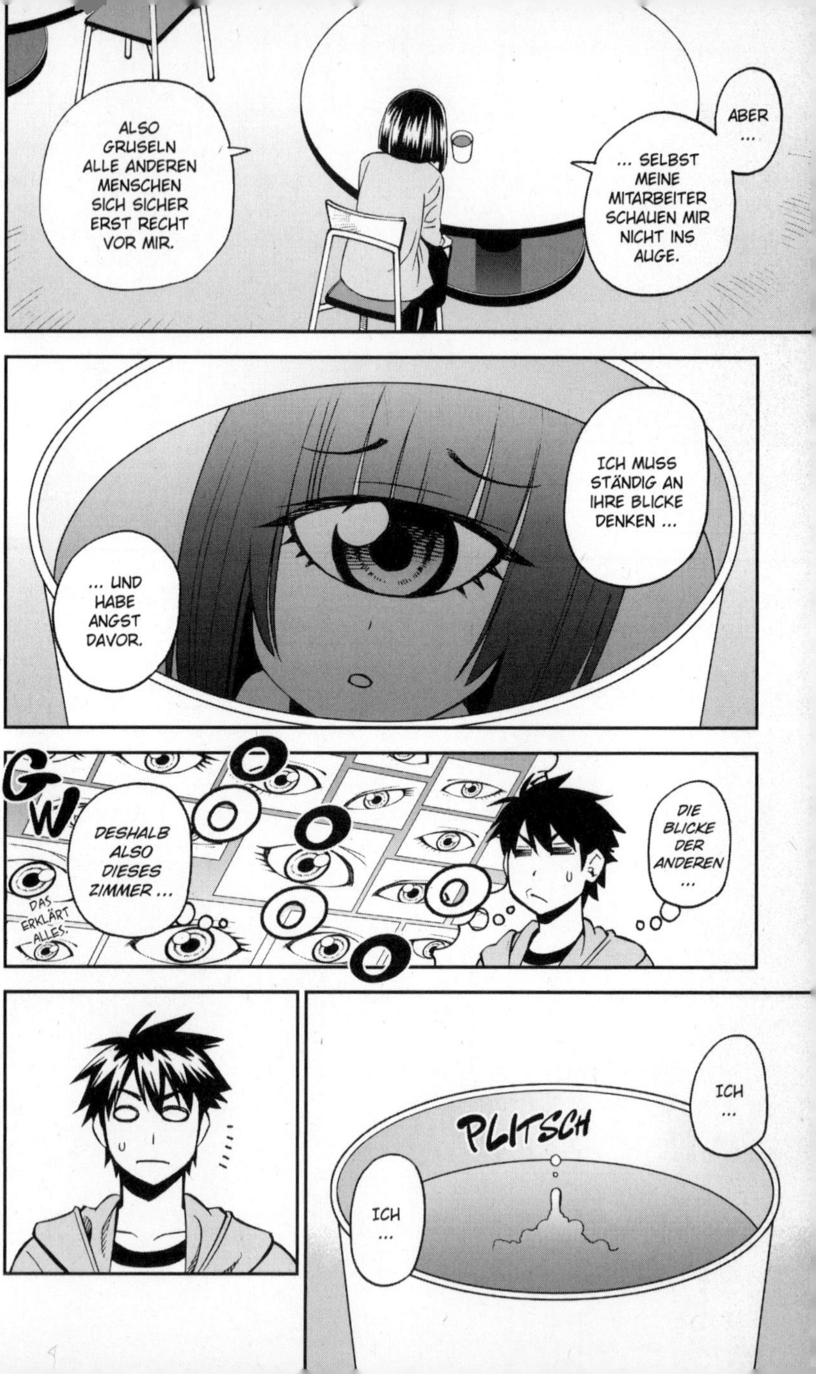
ALSO GRUSELN ALLE ANDEREN MENSCHEN SICH SICHER ERST RECHT VOR MIR.
ABER ...
... SELBST MEINE MITARBEITER SCHAUEN MIR NICHT INS AUGE.
ICH MUSS STÄNDIG AN IHRE BLICKE DENKEN ...
... UND HABE ANGST DAVOR.
GW
DESHALB ALSO DIESES ZIMMER ...
DAS ERKLÄRT ALLES.
DIE BLICKE DER ANDEREN ...
ICH ...
PLITSCH
ICH ...

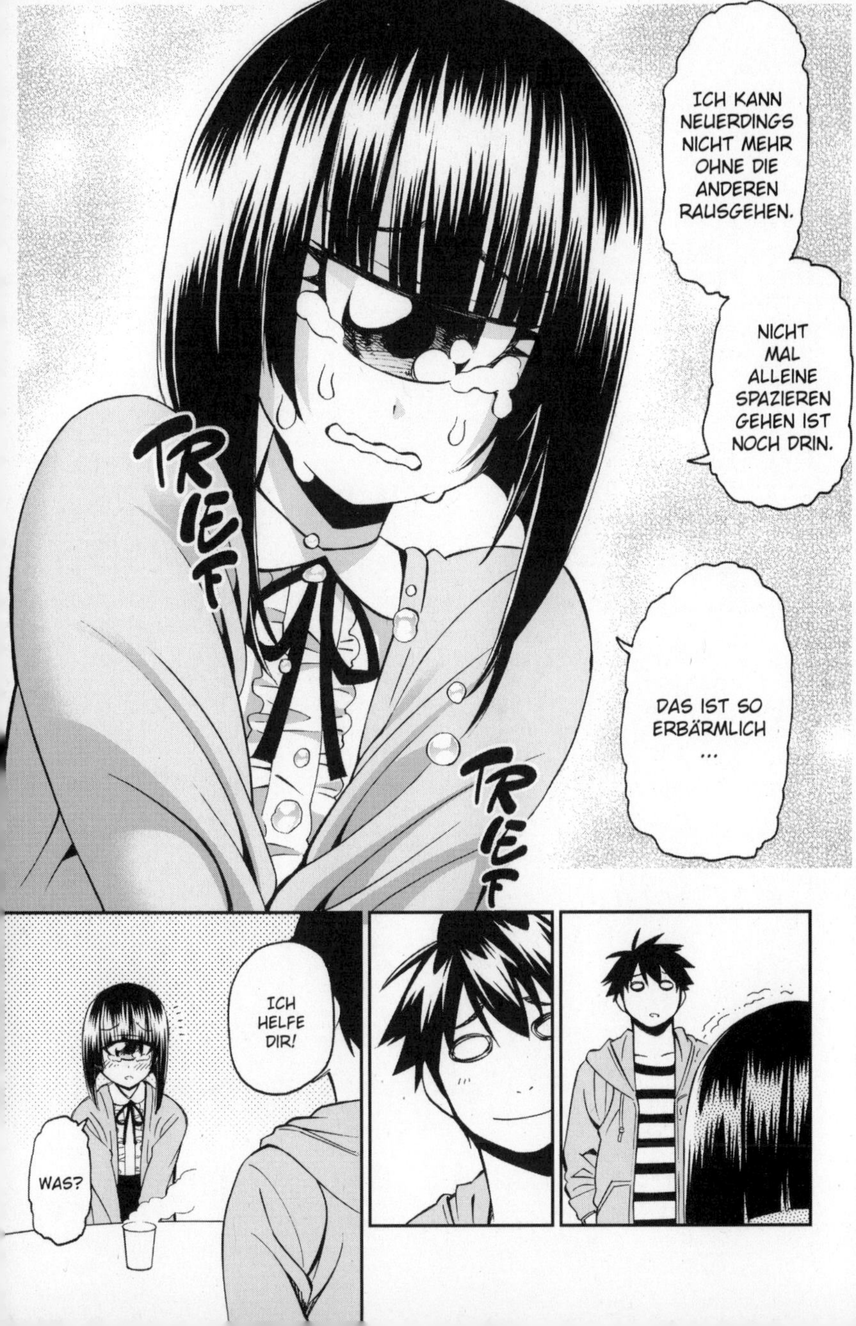
ICH KANN NEUERDINGS NICHT MEHR OHNE DIE ANDEREN RAUSGEHEN.
NICHT MAL ALLEINE SPAZIEREN GEHEN IST NOCH DRIN.
DAS IST SO ERBÄRMLICH …
TRIEF
TRIEF
ICH HELFE DIR!
WAS?

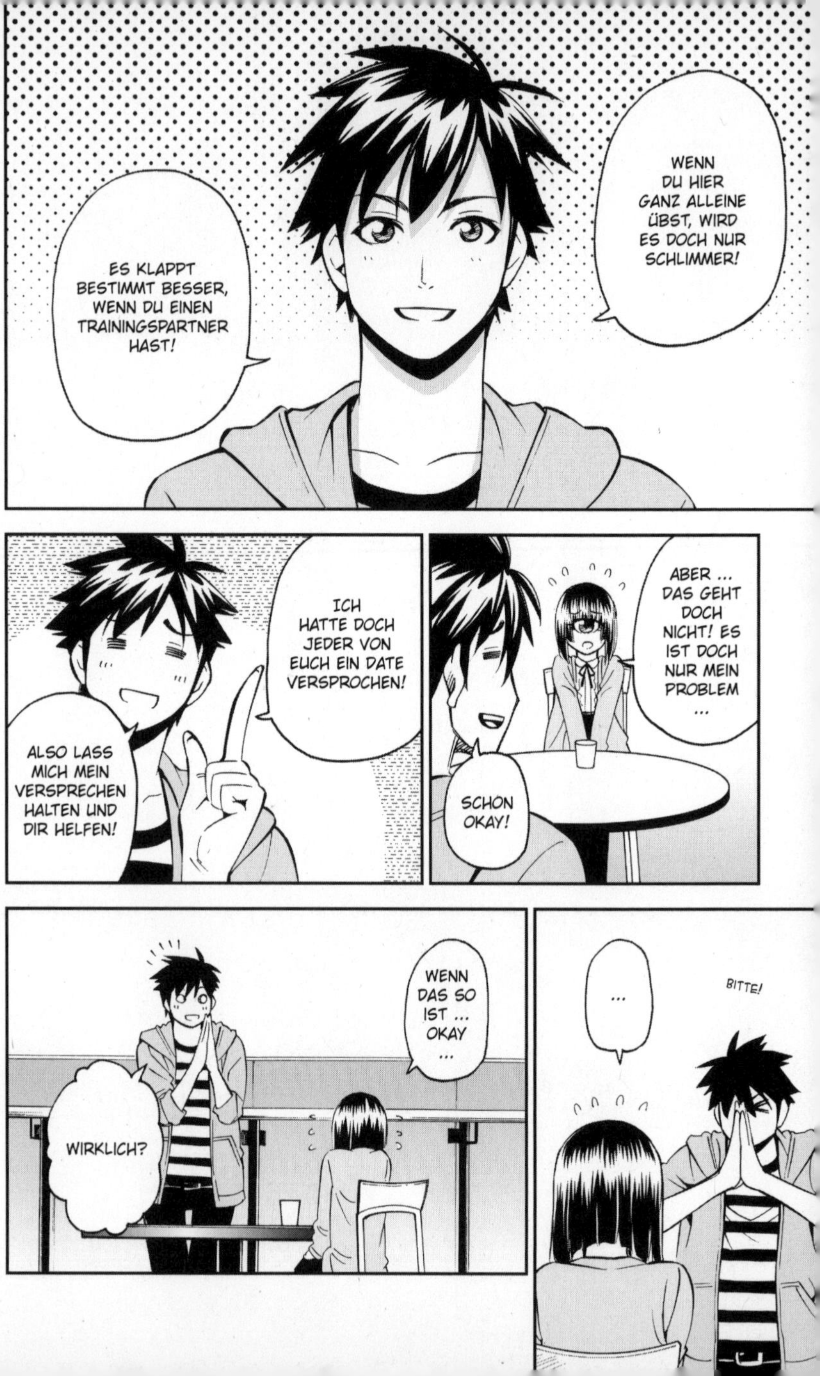
WENN DU HIER GANZ ALLEINE ÜBST, WIRD ES DOCH NUR SCHLIMMER!
ES KLAPPT BESTIMMT BESSER, WENN DU EINEN TRAININGSPARTNER HAST!
ABER ... DAS GEHT DOCH NICHT! ES IST DOCH NUR MEIN PROBLEM ...
SCHON OKAY!
ICH HATTE DOCH JEDER VON EUCH EIN DATE VERSPROCHEN!
ALSO LASS MICH MEIN VERSPRECHEN HALTEN UND DIR HELFEN!
...
BITTE!
WENN DAS SO IST ... OKAY ...
WIRKLICH?

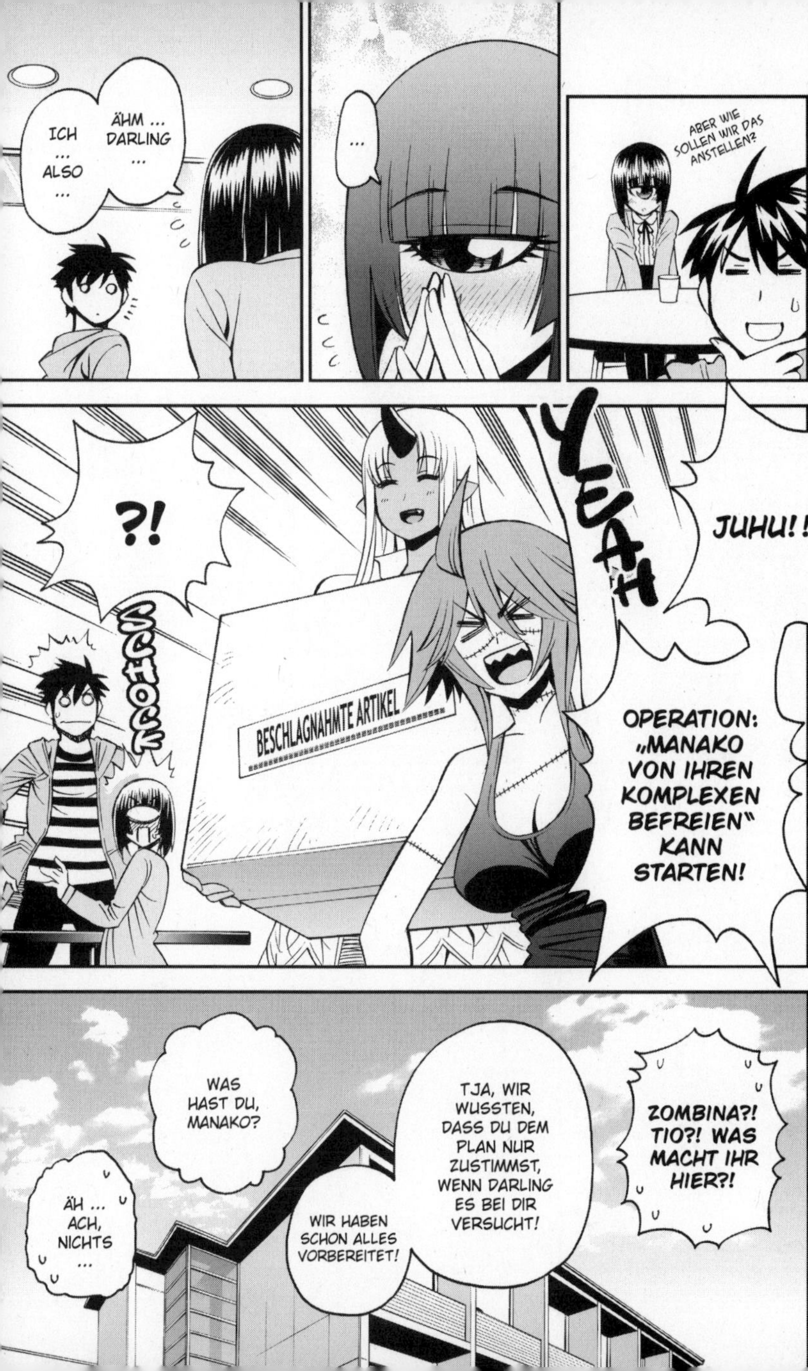
ABER WIE SOLLEN WIR DAS ANSTELLEN?
...
ÄHM ... DARLING ...
ICH ... ALSO ...
JUHU!!
YEAH
OPERATION: „MANAKO VON IHREN KOMPLEXEN BEFREIEN“ KANN STARTEN!
BESCHLAGNAHMTE ARTIKEL
?!
SCHOCK
ZOMBINA?! TIO?! WAS MACHT IHR HIER?!
TJA, WIR WUSSTEN, DASS DU DEM PLAN NUR ZUSTIMMST, WENN DARLING ES BEI DIR VERSUCHT!
WIR HABEN SCHON ALLES VORBEREITET!
WAS HAST DU, MANAKO?
ÄH ... ACH, NICHTS ...

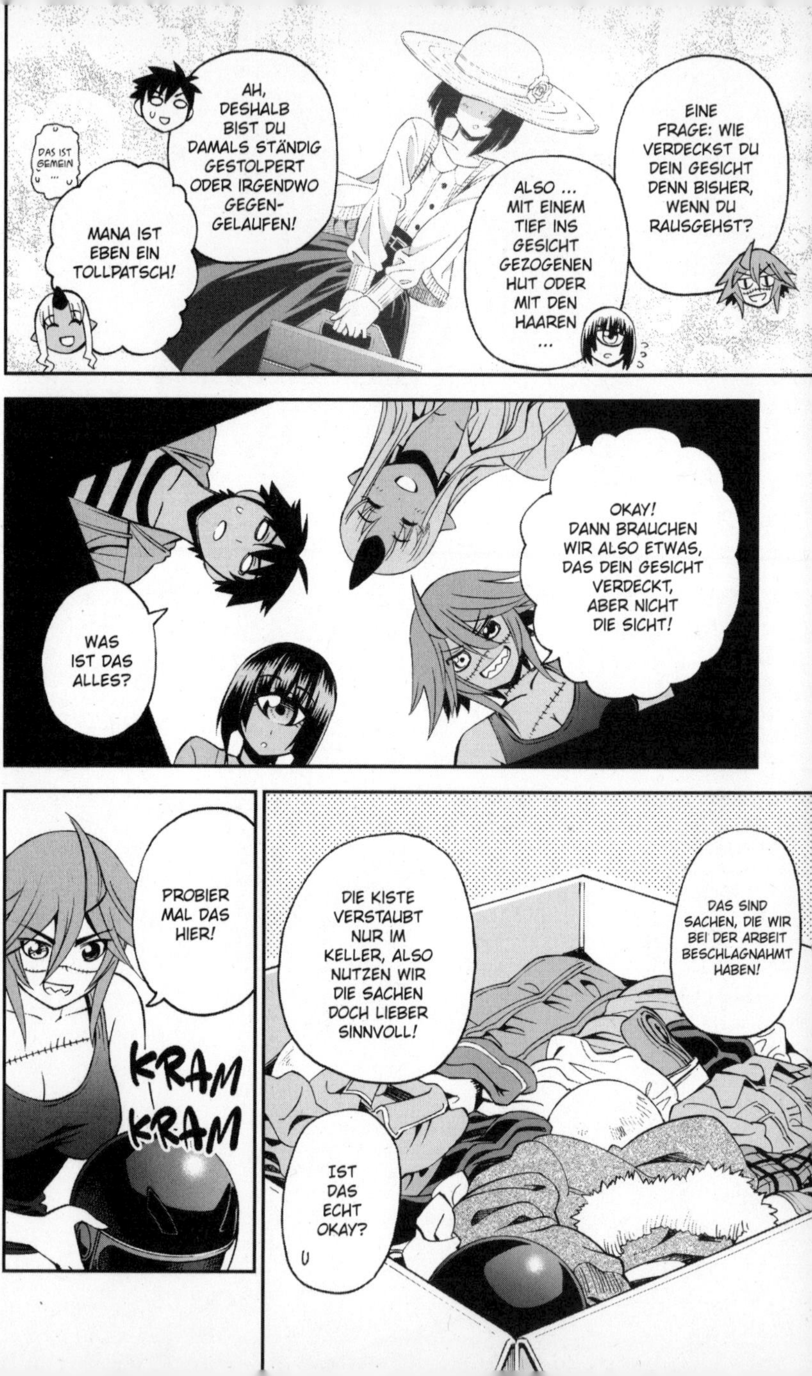
EINE FRAGE: WIE VERDECKST DU DEIN GESICHT DENN BISHER, WENN DU RAUSGEHST?
ALSO ... MIT EINEM TIEF INS GESICHT GEZOGENEN HUT ODER MIT DEN HAAREN ...
AH, DESHALB BIST DU DAMALS STÄNDIG GESTOLPERT ODER IRGENDWO GEGEN-GELAUFEN!
MANA IST EBEN EIN TOLLPATSCH!
DAS IST GEMEIN ...
OKAY! DANN BRAUCHEN WIR ALSO ETWAS, DAS DEIN GESICHT VERDECKT, ABER NICHT DIE SICHT!
WAS IST DAS ALLES?
DAS SIND SACHEN, DIE WIR BEI DER ARBEIT BESCHLAGNAHMT HABEN!
DIE KISTE VERSTAUBT NUR IM KELLER, ALSO NUTZEN WIR DIE SACHEN DOCH LIEBER SINNVOLL!
IST DAS ECHT OKAY?
PROBIER MAL DAS HIER!
KRAM KRAM

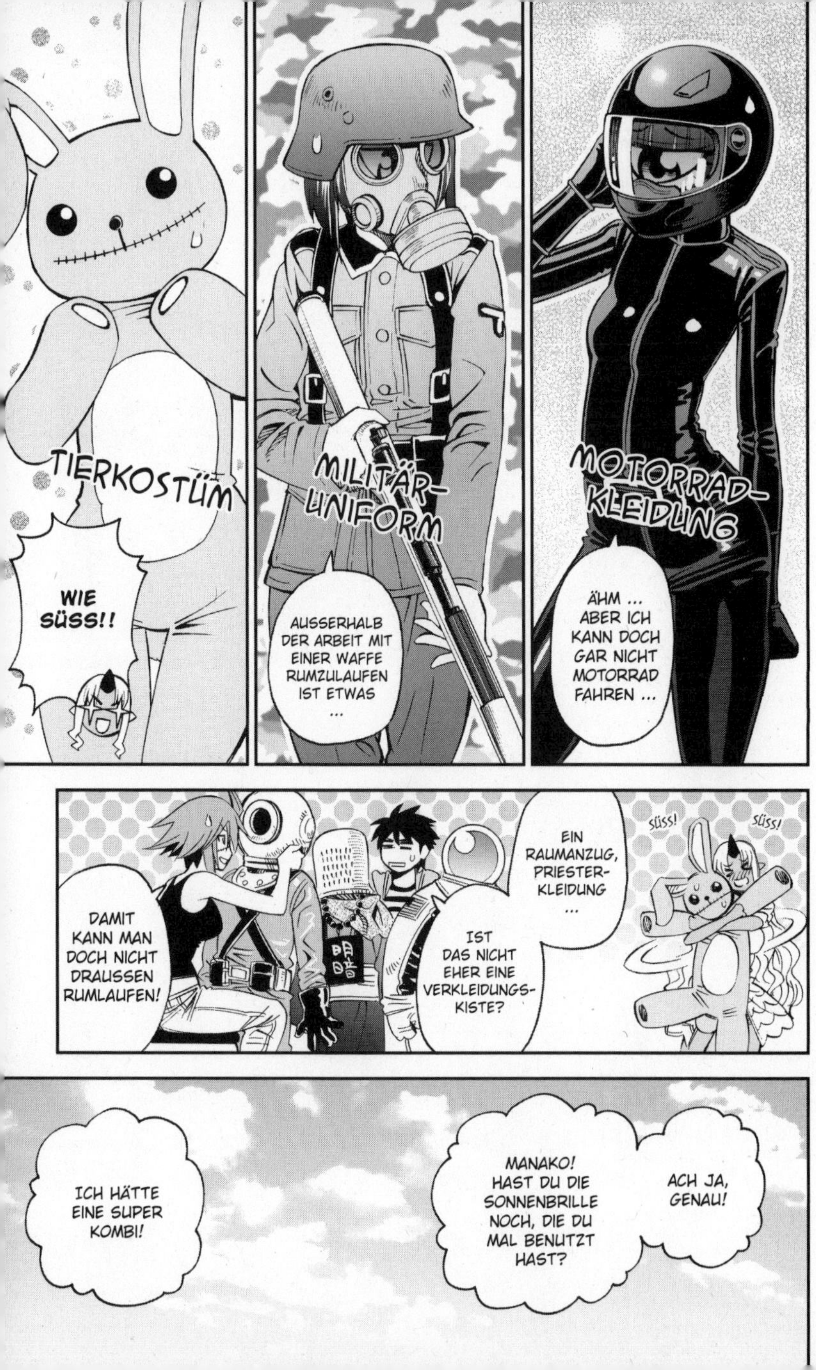

MOTORRAD-KLEIDUNG
ÄHM … ABER ICH KANN DOCH GAR NICHT MOTORRAD FAHREN …
MILITÄR-UNIFORM
AUSSERHALB DER ARBEIT MIT EINER WAFFE RUMZULAUFEN IST ETWAS …
TIERKOSTÜM
WIE SÜSS!!
SÜSS!
SÜSS!
EIN RAUMANZUG, PRIESTER-KLEIDUNG …
IST DAS NICHT EHER EINE VERKLEIDUNGS-KISTE?
DAMIT KANN MAN DOCH NICHT DRAUSSEN RUMLAUFEN!
ACH JA, GENAU!
MANAKO! HAST DU DIE SONNENBRILLE NOCH, DIE DU MAL BENUTZT HAST?
ICH HÄTTE EINE SUPER KOMBI!

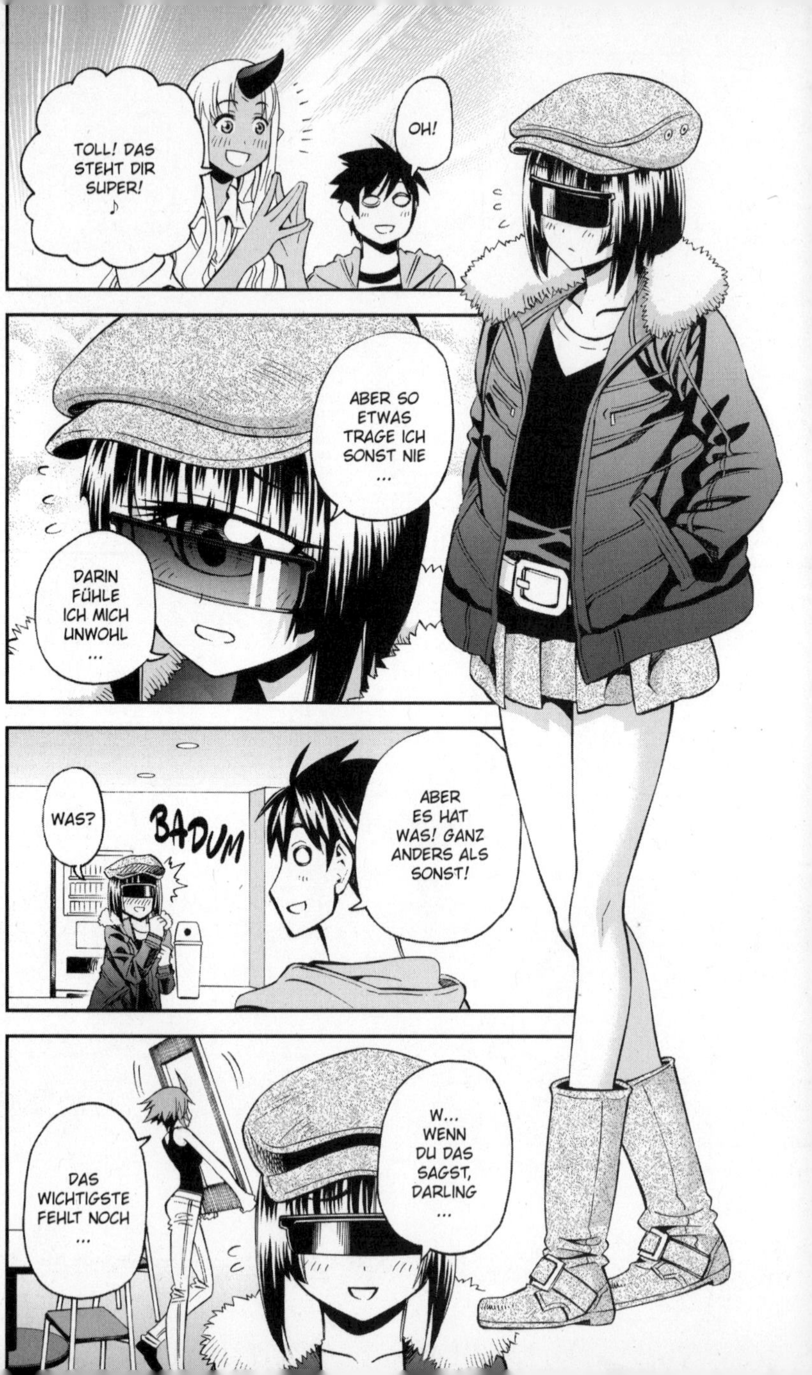
OH!
TOLL! DAS STEHT DIR SUPER! ♪
ABER SO ETWAS TRAGE ICH SONST NIE ...
DARIN FÜHLE ICH MICH UNWOHL ...
ABER ES HAT WAS! GANZ ANDERS ALS SONST!
BADUM
WAS?
W... WENN DU DAS SAGST, DARLING ...
DAS WICHTIGSTE FEHLT NOCH ...

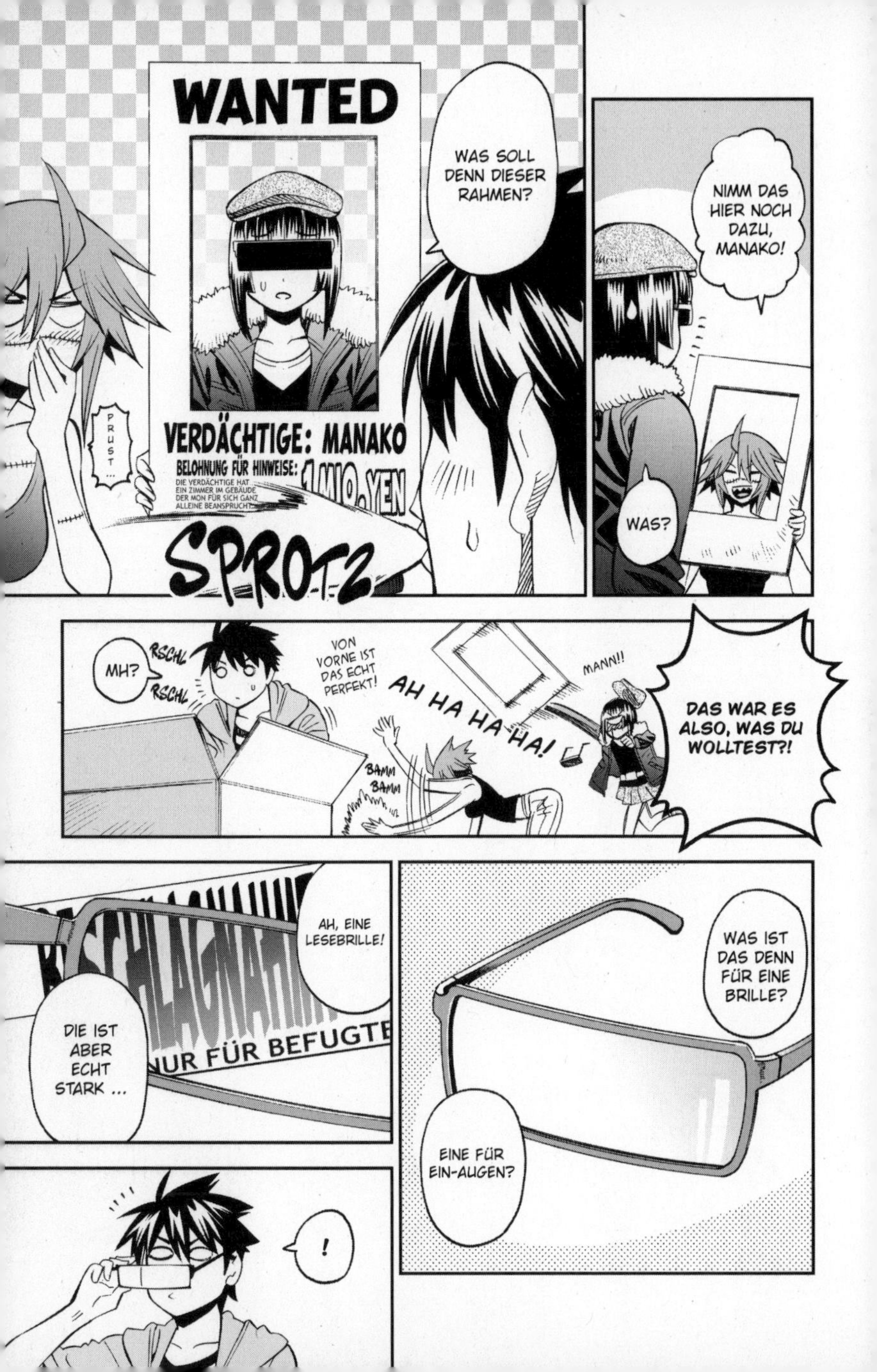

NIMM DAS HIER NOCH DAZU, MANAKO!
WAS?
WAS SOLL DENN DIESER RAHMEN?
WANTED
VERDÄCHTIGE: MANAKO
BELOHNUNG FÜR HINWEISE: 1 MIO. YEN
DIE VERDÄCHTIGE HAT EIN ZIMMER IM GEBÄUDE DER MON FÜR SICH GANZ ALLEINE BEANSPRUCHT.
SPROTZ
PRUST ...
DAS WAR ES ALSO, WAS DU WOLLTEST?!
MANN!!
AH HA HA HA!
BAMM BAMM
VON VORNE IST DAS ECHT PERFEKT!
RSCHL RSCHL
MH?
WAS IST DAS DENN FÜR EINE BRILLE?
EINE FÜR EIN-AUGEN?
AH, EINE LESEBRILLE!
NUR FÜR BEFUGTE
DIE IST ABER ECHT STARK ...
!

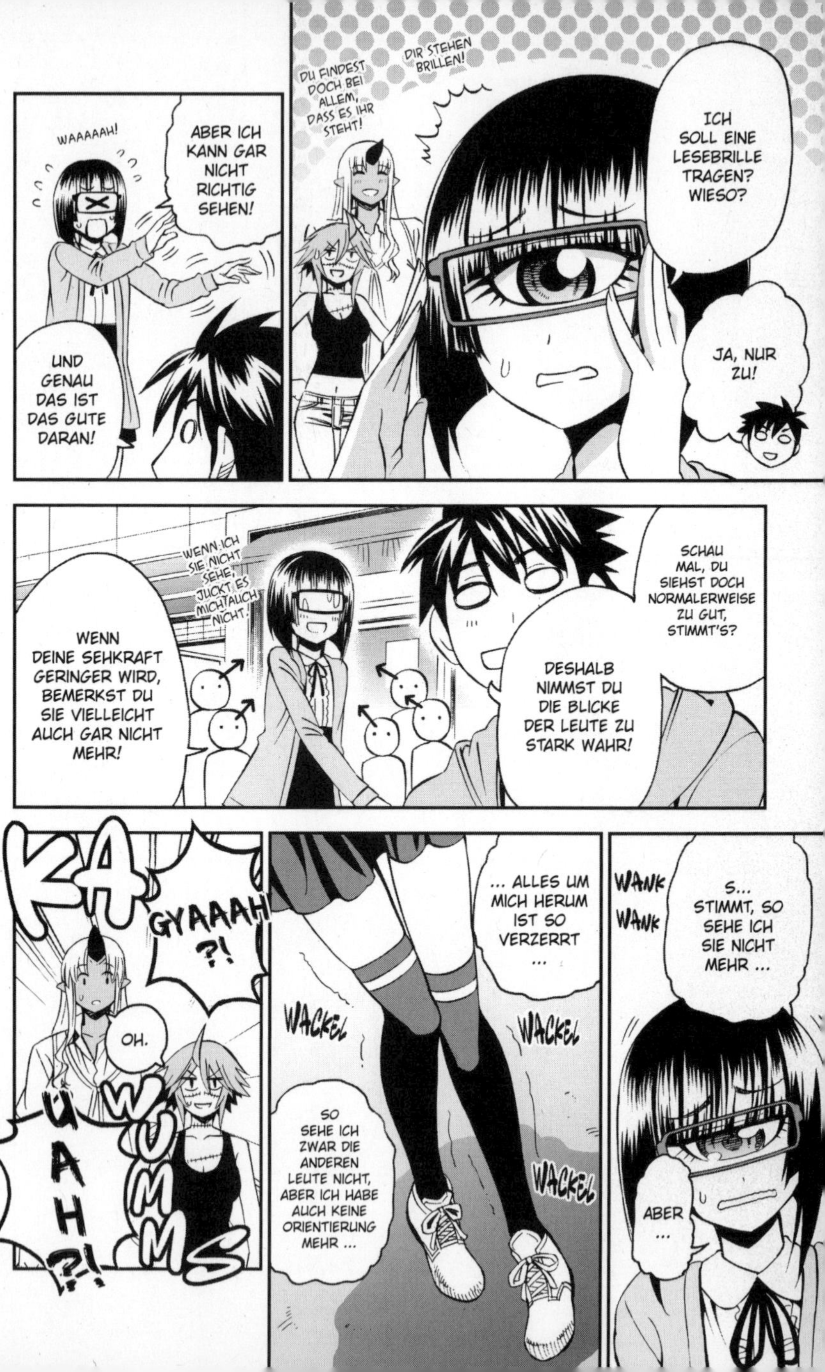
ICH SOLL EINE LESEBRILLE TRAGEN? WIESO?
JA, NUR ZU!
DIR STEHEN BRILLEN!
DU FINDEST DOCH BEI ALLEM, DASS ES IHR STEHT!
ABER ICH KANN GAR NICHT RICHTIG SEHEN!
WAAAAAH!
UND GENAU DAS IST DAS GUTE DARAN!
SCHAU MAL, DU SIEHST DOCH NORMALERWEISE ZU GUT, STIMMT'S?
DESHALB NIMMST DU DIE BLICKE DER LEUTE ZU STARK WAHR!
WENN DEINE SEHKRAFT GERINGER WIRD, BEMERKST DU SIE VIELLEICHT AUCH GAR NICHT MEHR!
WENN ICH SIE NICHT SEHE, JUCKT ES MICH AUCH NICHT.
S... STIMMT, SO SEHE ICH SIE NICHT MEHR ...
WANK
WANK
ABER ...
... ALLES UM MICH HERUM IST SO VERZERRT ...
WACKEL
WACKEL
WACKEL
SO SEHE ICH ZWAR DIE ANDEREN LEUTE NICHT, ABER ICH HABE AUCH KEINE ORIENTIERUNG MEHR ...
KA
GYAAAH ?!
OH.
WUMMS
UAAH?!

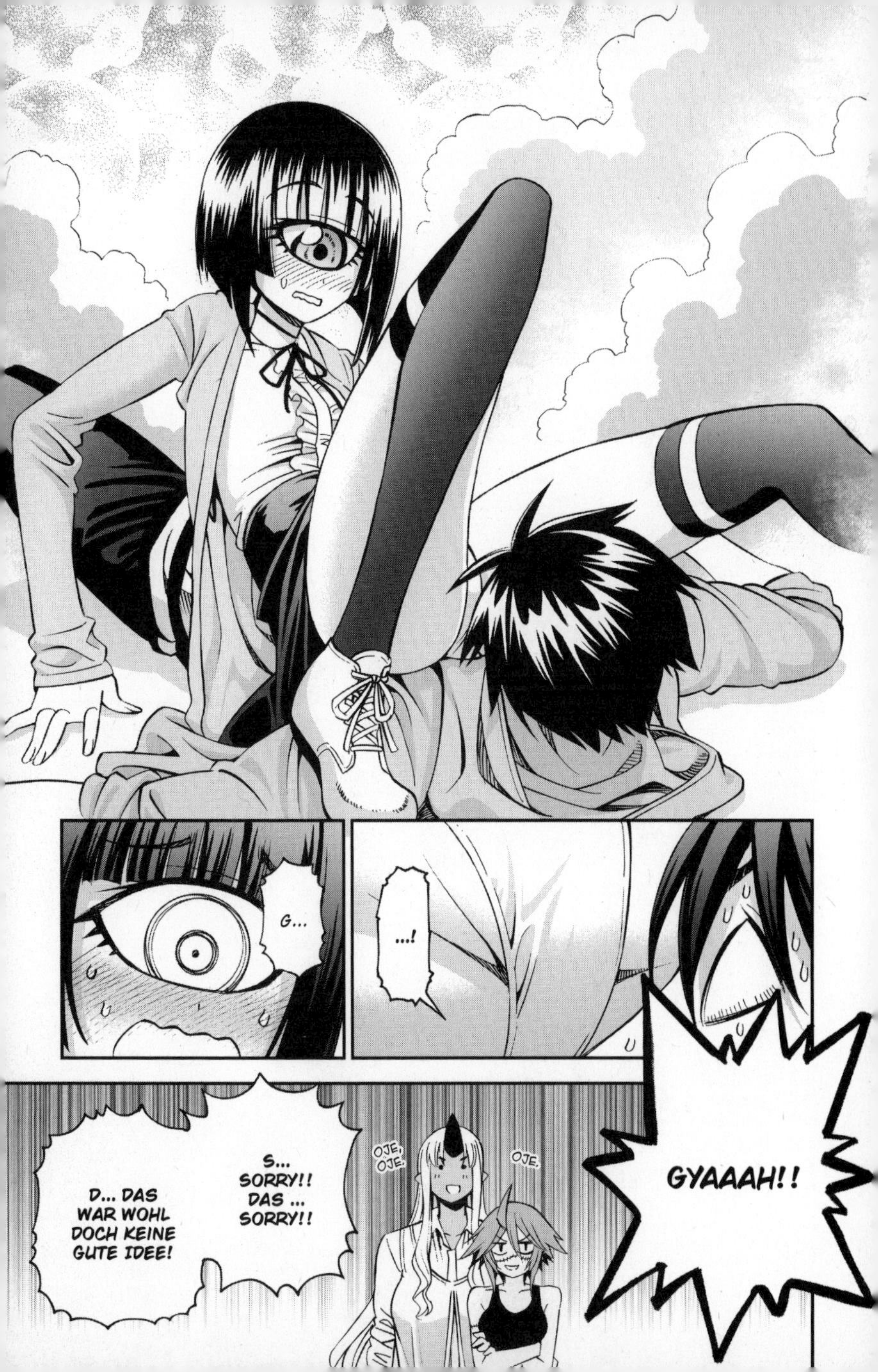
G...
...!
GYAAAH!!
OJE, OJE.
OJE.
S... SORRY!! DAS ... SORRY!!
D... DAS WAR WOHL DOCH KEINE GUTE IDEE!

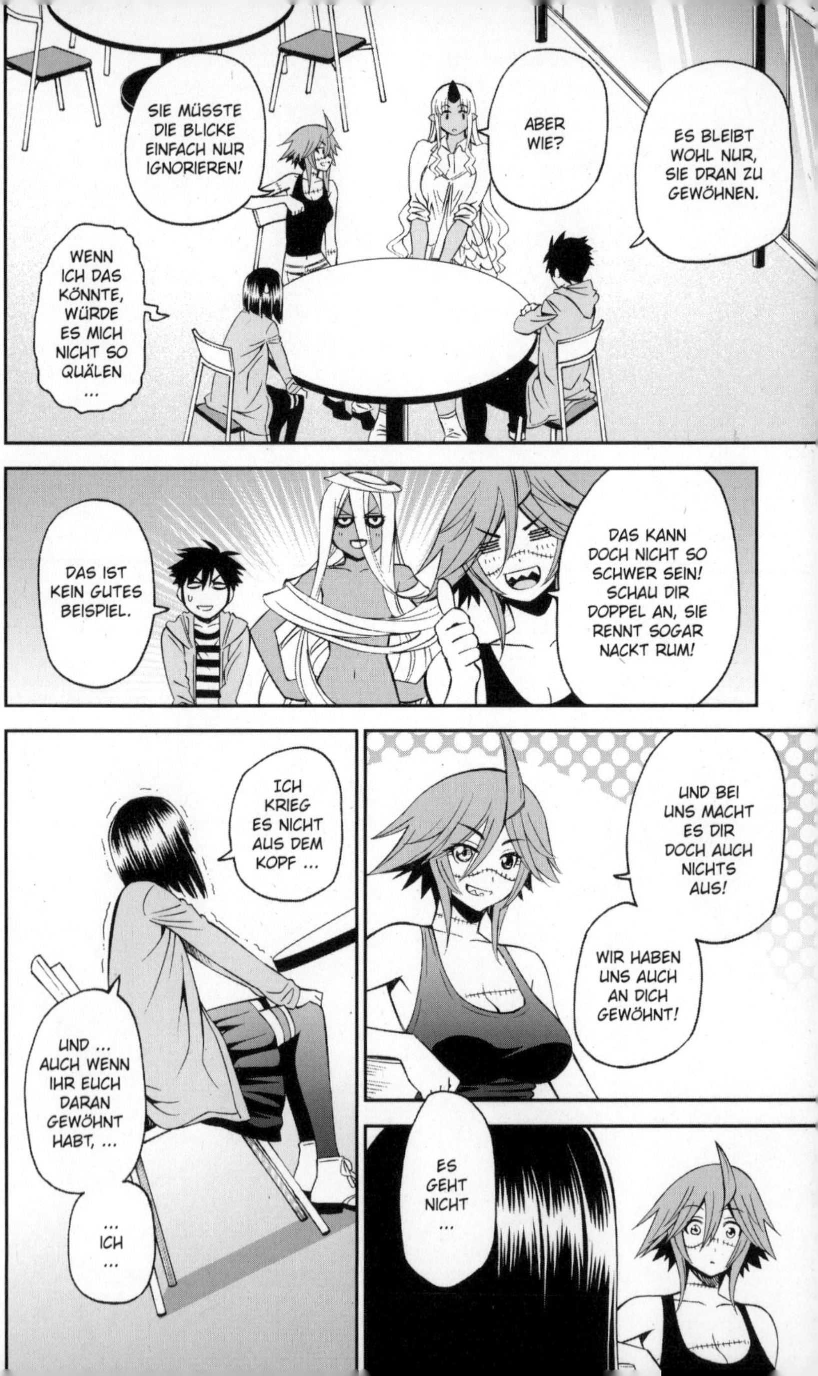
ES BLEIBT WOHL NUR, SIE DRAN ZU GEWÖHNEN.
ABER WIE?
SIE MÜSSTE DIE BLICKE EINFACH NUR IGNORIEREN!
WENN ICH DAS KÖNNTE, WÜRDE ES MICH NICHT SO QUÄLEN ...
DAS KANN DOCH NICHT SO SCHWER SEIN! SCHAU DIR DOPPEL AN, SIE RENNT SOGAR NACKT RUM!
DAS IST KEIN GUTES BEISPIEL.
UND BEI UNS MACHT ES DIR DOCH AUCH NICHTS AUS!
WIR HABEN UNS AUCH AN DICH GEWÖHNT!
ICH KRIEG ES NICHT AUS DEM KOPF ...
UND ... AUCH WENN IHR EUCH DARAN GEWÖHNT HABT, ...
... ICH ...
ES GEHT NICHT ...

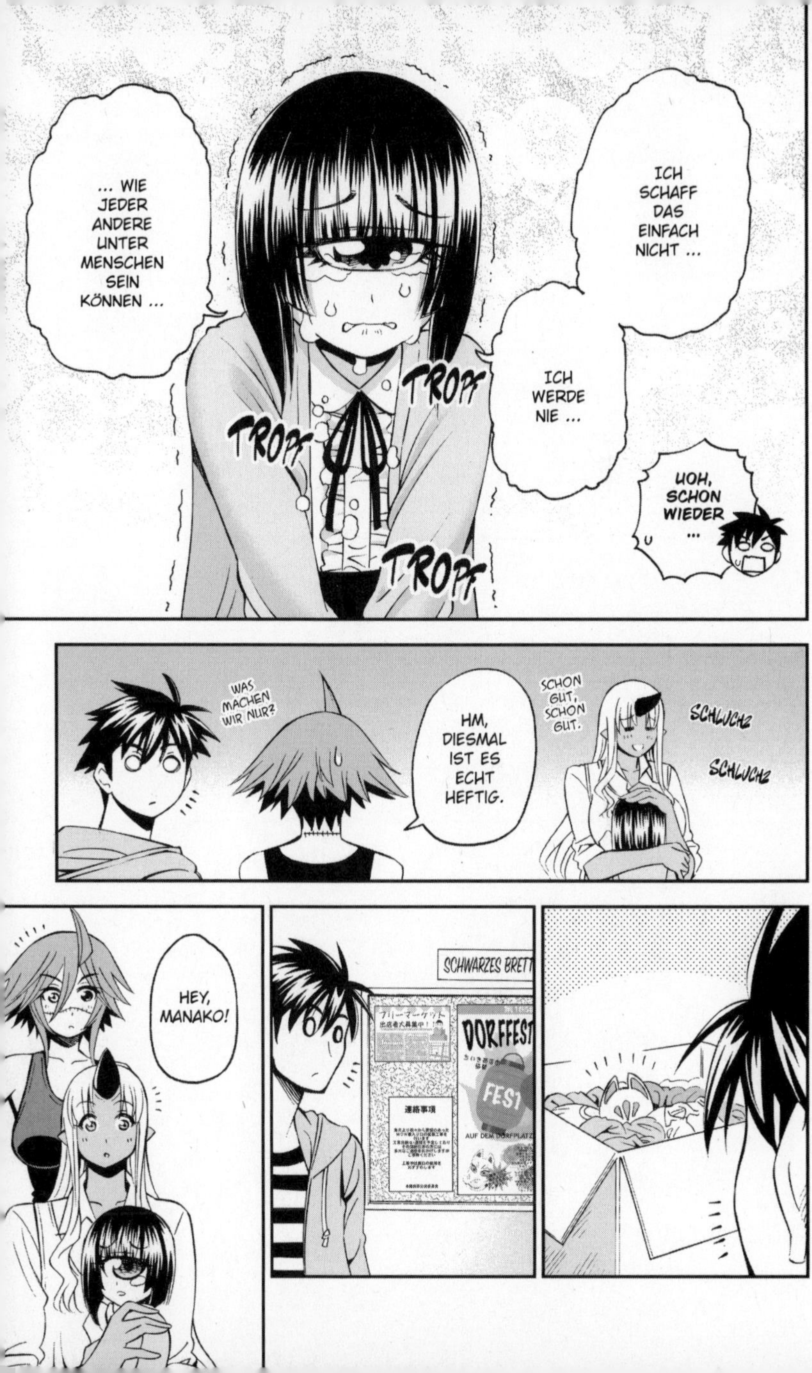
ICH SCHAFF DAS EINFACH NICHT ...
ICH WERDE NIE ...
... WIE JEDER ANDERE UNTER MENSCHEN SEIN KÖNNEN ...
TROPF
TROPF
TROPF
UOH, SCHON WIEDER ...
SCHLUCHZ
SCHLUCHZ
SCHON GUT, SCHON GUT.
HM, DIESMAL IST ES ECHT HEFTIG.
WAS MACHEN WIR NUR?
SCHWARZES BRETT
DORFFEST
FEST
AUF DEM DORFPLATZ
HEY, MANAKO!

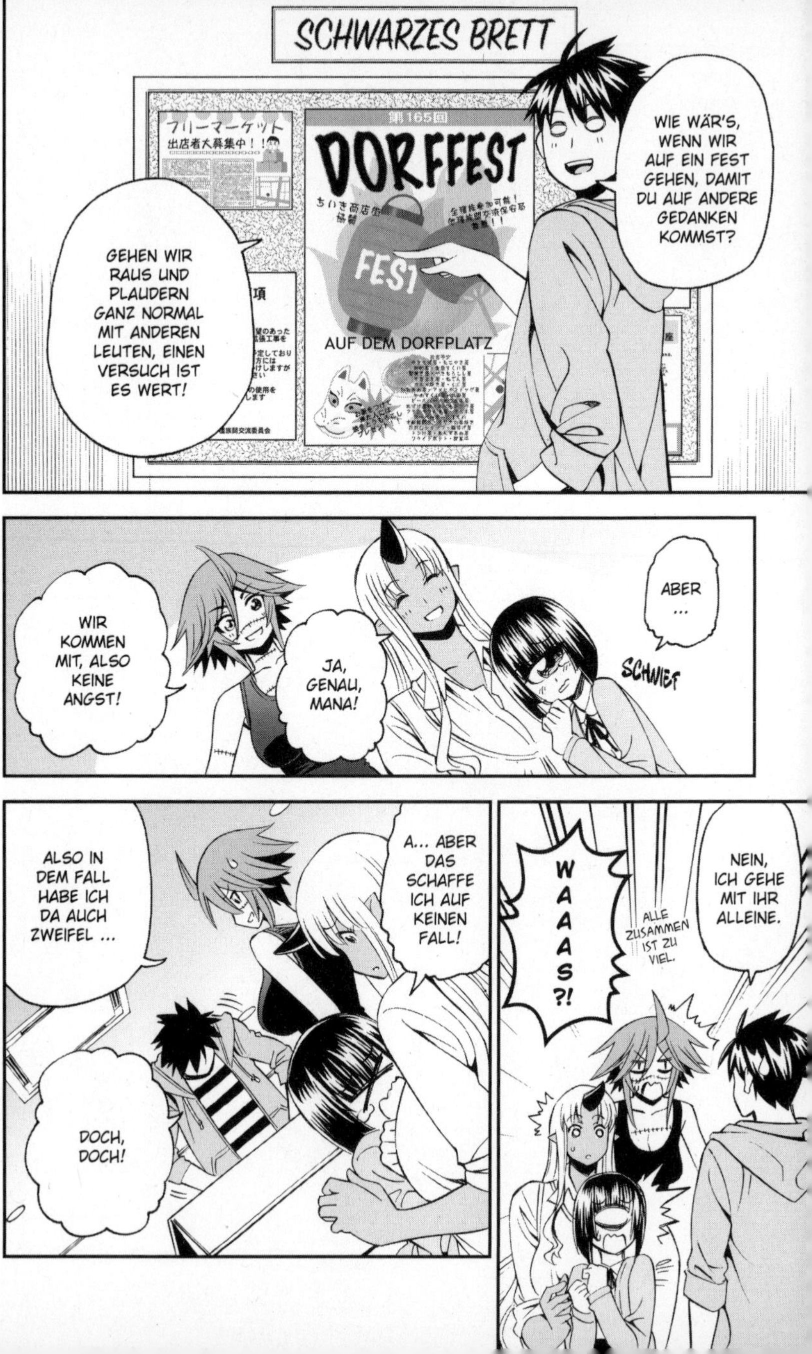
SCHWARZES BRETT
DORFFEST
FEST
AUF DEM DORFPLATZ
WIE WÄR'S, WENN WIR AUF EIN FEST GEHEN, DAMIT DU AUF ANDERE GEDANKEN KOMMST?
GEHEN WIR RAUS UND PLAUDERN GANZ NORMAL MIT ANDEREN LEUTEN, EINEN VERSUCH IST ES WERT!
ABER …
SCHNIEF
JA, GENAU, MANA!
WIR KOMMEN MIT, ALSO KEINE ANGST!
NEIN, ICH GEHE MIT IHR ALLEINE.
ALLE ZUSAMMEN IST ZU VIEL.
WAAAAS?!
A… ABER DAS SCHAFFE ICH AUF KEINEN FALL!
ALSO IN DEM FALL HABE ICH DA AUCH ZWEIFEL …
DOCH, DOCH!

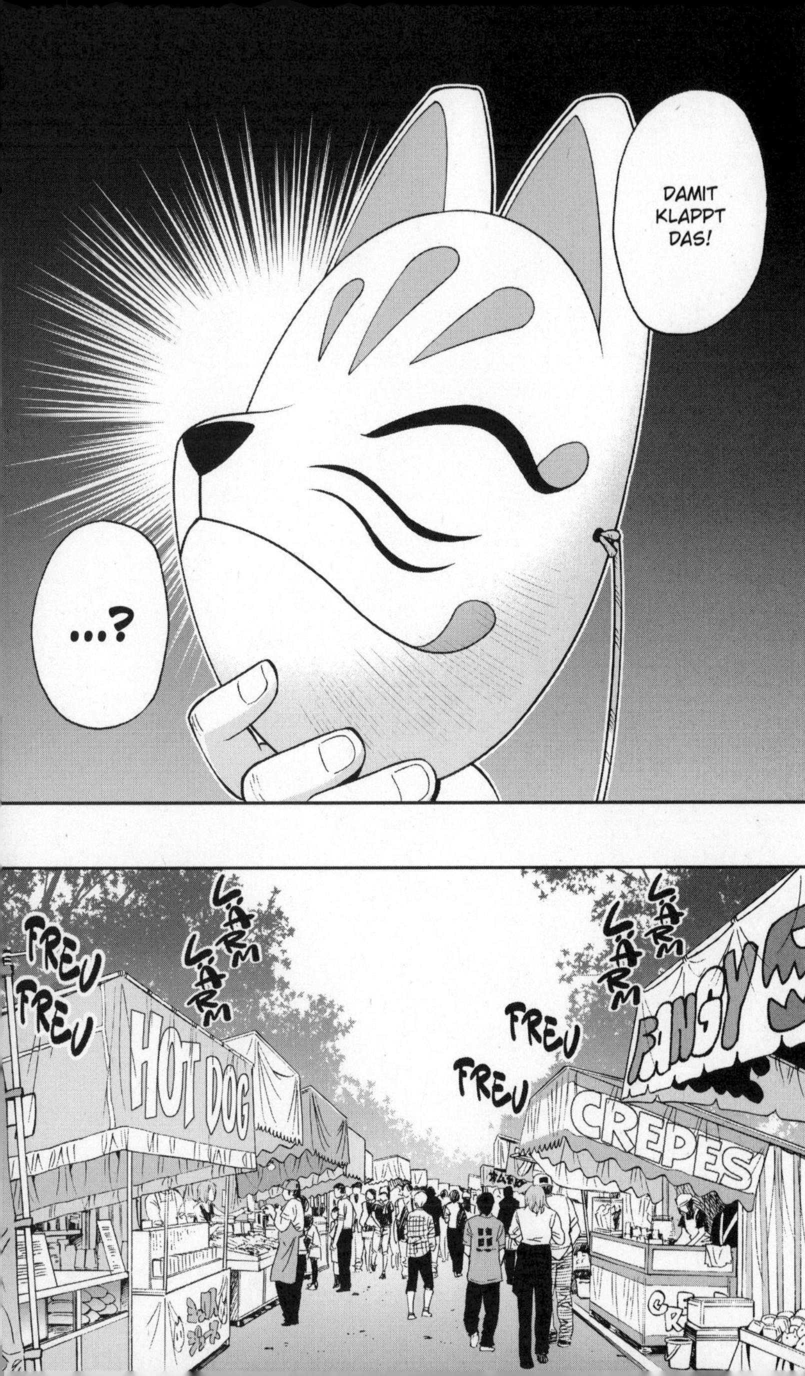
DAMIT KLAPPT DAS!
...?
LÄRM LÄRM
FREU FREU
CREPES
LÄRM LÄRM
FREU FREU
HOT DOG

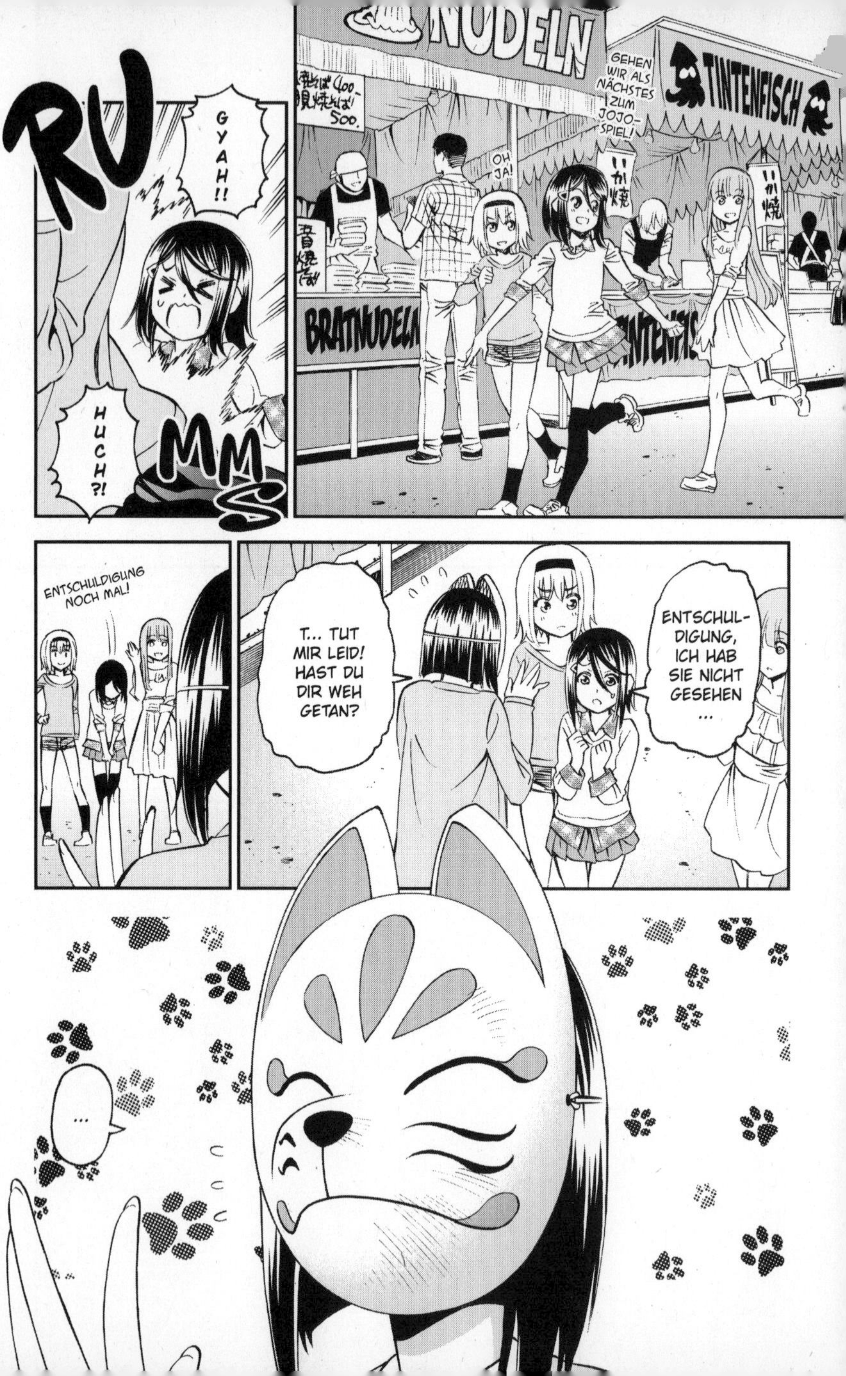
NUDELN
TINTENFISCH
GEHEN WIR ALS NÄCHSTES ZUM JOJO-SPIEL!
OH JA!
BRATNUDELN
TINTENFIS
RU
GYAH!!
HUCH?!
MMS
ENTSCHULDIGUNG, ICH HAB SIE NICHT GESEHEN ...
T... TUT MIR LEID! HAST DU DIR WEH GETAN?
ENTSCHULDIGUNG NOCH MAL!
...

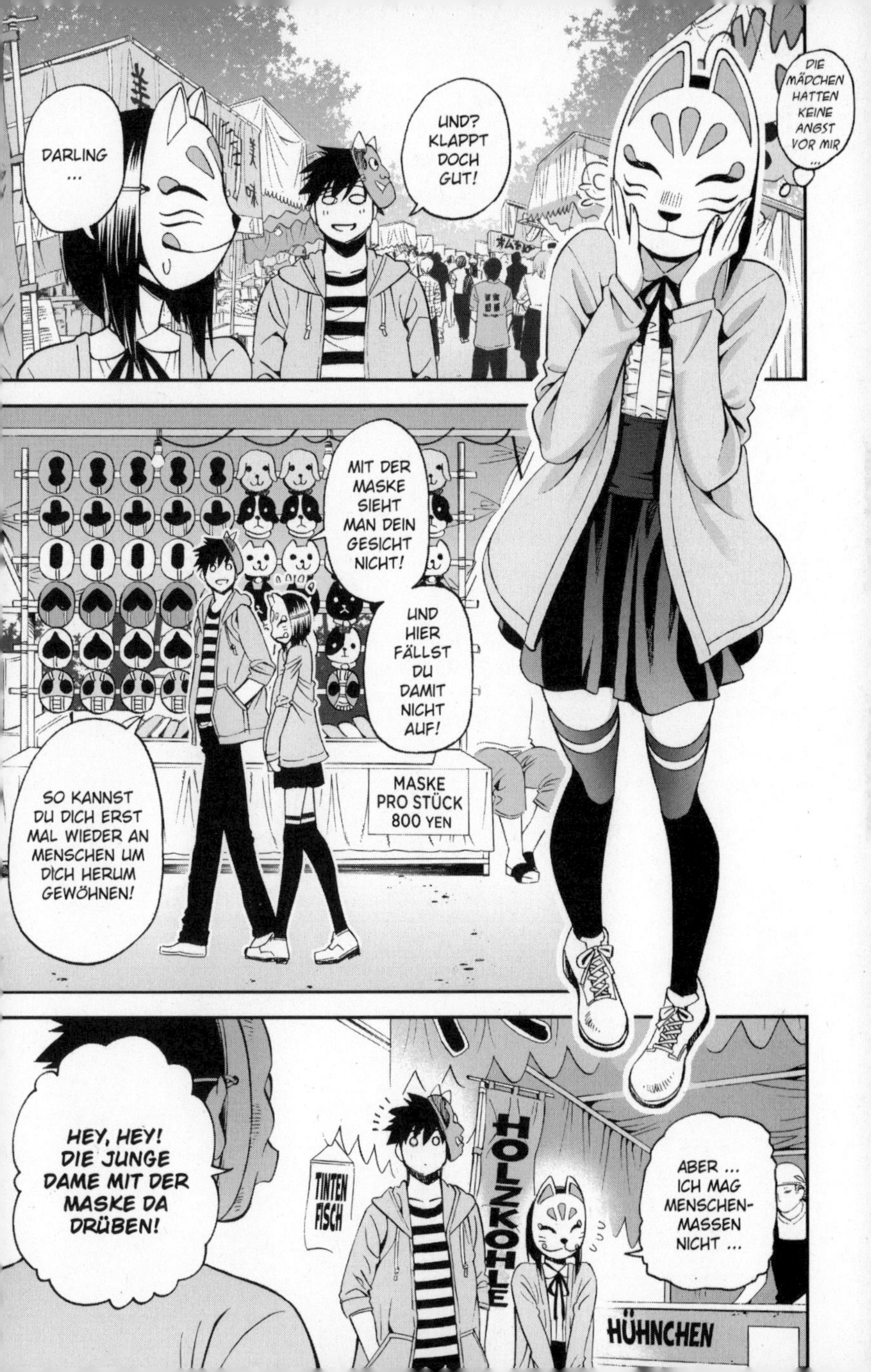
DIE MÄDCHEN HATTEN KEINE ANGST VOR MIR ...
UND? KLAPPT DOCH GUT!
DARLING ...
MIT DER MASKE SIEHT MAN DEIN GESICHT NICHT!
UND HIER FÄLLST DU DAMIT NICHT AUF!
MASKE PRO STÜCK 800 YEN
SO KANNST DU DICH ERST MAL WIEDER AN MENSCHEN UM DICH HERUM GEWÖHNEN!
ABER ... ICH MAG MENSCHEN-MASSEN NICHT ...
HOLZKOHLE
HÜHNCHEN
TINTEN FISCH
HEY, HEY! DIE JUNGE DAME MIT DER MASKE DA DRÜBEN!

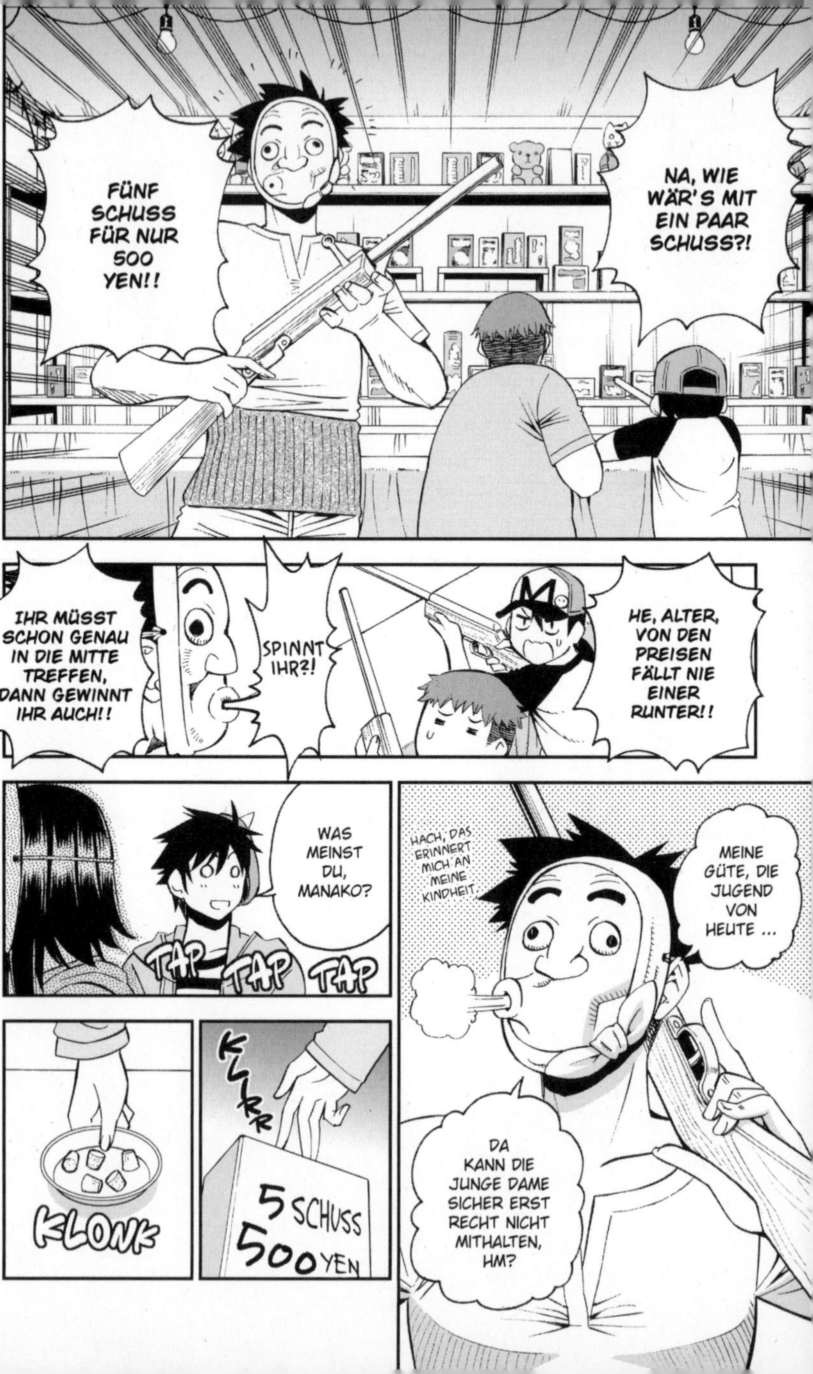
NA, WIE WÄR'S MIT EIN PAAR SCHUSS?!
FÜNF SCHUSS FÜR NUR 500 YEN!!
HE, ALTER, VON DEN PREISEN FÄLLT NIE EINER RUNTER!!
SPINNT IHR?!
IHR MÜSST SCHON GENAU IN DIE MITTE TREFFEN, DANN GEWINNT IHR AUCH!!
MEINE GÜTE, DIE JUGEND VON HEUTE ...
HACH, DAS ERINNERT MICH AN MEINE KINDHEIT.
WAS MEINST DU, MANAKO?
TAP TAP TAP
DA KANN DIE JUNGE DAME SICHER ERST RECHT NICHT MITHALTEN, HM?
KLRR
5 SCHUSS 500 YEN
KLONK

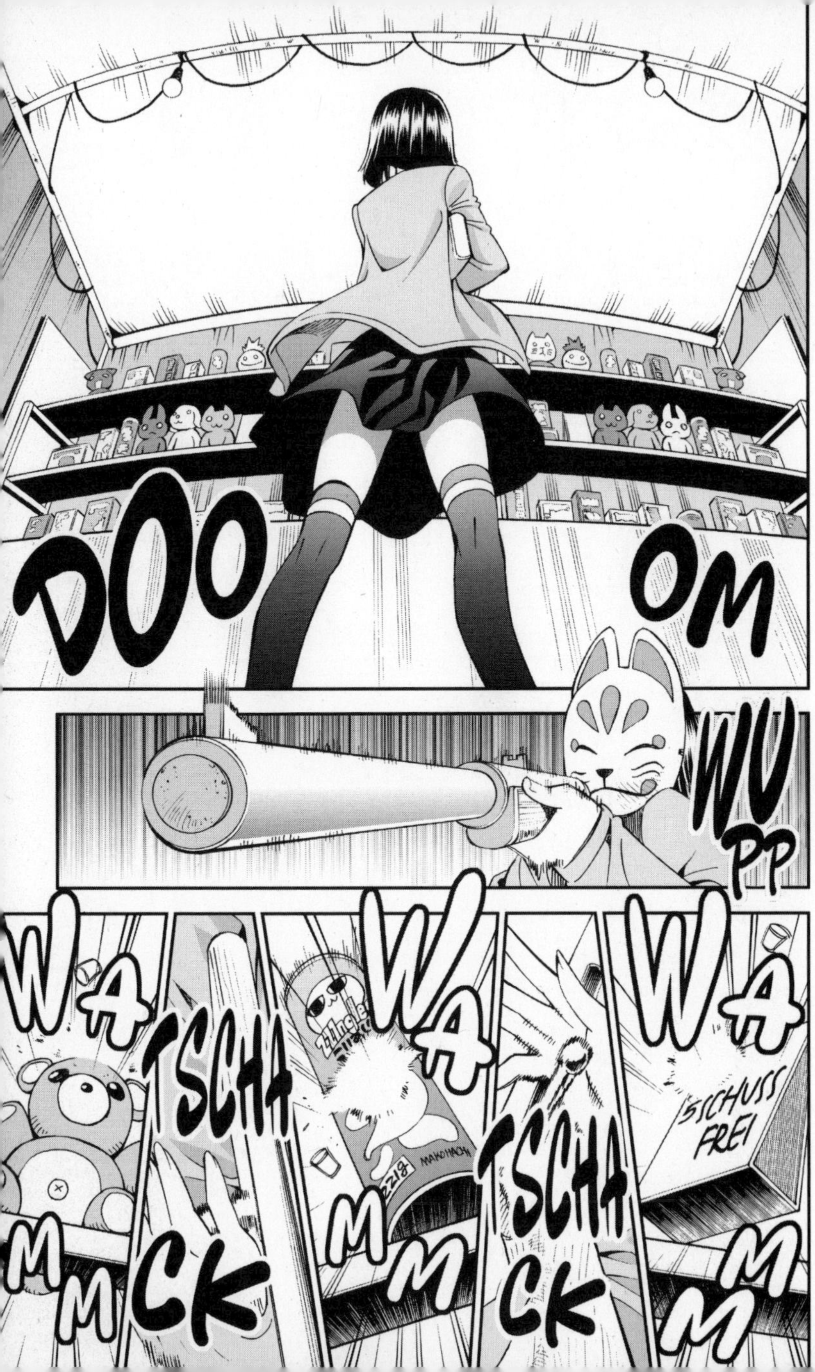
DOO OM
WU PP
WA
SCHUSS FREI
MM
WA
TSCHA
CK
MM
WA
TSCHA
MCK
MM

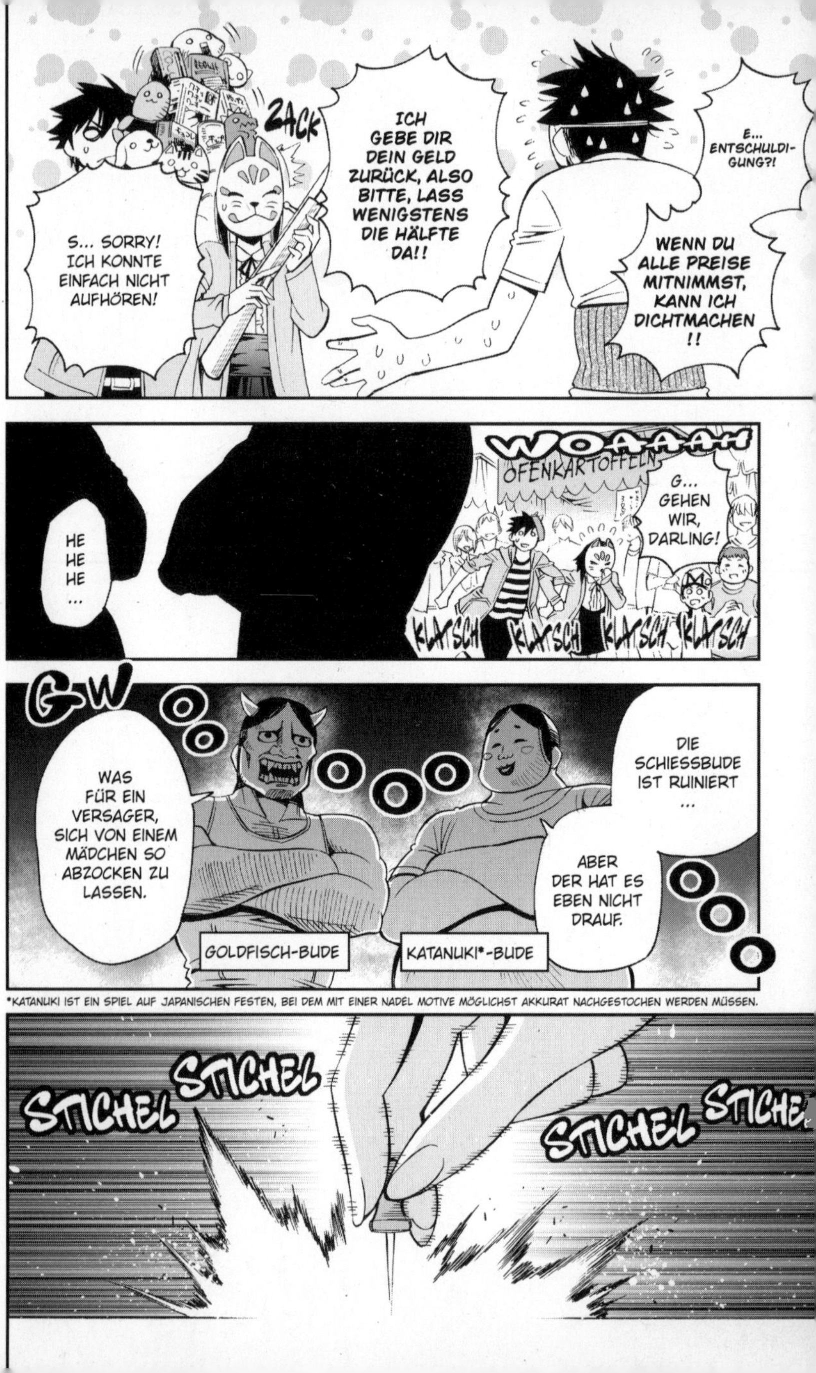

*KATANUKI IST EIN SPIEL AUF JAPANISCHEN FESTEN, BEI DEM MIT EINER NADEL MOTIVE MÖGLICHST AKKURAT NACHGESTOCHEN WERDEN MÜSSEN.

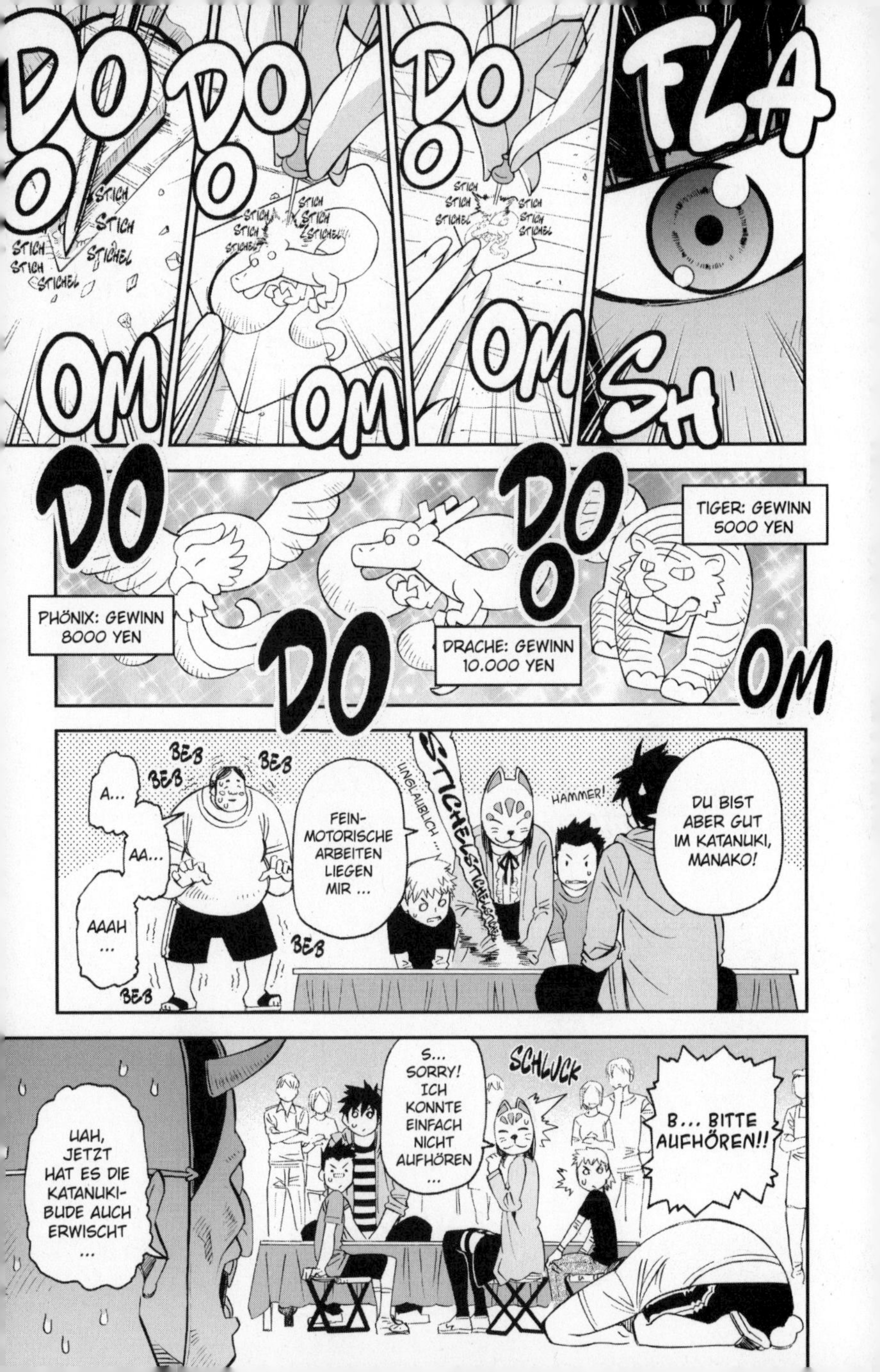
DODOOOM
STICH STICH STICHEL
DODOOOM
STICH STICH STICHEL
DODOOOM
STICH STICH STICHEL
FLASH
DO
DODOOOM
DO
TIGER: GEWINN 5000 YEN
DRACHE: GEWINN 10.000 YEN
PHÖNIX: GEWINN 8000 YEN
DU BIST ABER GUT IM KATANUKI, MANAKO!
HAMMER!
STICHELSTICHELSTICHEL
UNGLAUBLICH ...
FEIN-MOTORISCHE ARBEITEN LIEGEN MIR ...
BEB BEB BEB
A...
AA...
AAAH ...
BEB
BEB
B... BITTE AUFHÖREN!!
SCHLUCK
S... SORRY! ICH KONNTE EINFACH NICHT AUFHÖREN ...
UAH, JETZT HAT ES DIE KATANUKI-BUDE AUCH ERWISCHT ...

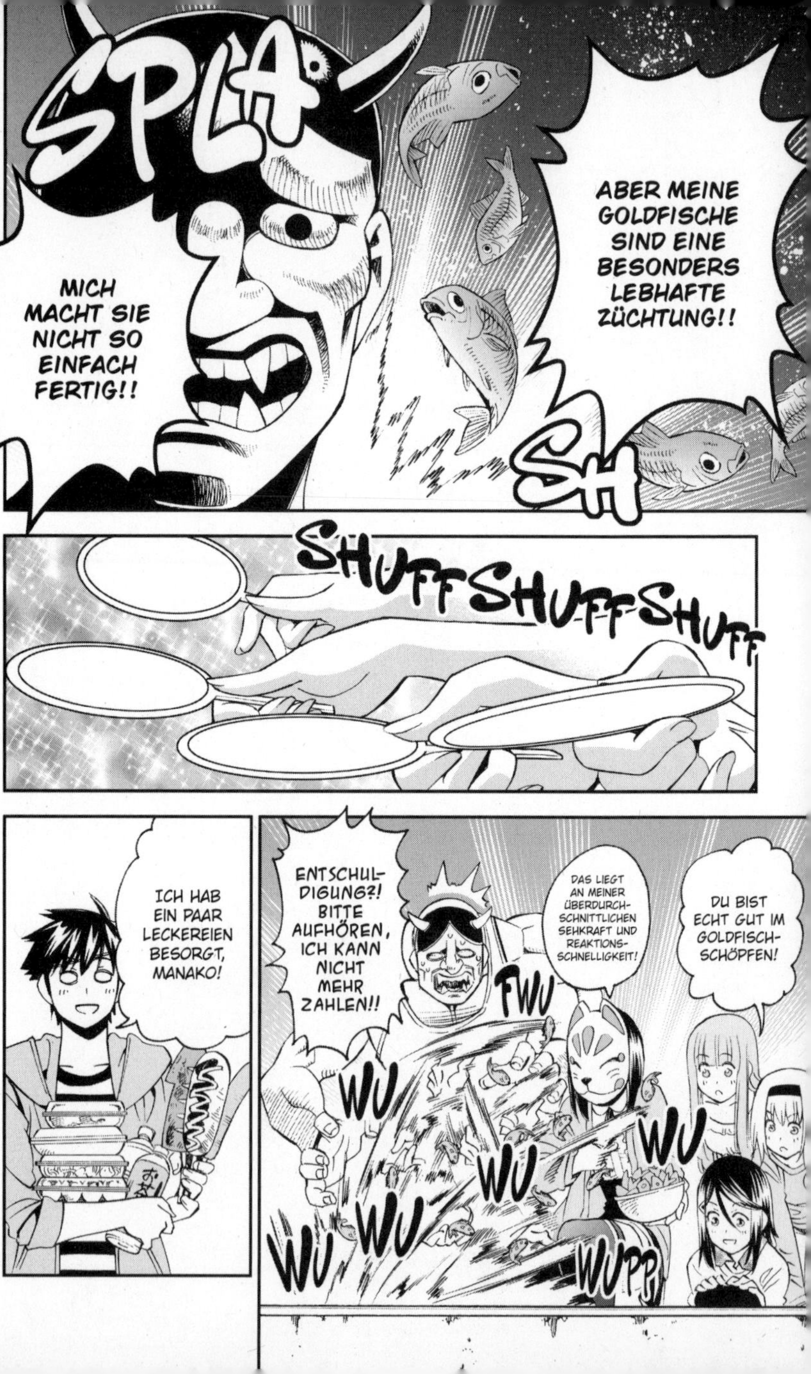
SPLA
ABER MEINE GOLDFISCHE SIND EINE BESONDERS LEBHAFTE ZÜCHTUNG!!
MICH MACHT SIE NICHT SO EINFACH FERTIG!!
SH
SHUFF SHUFF SHUFF
DU BIST ECHT GUT IM GOLDFISCH-SCHÖPFEN!
DAS LIEGT AN MEINER ÜBERDURCH-SCHNITTLICHEN SEHKRAFT UND REAKTIONS-SCHNELLIGKEIT!
ENTSCHUL-DIGUNG?! BITTE AUFHÖREN, ICH KANN NICHT MEHR ZAHLEN!!
FWU
WU WU WU WU WU WU
WUPP
ICH HAB EIN PAAR LECKEREIEN BESORGT, MANAKO!

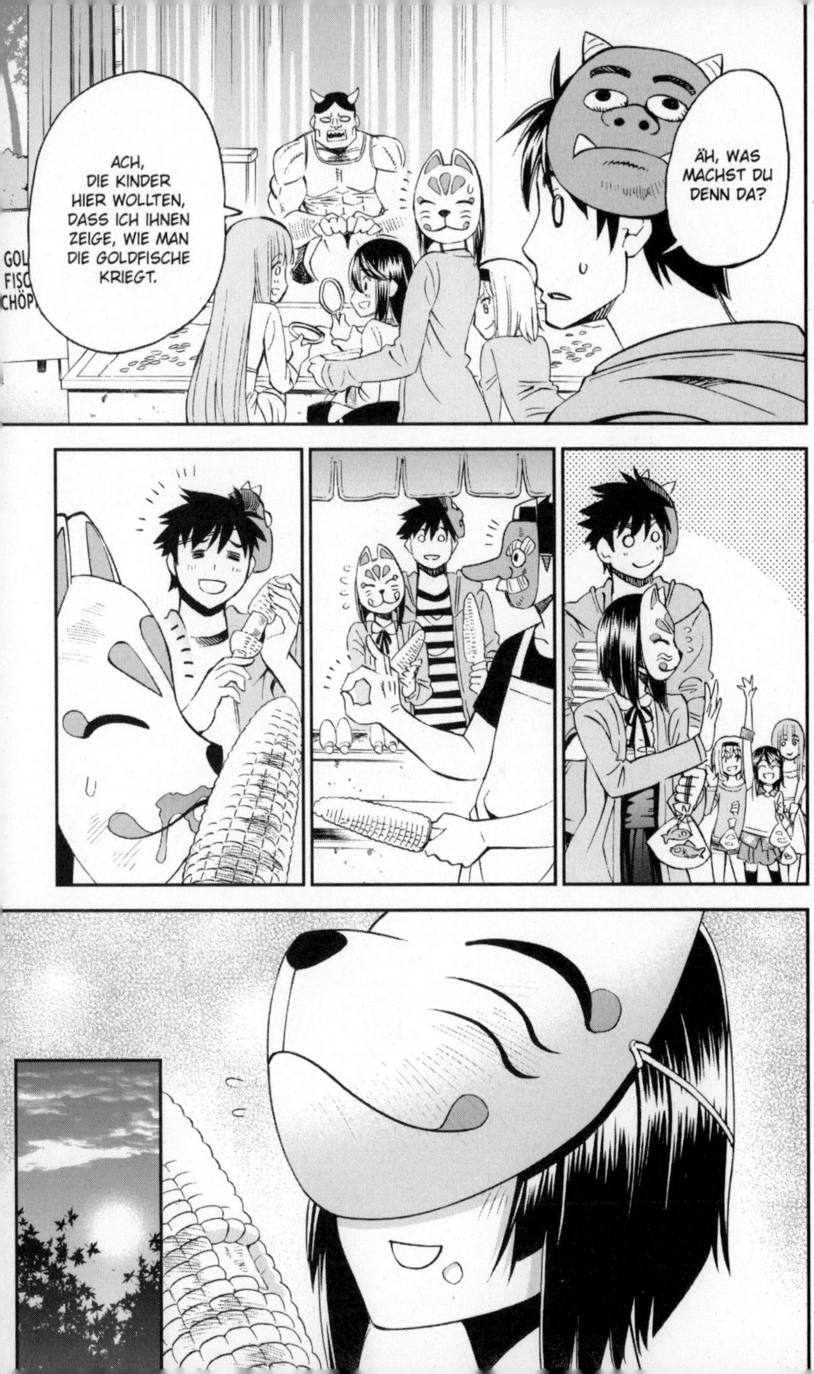
ÄH, WAS MACHST DU DENN DA?
ACH, DIE KINDER HIER WOLLTEN, DASS ICH IHNEN ZEIGE, WIE MAN DIE GOLDFISCHE KRIEGT.

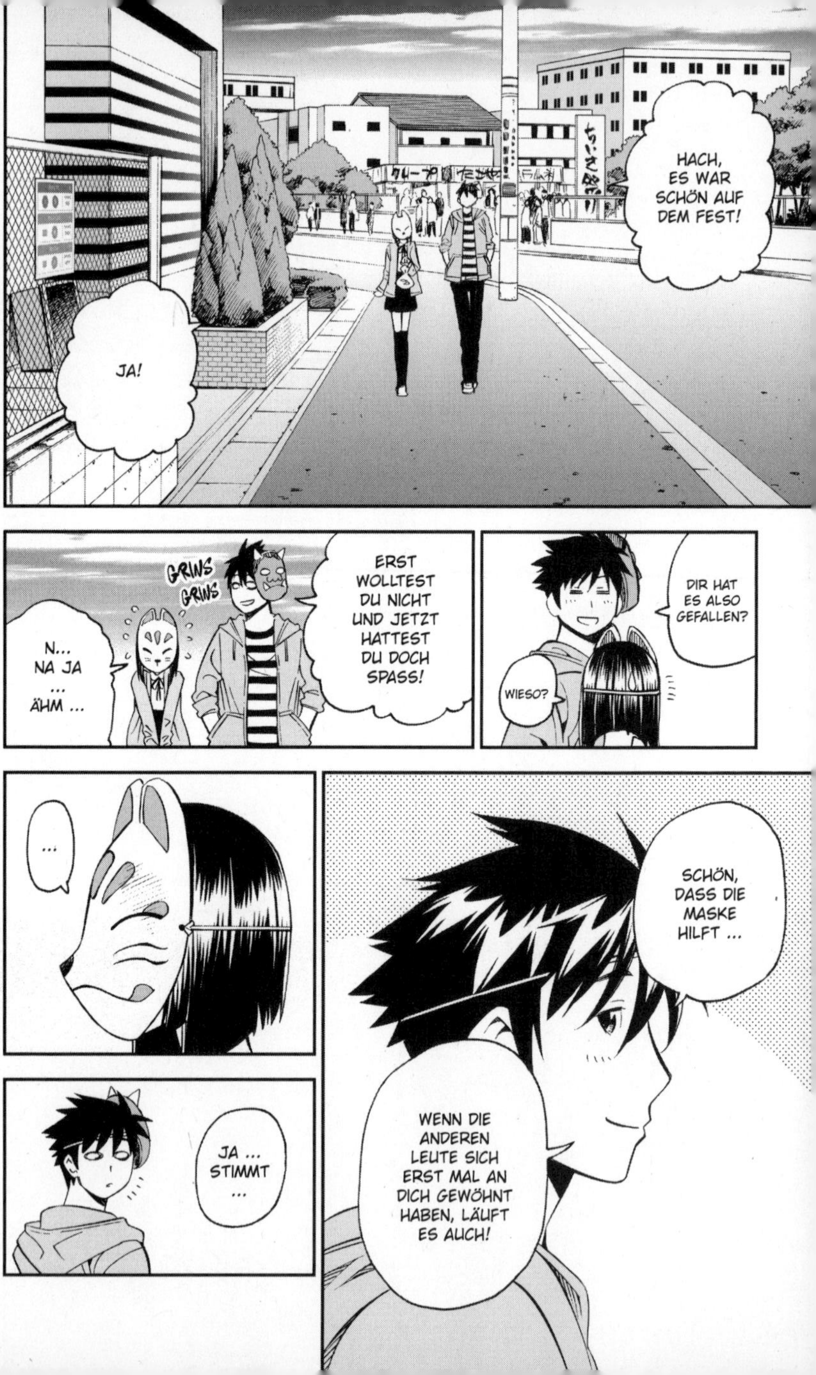
HACH, ES WAR SCHÖN AUF DEM FEST!
JA!
DIR HAT ES ALSO GEFALLEN?
WIESO?
ERST WOLLTEST DU NICHT UND JETZT HATTEST DU DOCH SPASS!
GRINS GRINS
N... NA JA ... ÄHM ...
SCHÖN, DASS DIE MASKE HILFT ...
...
WENN DIE ANDEREN LEUTE SICH ERST MAL AN DICH GEWÖHNT HABEN, LÄUFT ES AUCH!
JA ... STIMMT ...

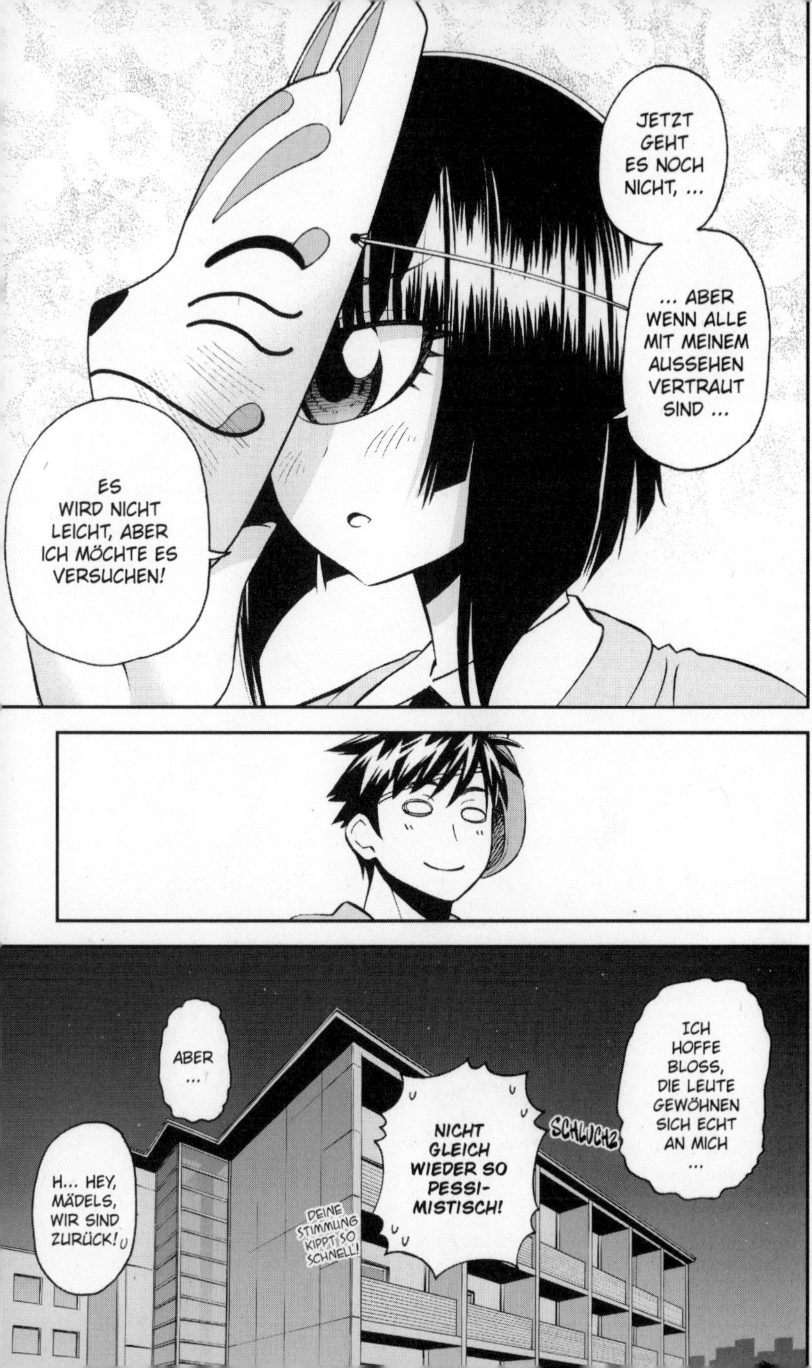
JETZT GEHT ES NOCH NICHT, …
… ABER WENN ALLE MIT MEINEM AUSSEHEN VERTRAUT SIND …
ES WIRD NICHT LEICHT, ABER ICH MÖCHTE ES VERSUCHEN!
ICH HOFFE BLOSS, DIE LEUTE GEWÖHNEN SICH ECHT AN MICH …
SCHLUCHZ
NICHT GLEICH WIEDER SO PESSI-MISTISCH!
DEINE STIMMUNG KIPPT SO SCHNELL!
ABER …
H… HEY, MÄDELS, WIR SIND ZURÜCK!

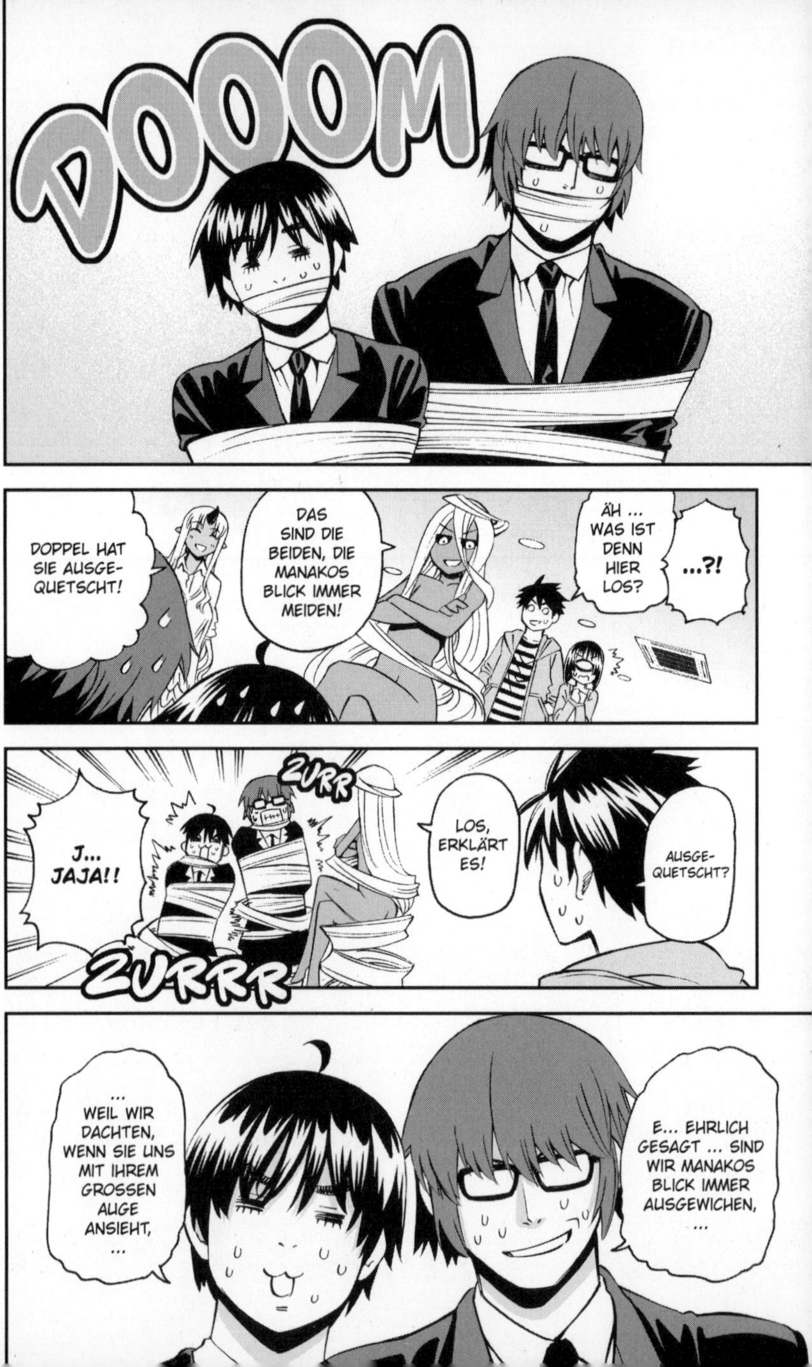
DOOOM
...?!
ÄH ... WAS IST DENN HIER LOS?
DAS SIND DIE BEIDEN, DIE MANAKOS BLICK IMMER MEIDEN!
DOPPEL HAT SIE AUSGE-QUETSCHT!
AUSGE-QUETSCHT?
LOS, ERKLÄRT ES!
ZURR
J... JAJA!!
ZURRR
E... EHRLICH GESAGT ... SIND WIR MANAKOS BLICK IMMER AUSGEWICHEN, ...
... WEIL WIR DACHTEN, WENN SIE UNS MIT IHREM GROSSEN AUGE ANSIEHT, ...

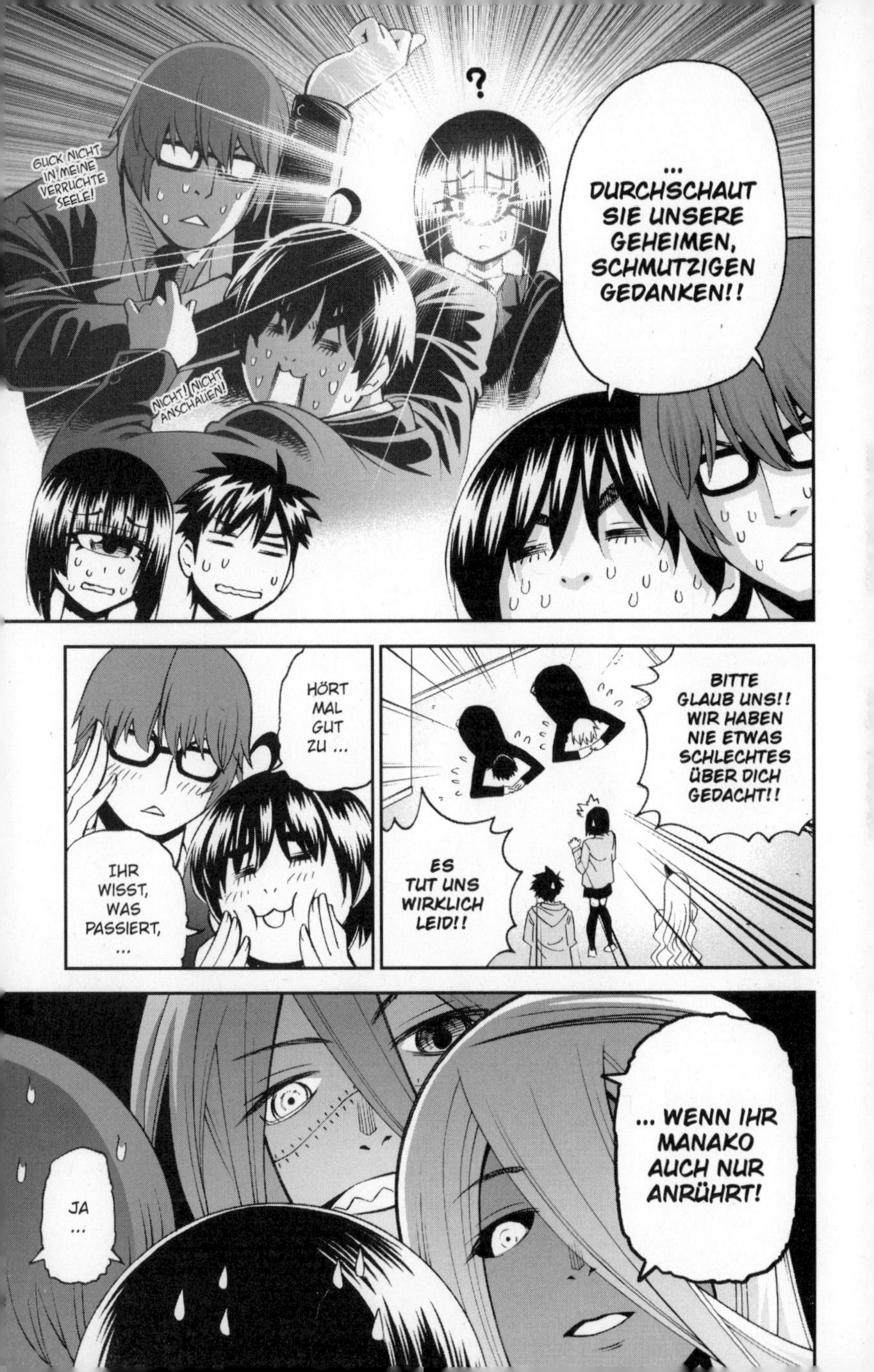
?
... DURCHSCHAUT SIE UNSERE GEHEIMEN, SCHMUTZIGEN GEDANKEN!!
GUCK NICHT IN MEINE VERRUCHTE SEELE!
NICHT! NICHT ANSCHAUEN!
BITTE GLAUB UNS!! WIR HABEN NIE ETWAS SCHLECHTES ÜBER DICH GEDACHT!!
ES TUT UNS WIRKLICH LEID!!
HÖRT MAL GUT ZU ...
IHR WISST, WAS PASSIERT, ...
... WENN IHR MANAKO AUCH NUR ANRÜHRT!
JA ...

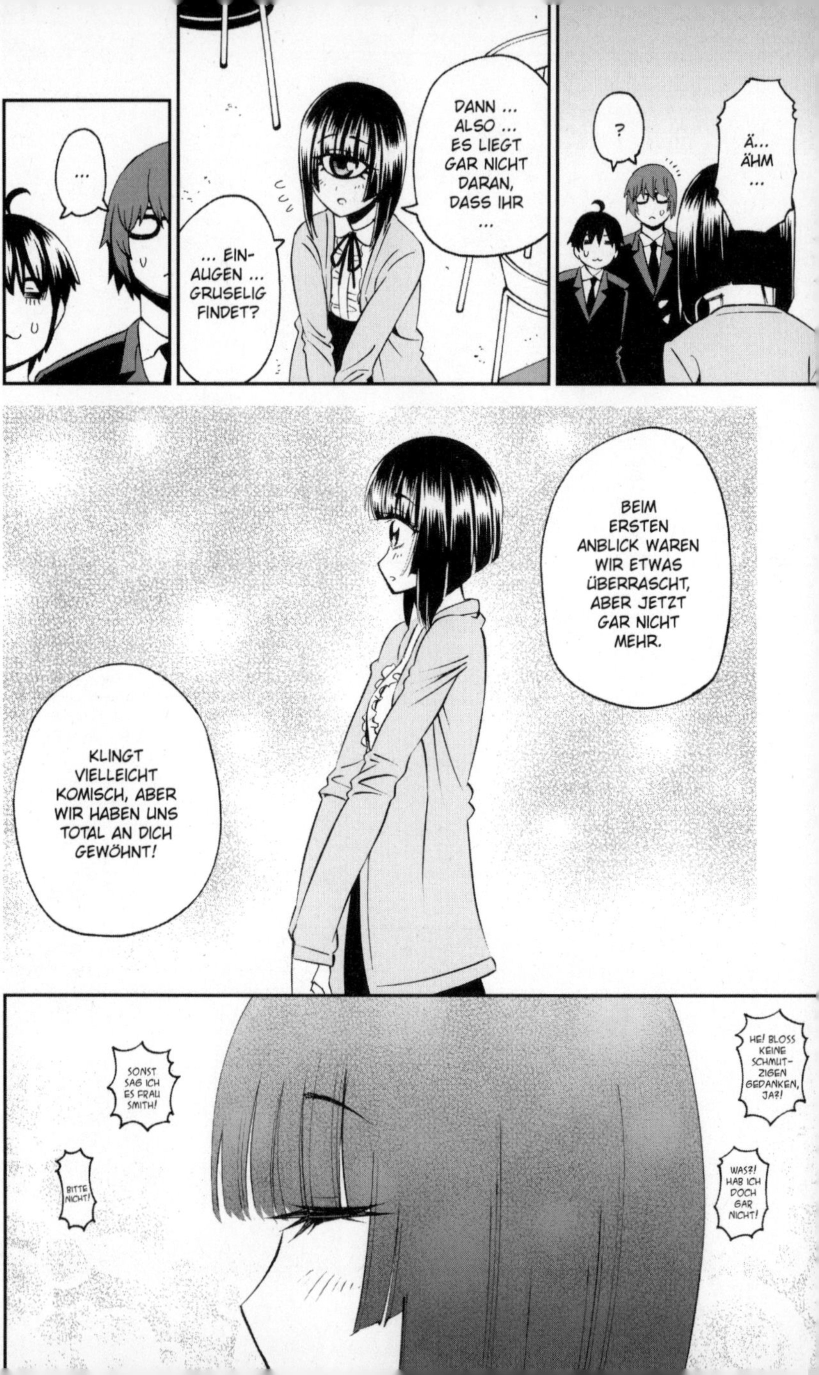
Ä... ÄHM ...
?
DANN ... ALSO ... ES LIEGT GAR NICHT DARAN, DASS IHR ...
... EIN-AUGEN ... GRUSELIG FINDET?
...
BEIM ERSTEN ANBLICK WAREN WIR ETWAS ÜBERRASCHT, ABER JETZT GAR NICHT MEHR.
KLINGT VIELLEICHT KOMISCH, ABER WIR HABEN UNS TOTAL AN DICH GEWÖHNT!
HE! BLOSS KEINE SCHMUTZIGEN GEDANKEN, JA?!
SONST SAG ICH ES FRAU SMITH!
WAS?! HAB ICH DOCH GAR NICHT!
BITTE NICHT!

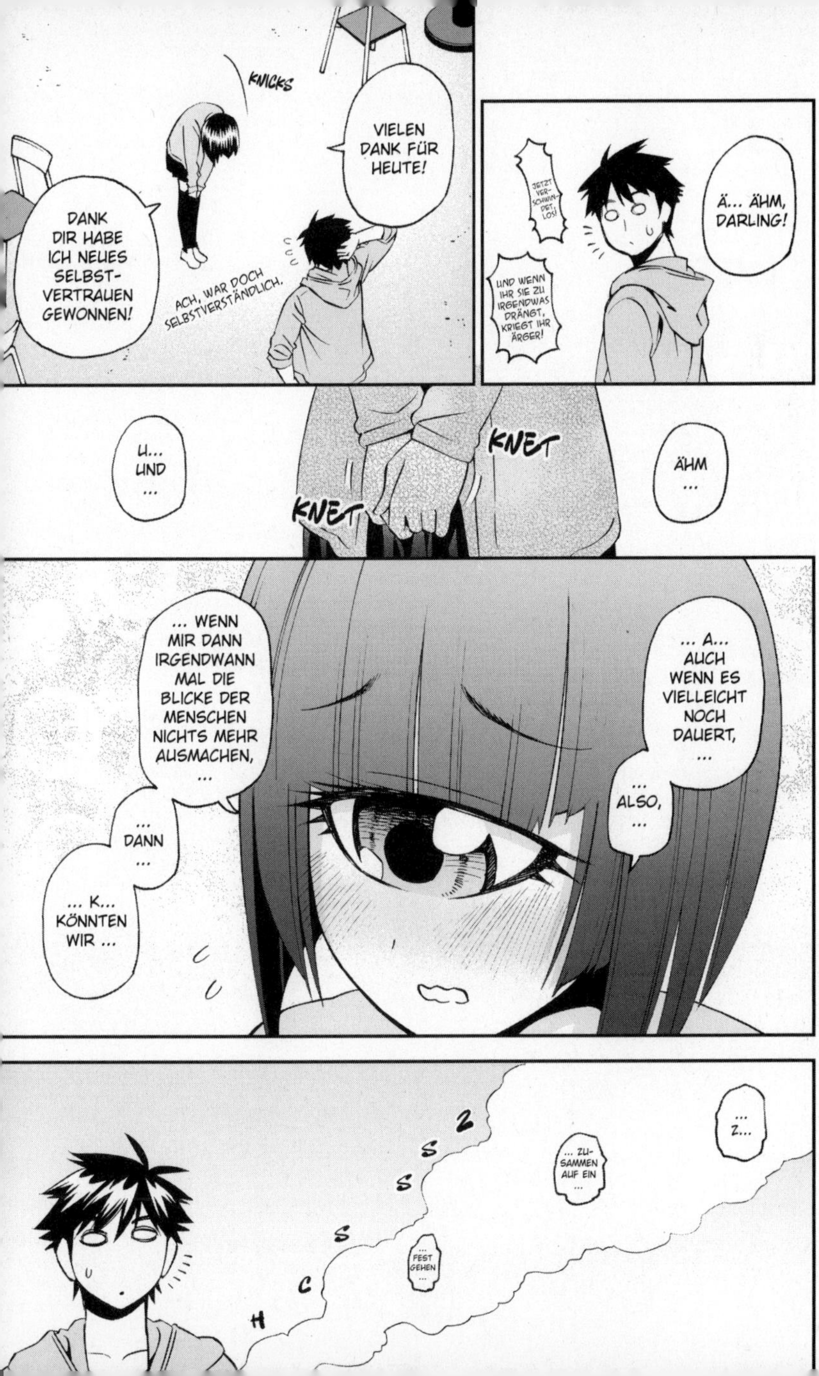
Ä... ÄHM, DARLING!
JETZT VERSCHWINDET, LOS!
UND WENN IHR SIE ZU IRGENDWAS DRÄNGT, KRIEGT IHR ÄRGER!
VIELEN DANK FÜR HEUTE!
KNICKS
DANK DIR HABE ICH NEUES SELBSTVERTRAUEN GEWONNEN!
ACH, WAR DOCH SELBSTVERSTÄNDLICH.
ÄHM ...
KNET
KNET
U... UND ...
... A... AUCH WENN ES VIELLEICHT NOCH DAUERT, ...
... ALSO, ...
... WENN MIR DANN IRGENDWANN MAL DIE BLICKE DER MENSCHEN NICHTS MEHR AUSMACHEN, ...
... DANN ...
... K... KÖNNTEN WIR ...
... Z...
... ZUSAMMEN AUF EIN ...
... FEST GEHEN ...

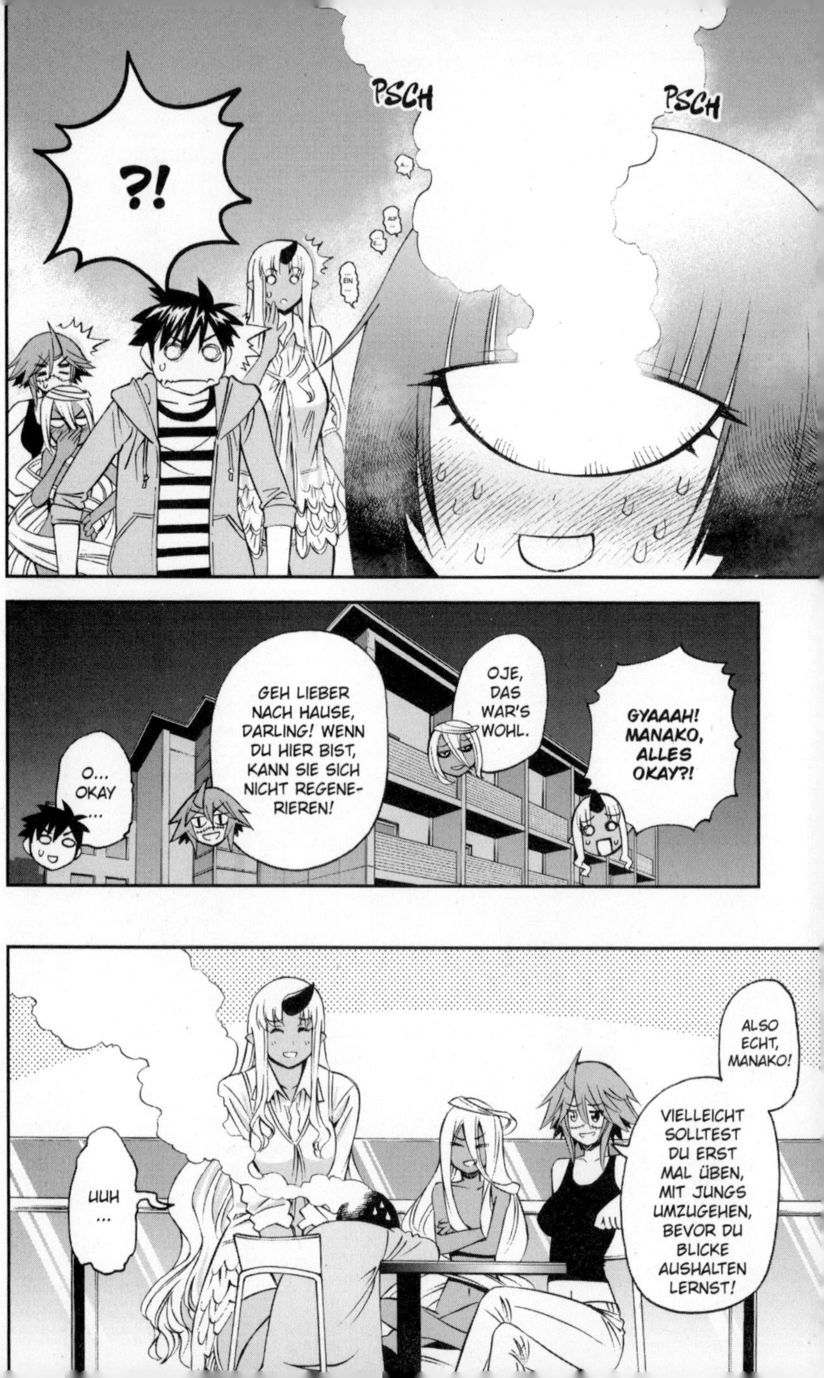
PSCH
PSCH
A...
AUF...
...E...
...EIN...
?!
GYAAAH! MANAKO, ALLES OKAY?!
OJE, DAS WAR'S WOHL.
GEH LIEBER NACH HAUSE, DARLING! WENN DU HIER BIST, KANN SIE SICH NICHT REGENERIEREN!
O... OKAY ...
ALSO ECHT, MANAKO!
VIELLEICHT SOLLTEST DU ERST MAL ÜBEN, MIT JUNGS UMZUGEHEN, BEVOR DU BLICKE AUSHALTEN LERNST!
UUH ...

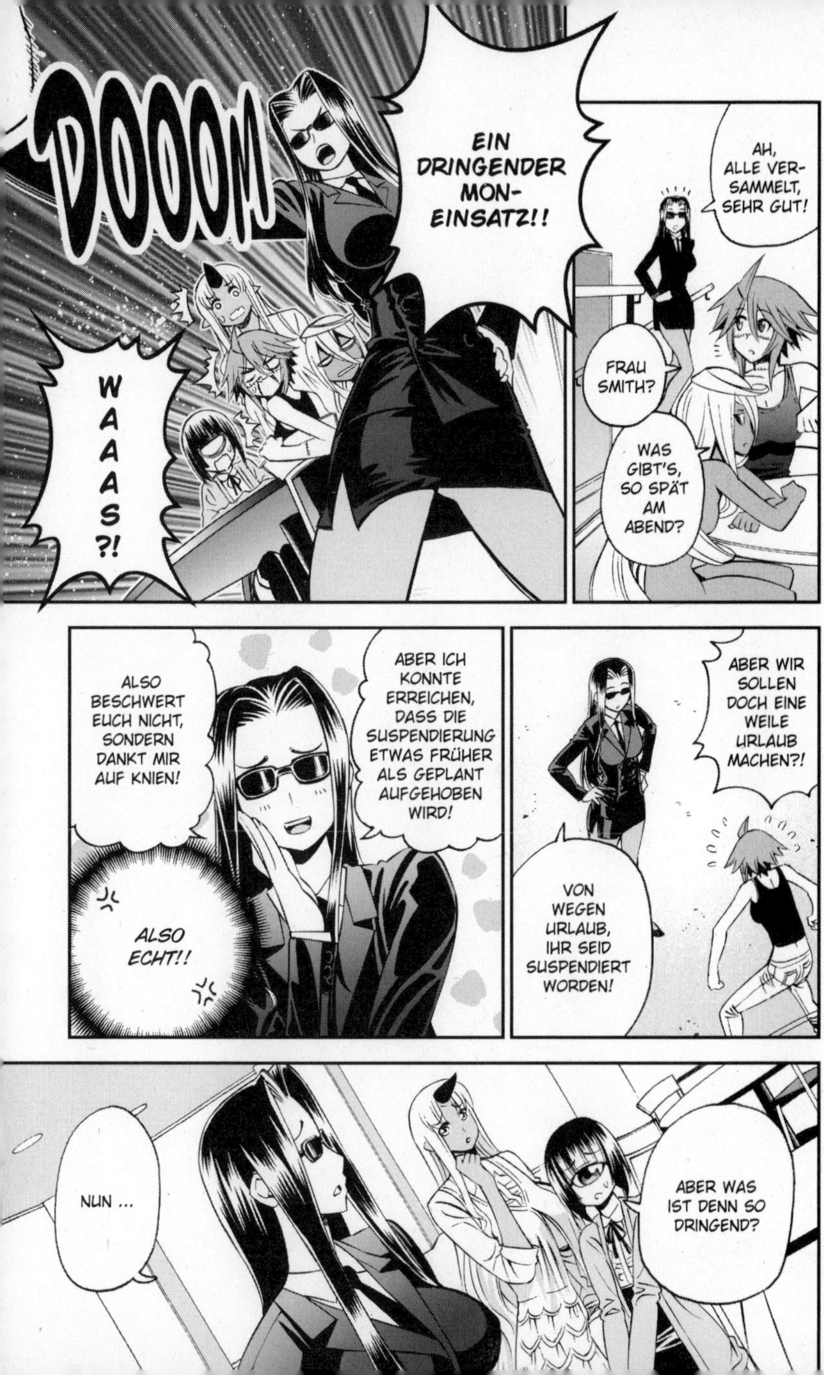
AH, ALLE VERSAMMELT, SEHR GUT!
FRAU SMITH?
WAS GIBT'S, SO SPÄT AM ABEND?
EIN DRINGENDER MON-EINSATZ!!
DOOOM
WAAAAS?!
ABER WIR SOLLEN DOCH EINE WEILE URLAUB MACHEN?!
VON WEGEN URLAUB, IHR SEID SUSPENDIERT WORDEN!
ABER ICH KONNTE ERREICHEN, DASS DIE SUSPENDIERUNG ETWAS FRÜHER ALS GEPLANT AUFGEHOBEN WIRD!
ALSO BESCHWERT EUCH NICHT, SONDERN DANKT MIR AUF KNIEN!
ALSO ECHT!!
ABER WAS IST DENN SO DRINGEND?
NUN ...

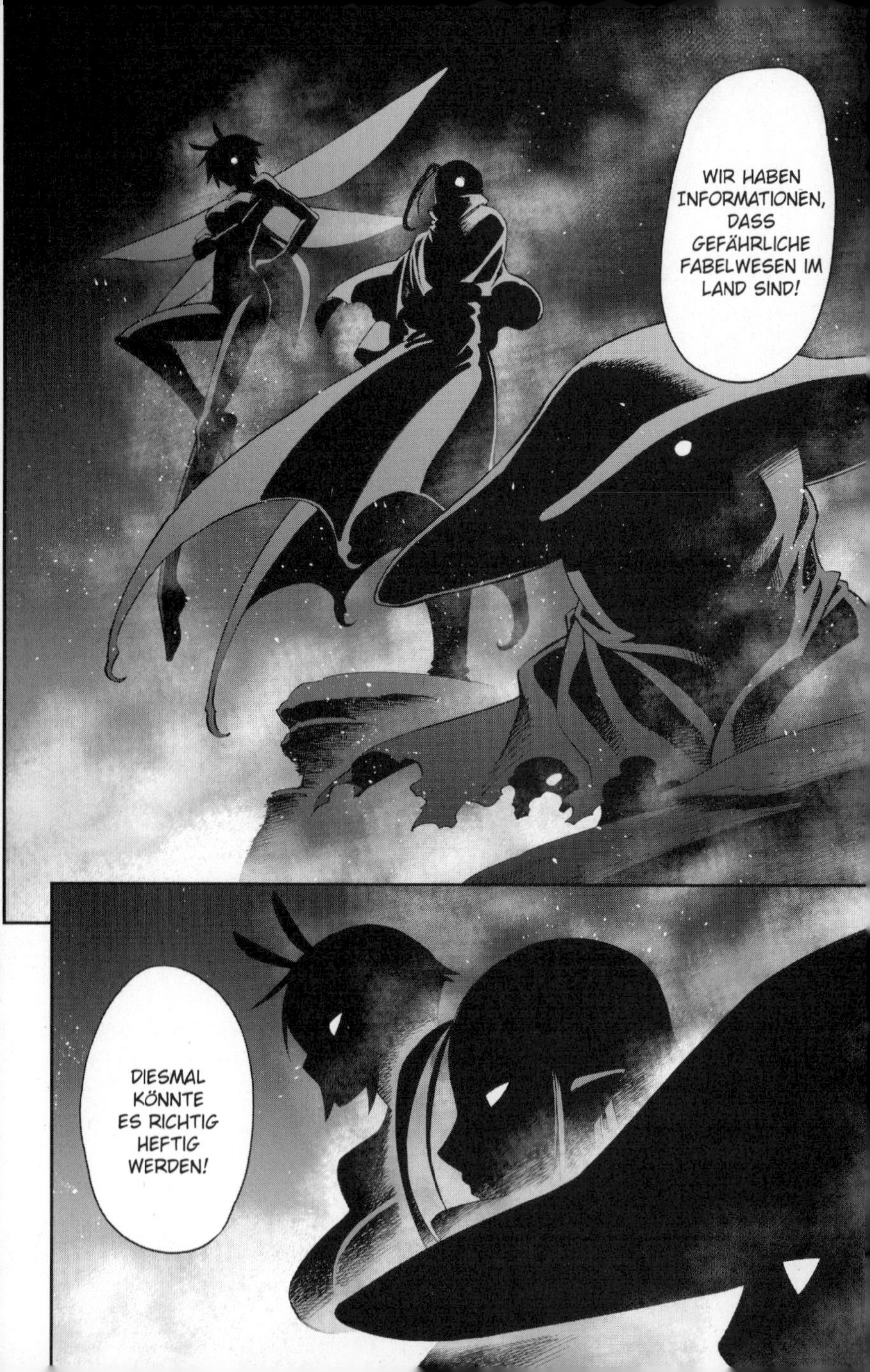
WIR HABEN INFORMATIONEN, DASS GEFÄHRLICHE FABELWESEN IM LAND SIND!
DIESMAL KÖNNTE ES RICHTIG HEFTIG WERDEN!

MEIKON

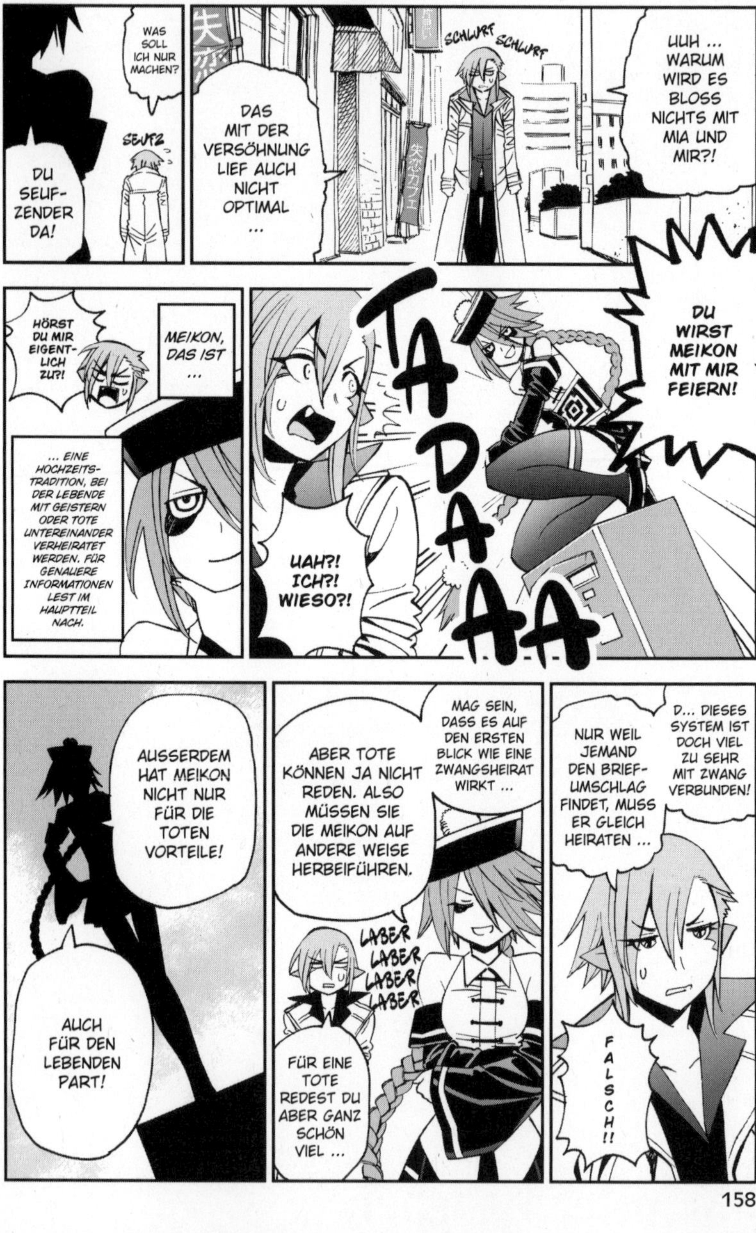
SCHLURF SCHLURF
UUH ... WARUM WIRD ES BLOSS NICHTS MIT MIA UND MIR?!
DAS MIT DER VERSÖHNUNG LIEF AUCH NICHT OPTIMAL ...
WAS SOLL ICH NUR MACHEN?
SEUFZ
DU SEUFZENDER DA!
DU WIRST MEIKON MIT MIR FEIERN!
TADAAA
UAH?! ICH?! WIESO?!
MEIKON, DAS IST ...
... EINE HOCHZEITS-TRADITION, BEI DER LEBENDE MIT GEISTERN ODER TOTE UNTEREINANDER VERHEIRATET WERDEN. FÜR GENAUERE INFORMATIONEN LEST IM HAUPTTEIL NACH.
HÖRST DU MIR EIGENTLICH ZU?!
D... DIESES SYSTEM IST DOCH VIEL ZU SEHR MIT ZWANG VERBUNDEN!
NUR WEIL JEMAND DEN BRIEF-UMSCHLAG FINDET, MUSS ER GLEICH HEIRATEN ...
FALSCH!!
MAG SEIN, DASS ES AUF DEN ERSTEN BLICK WIE EINE ZWANGSHEIRAT WIRKT ...
ABER TOTE KÖNNEN JA NICHT REDEN. ALSO MÜSSEN SIE DIE MEIKON AUF ANDERE WEISE HERBEIFÜHREN.
LABER LABER LABER LABER
FÜR EINE TOTE REDEST DU ABER GANZ SCHÖN VIEL ...
AUSSERDEM HAT MEIKON NICHT NUR FÜR DIE TOTEN VORTEILE!
AUCH FÜR DEN LEBENDEN PART!

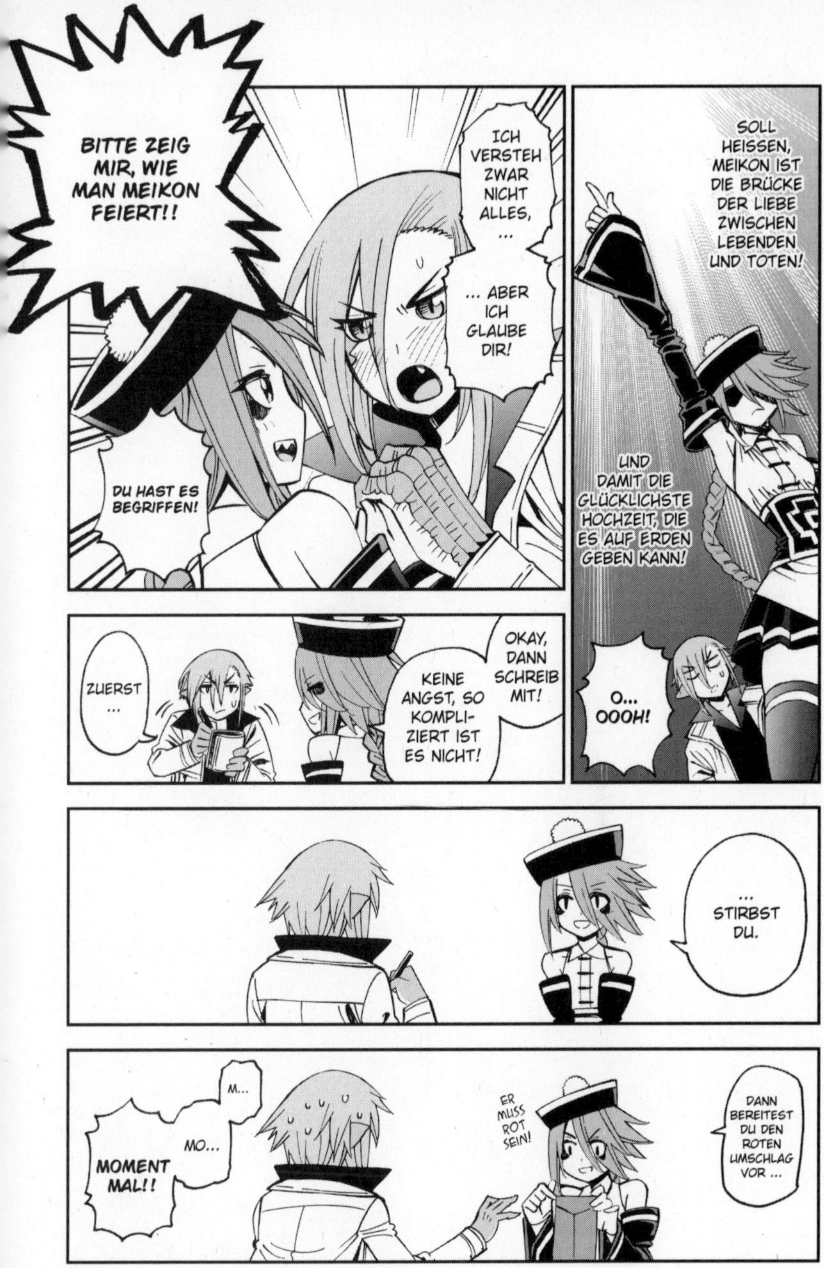
SOLL HEISSEN, MEIKON IST DIE BRÜCKE DER LIEBE ZWISCHEN LEBENDEN UND TOTEN!
UND DAMIT DIE GLÜCKLICHSTE HOCHZEIT, DIE ES AUF ERDEN GEBEN KANN!
O... OOOH!
BITTE ZEIG MIR, WIE MAN MEIKON FEIERT!!
ICH VERSTEH ZWAR NICHT ALLES, ...
... ABER ICH GLAUBE DIR!
DU HAST ES BEGRIFFEN!
OKAY, DANN SCHREIB MIT!
KEINE ANGST, SO KOMPLI-ZIERT IST ES NICHT!
ZUERST ...
... STIRBST DU.
DANN BEREITEST DU DEN ROTEN UMSCHLAG VOR ...
ER MUSS ROT SEIN!
M...
MO...
MOMENT MAL!!

VERWESUNG

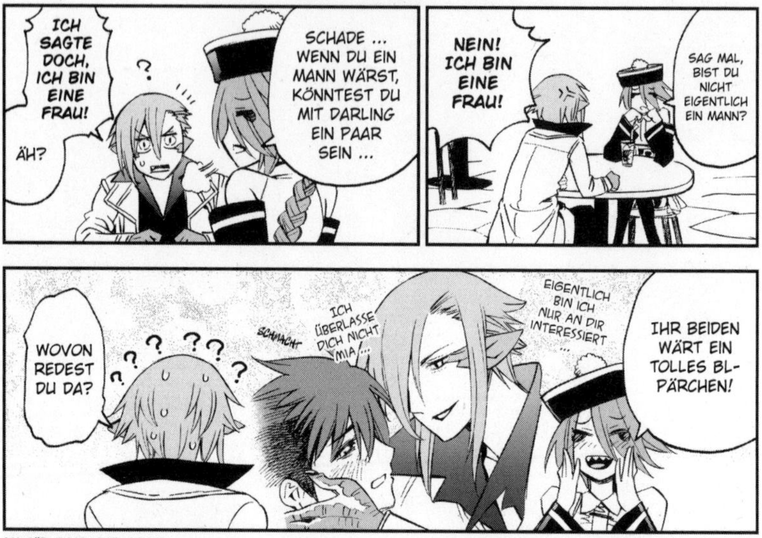

*BL FÜR „BOYS LOVE"-MANGAS

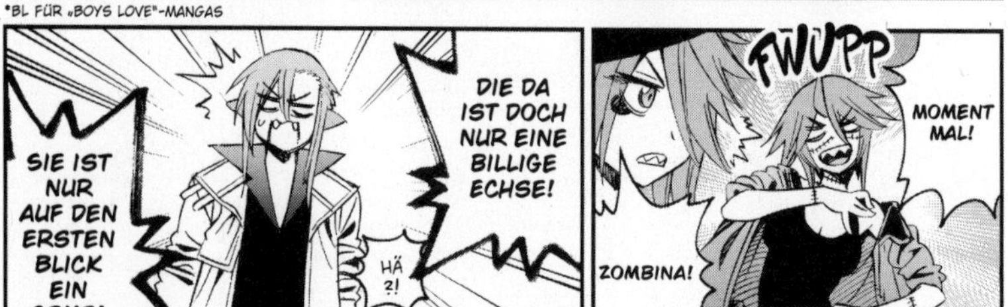

*„SEME" IST DIE BEZEICHNUNG FÜR DEN DOMINANTEN PART IN EINER GLEICHGESCHLECHTLICHEN BEZIEHUNG, „UKE" IST DER DEVOTE PART.

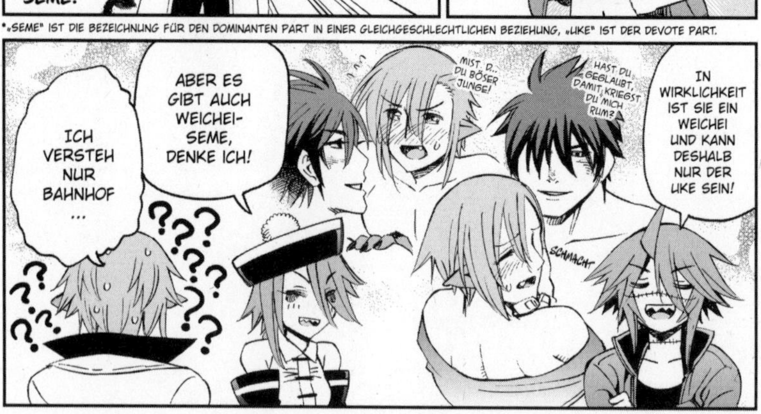

CICIS POPO

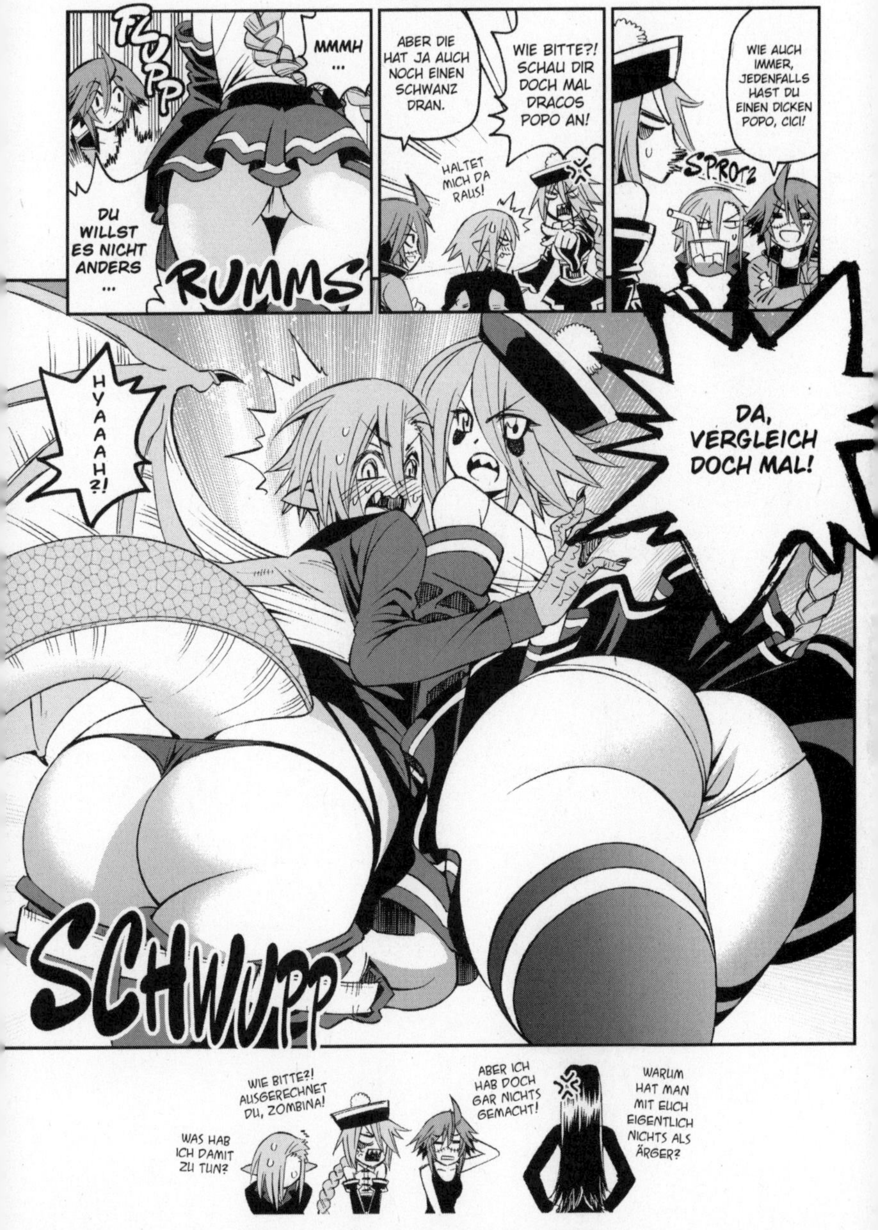

FLUPP
MMMH ...
DU WILLST ES NICHT ANDERS ...
RUMMS
ABER DIE HAT JA AUCH NOCH EINEN SCHWANZ DRAN.
WIE BITTE?! SCHAU DIR DOCH MAL DRACOS POPO AN!
HALTET MICH DA RAUS!
WIE AUCH IMMER, JEDENFALLS HAST DU EINEN DICKEN POPO, CICI!
SPROTZ
HYAAAAH?!
DA, VERGLEICH DOCH MAL!
SCHWUPP
WIE BITTE?! AUSGERECHNET DU, ZOMBINA!
WAS HAB ICH DAMIT ZU TUN?
ABER ICH HAB DOCH GAR NICHTS GEMACHT!
WARUM HAT MAN MIT EUCH EIGENTLICH NICHTS ALS ÄRGER?

DIE JIANGSHI

GEHEIMNISSE RUND UM CICI

GRÖSSE: 1,55M
GEWICHT: 46KG
MASSE: 79-56-90
KÖRBCHENGRÖSSE B

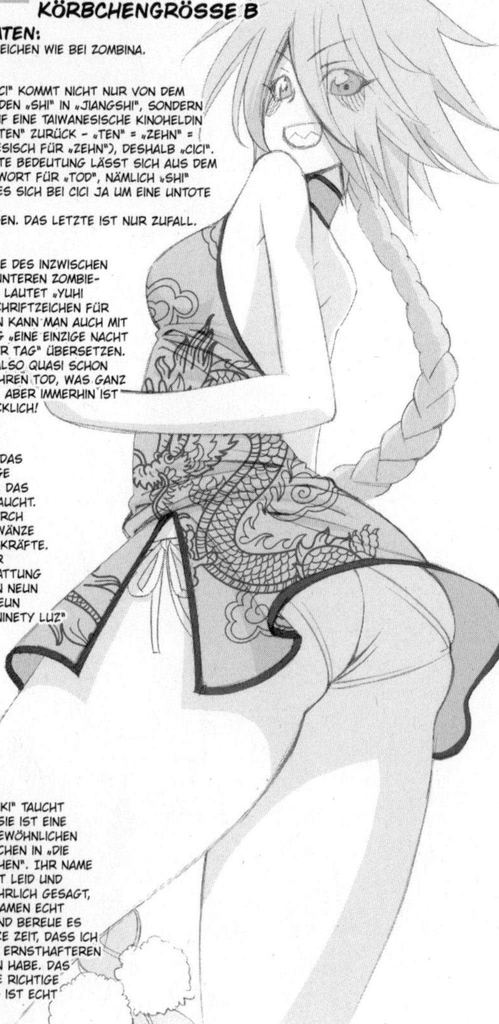

JIANGSHI-DATEN:
NAHEZU DIE GLEICHEN WIE BEI ZOMBINA.

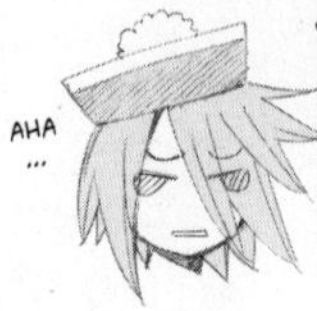

CICIS NAME
DAS „CI" IN „CICI" KOMMT NICHT NUR VON DEM GLEICHLAUTENDEN „SHI" IN „JIANGSHI", SONDERN GEHT AUCH AUF EINE TAIWANESISCHE KINOHELDIN NAMENS „TEN TEN" ZURÜCK – „TEN" = „ZEHN" = „SHI/CI" (CHINESISCH FÜR „ZEHN"), DESHALB „CICI". UND EINE DRITTE BEDEUTUNG LÄSST SICH AUS DEM JAPANISCHEN WORT FÜR „TOD", NÄMLICH „SHI" ABLEITEN, DA ES SICH BEI CICI JA UM EINE UNTOTE HANDELT.
SORRY, GELOGEN. DAS LETZTE IST NUR ZUFALL.

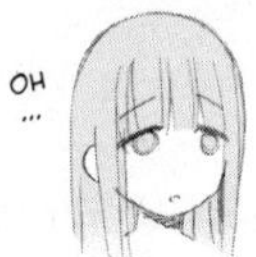

YUHIS NAME
DER VOLLE NAME DES INZWISCHEN WIEDER PUTZMUNTEREN ZOMBIE-MÄDCHENS YUHI LAUTET „YUHI HAJIME". DIE SCHRIFTZEICHEN FÜR DEN NACHNAMEN KANN MAN AUCH MIT DER BEDEUTUNG „EINE EINZIGE NACHT UND EIN EINZIGER TAG" ÜBERSETZEN. IHR NAME IST ALSO QUASI SCHON EIN OMEN FÜR IHREN TOD, WAS GANZ SCHÖN FIES IST, ABER IMMERHIN IST SIE JETZT GLÜCKLICH!

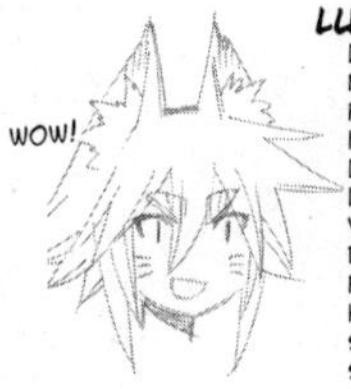

LUZ' NAME
LUZ NINETY IST DAS NEUNSCHWÄNZIGE FUCHSMÄDCHEN, DAS IN BAND 8 AUFTAUCHT. LUZ BESITZT DURCH IHRE NEUN SCHWÄNZE VERWANDLUNGSKRÄFTE. DER NAME IHRER FABELWESEN-GATTUNG KOMMT VON DEN NEUN SCHWÄNZEN: „NEUN SCHWÄNZE" = „NINETY LUZ" = „LUZ NINETY".

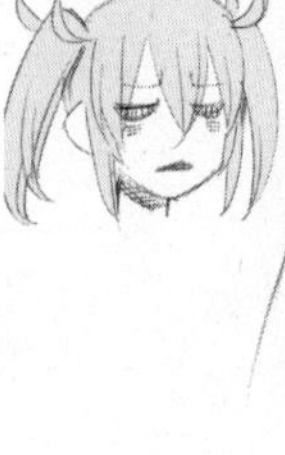

RENS NAME
„REN KUNANTSUKI" TAUCHT IN BAND 6 AUF. SIE IST EINE DER WENIGEN GEWÖHNLICHEN MENSCHEN-MÄDCHEN IN „DIE MONSTER MÄDCHEN". IHR NAME BEDEUTET „LIEBT LEID UND PRÜFUNGEN". EHRLICH GESAGT, FINDE ICH DEN NAMEN ECHT ÜBERTRIEBEN UND BEREUE ES SCHON DIE GANZE ZEIT, DASS ICH IHR NICHT EINEN ERNSTHAFTEREN NAMEN GEGEBEN HABE. DAS GESPÜR FÜR DIE RICHTIGE NAMENSGEBUNG IST ECHT WICHTIG!

DIE HEIRATSKANDIDATINNEN

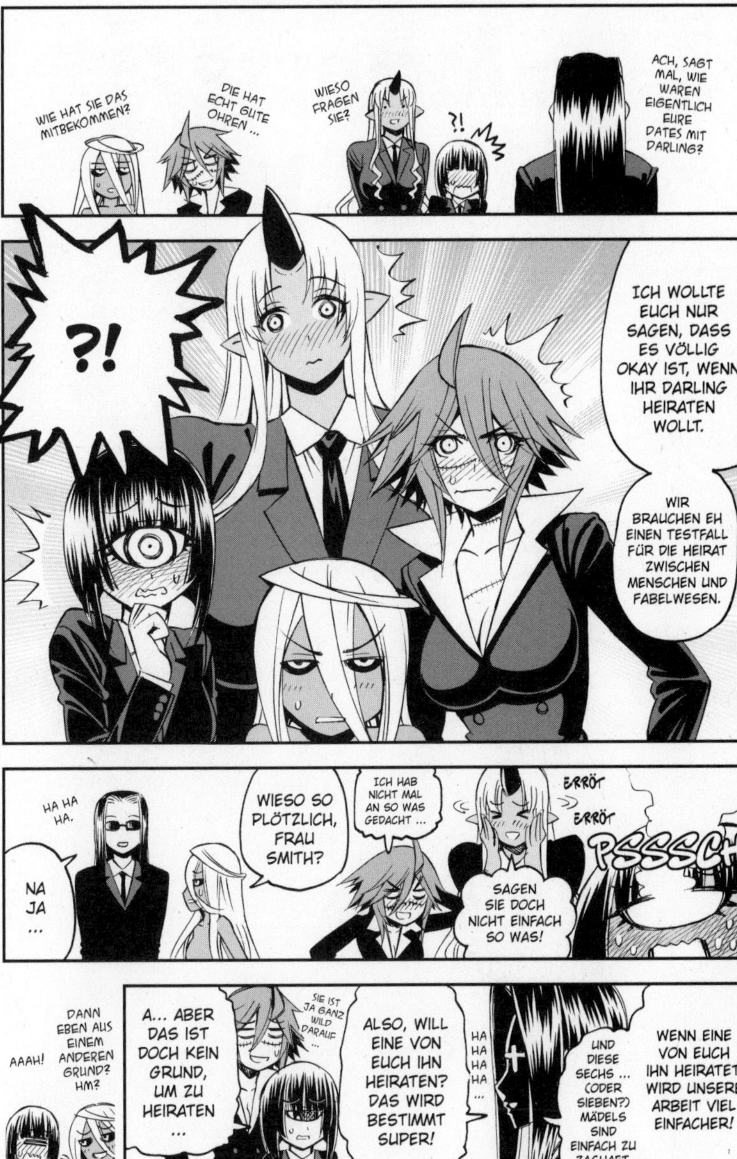

Die Monster Mädchen

MONSTER MUSUME NO IRU NICHIJO Vol.10

CH-1007 LAUSANNE
3. Auflage

Aus dem Japanischen von Dorothea Überall

Verantwortlicher Redakteur: Patrick Peltsch

Redaktion: Christin Tewes

Produktion: Dorothea Styra

Lettering: Paolo Gattone, Chiara Antonelli, Alessio Ravazzani

Druck und Bindung: GGP Media GmbH, Pößneck

ISBN 978-2-88921-616-1